珞/珈/广/告/学/丛/书　　LUOJIA BOOK SERIES OF ADVERTISING

丛书主编　张金海　　丛书副主编　姚曦　周茂君　程明

广告文案写作

第三版

Advertising Cory Design

张微　著

WUHAN UNIVERSITY PRESS
武汉大学出版社

图书在版编目（CIP）数据

广告文案写作/张微著.—3 版.—武汉：武汉大学出版社，2017.10
（2020.7 重印）
珞珈广告学丛书/张金海主编
ISBN 978-7-307-19724-4

Ⅰ.广⋯ Ⅱ.张⋯ Ⅲ.广告—写作 Ⅳ.F713.8

中国版本图书馆 CIP 数据核字（2017）第 234004 号

责任编辑:詹 蜜 责任校对:汪欣怡 版式设计:马 佳

出版发行：**武汉大学出版社** （430072 武昌 珞珈山）
（电子邮箱：cbs22@whu.edu.cn 网址：www.wdp.com.cn）
印刷：湖北金海印务有限公司
开本：720×1000 1/16 印张：16.5 字数：332 千字 插页：1
版次：2002 年 7 月第 1 版 2008 年 9 月第 2 版
2017 年 10 月第 3 版 2020 年 7 月第 3 版第 2 次印刷
ISBN 978-7-307-19724-4 定价：36.00 元

修订版序

1996 年，"珞珈广告学丛书"第一版面世，迄今已逾一纪。

十二年来，中国广告业持续高速发展。2007 年中国广告市场规模已跃居全球第五，并拥有超过 100 万的广告从业大军。

与此同时，中国的广告高等教育，到目前为止，已增至 300 多个本科专业教学点，几乎占有新闻传播学科高等教育的半壁江山，并已建构起包括专科、本科、硕士生教育、博士生教育、博士后流动站在内的完整的高等教育体系。

言及广告，这些都令我们无比欣喜、鼓舞和感动。正是数以百万计的广告从业者和广告教育工作者不怠的努力，才使得中国广告业与中国的广告教育获至如此巨大的成就。

我常在课堂告诫我的学生，既然你选择了广告，就不用在意别人的歧视，歧视广告者，也许是出于对广告的无知，当然，我们也没有妄自尊大的资本，我们的产业并不强大，我们的学科依然弱小，但要紧的是，踏踏实实做好自己该做的事。

十多年来，我们努力从事着广告教育，并努力构筑着广告的学科平台。学科平台的搭建，是为了使专业的发展有更大的空间，然而，我们任何时候都牢记着，专业永远是学科发展的基础，这个基础就是我们的本科教育。"珞珈广告学丛书"的编纂出版，便是我们为夯实专业基础在教材建设方面所做出的一种努力。

"珞珈广告学丛书"第一版有五种书目：《广告概论》《广告策划》《广告经营学》《广告管理学》与《广告美学》。值得庆幸的是，出版后即广受兄弟高校的欢迎，国内几十所高校选用为教材，出版社不得不一次又一次重印。

教材建设永远是一个动态的过程。时至 21 世纪初，新的问题发生了：随着广告业的发展，部分教材内容亟需更新；原定五种书目，广告学专业主干课程涵盖太窄。于是，与出版社共同商议，于 2002 年启动第二版的修订工作。再版修订，在原有五种书目的基础上，增加了四种：《广告文案写作》《广告媒体》《广告创意与表现》，以及《平面广告设计》，但在教材内容的更新上仍留下诸多遗憾。

时间一晃又过去六年，再版修订未能解决的问题依然积累着，广告业的最新发展已使教材内容的更新刻不容缓。尽管手头有很多事要做，但我们还是下决心进行第三版的修订。

此次修订，又增加了四种书目：《广告心理学》《广告调查》《广播电视广告》

和《网络广告》，于广告学专业的主干课程有了更广泛的涵盖。但此次修订的重心，则安放在教材的内容和体例上。

高等教育有其自身特定的规律，这是教材编写必须服从的。一方面，各门教材中有一部分基础性的内容往往具有一定的恒定性，正是这部分内容构成学科的基础，除非这门学科发生根本性的颠覆。另一方面，就是前沿性问题，教材内容必须反映现实的前沿性发展，否则就会被淘汰。因此，此次丛书的修订，我们思考的一个重要问题就是，如何实现教材基础性内容与前沿性内容较好的结合。我们的着力点是，进一步提炼教材的基础性内容，使之更为科学化和规范化，而将前沿性内容融入基础性内容的框架系统中。

在体例上，我们将以章为单位，增加"重点提示""本章小结"以及"思考题"，以使学生对各章内容有一个总体把握，并在此基础上引发其扩散性思维。至于"案例"则不作统一要求，可以单列，也可以穿插于教材内容之中。

一纪十二年也许不算太长，但一个人的有效人生，算起来顶多三个一纪而已。丛书面世十二年，六年修订一次，在时间上也许只是一个巧合，但冥冥之中却透显着某种规律，教材建设的动态性，似乎自当如是。

十二年过去了，丛书的编纂者中当初的年轻人现已长成中年，成为支撑武汉大学广告学专业的骨干。当年的中年人虽尚未垂垂老矣，却已届暮年。长江后浪推前浪，历史的规律就是这样不以任何人的意志为转移地在这里演化着。我进而想到，当年接触过阅读过"珞珈广告学丛书"的学子，十二年后的今天是何种生活状态？我为你们祈祷祝福。我坚信，用不着再过十二年，那一批青年才俊将长成参天大树，支撑起中国广告业那一片高远的蓝天。

是为序。

张金海

2008 年 8 月于武昌珞珈山

目　录

第一章　　　　　　　　　　1　　第一节　广告文案的本质探寻
多视角观照：广告　　　　　3　　第二节　广告文案的类型分析
文案的整体审视

第二章　　　　　　　　　　8　　第一节　文学型文案的基本特征
文学型文案　　　　　　　　8　　一、符号的"同时性"
　　　　　　　　　　　　　9　　二、形象的间接性
　　　　　　　　　　　　 10　　三、暂时的超功利性
　　　　　　　　　　　　 11　　四、强烈的情感性
　　　　　　　　　　　　 12　　第二节　文学型文案与纯文学的比较分析
　　　　　　　　　　　　 12　　一、共同性
　　　　　　　　　　　　 12　　二、差异性
　　　　　　　　　　　　 16　　第三节　文学型文案的撰写方法
　　　　　　　　　　　　 16　　一、产品诉求与形象的契合
　　　　　　　　　　　　 18　　二、广告文案意境美的创造

第三章　　　　　　　　　 21　　第一节　说理型文案的基本特征
说理型文案　　　　　　　 21　　一、符号的推论性
　　　　　　　　　　　　 22　　二、诉求的直露性
　　　　　　　　　　　　 22　　三、传达的逻辑性
　　　　　　　　　　　　 23　　第二节　说理型文案的基本类型
　　　　　　　　　　　　 23　　一、科技符号体
　　　　　　　　　　　　 24　　二、说明体
　　　　　　　　　　　　 24　　三、表格体
　　　　　　　　　　　　 25　　四、论说体

26 五、公式体

第四章 27 第一节 广告文案的核心诉求
广告文案内容空 27 一、广告文案核心诉求的基本特性
间的拓展 30 二、广告文案核心诉求的类型分析
37 第二节 广告文案核心诉求的最优化
37 一、辐射式
38 二、独创式
39 第三节 广告文案创作的素材
39 一、实存型题材
41 二、想象型题材

第五章 43 第一节 广告文案创意的特殊定性
广告文案创意 43 一、广告创意的哲学探讨
44 二、广告文案创意与构图创意的比较分析
45 第二节 广告文案创意的基本方式
45 一、利用汉字
47 二、怀旧
48 三、寓褒于贬
49 四、幽默
51 五、恐惧式
52 六、内心独白式

第六章 54 第一节 荒诞
广告文案创作中 55 第二节 扭曲变形
的现代主义方法 57 第三节 超现实

第七章 59 第一节 后现代主义广告文案的兴起
后现代主义：广告 59 一、后工业社会与后现代主义文化
文案创作的前沿 60 二、后现代主义：艺术文化、消费文化与广告文案
61 第二节 后现代主义文案的基本特征
61 一、颠覆文本意义
62 二、反秩序的碎片化拼贴
63 三、批判社会的执著追求

第八章 66
广告文案创作中 66
的语言运用 67

第一节　广告文案的语言特征
一、语义的褒扬性
二、色彩的商业性

69 **第二节　广告文案语言的形式美**
69 一、广告文案语言形式美的功能
69 二、广告文案语言的声音美
70 三、广告文案语言的组合美

75 **第三节　广告语言的修辞艺术**
76 一、反讽
77 二、镶嵌
79 三、回环
80 四、顶针
81 五、仿拟
83 六、同字

第九章 86
广告文案的体裁 86
分析 87

第一节　文学型文案体裁类型
一、微型小说体
二、散文体
88 三、报告文学体
89 四、诗歌体
92 五、戏剧体
95 六、曲艺文学体

99 **第二节　说理型文案体裁类型**
99 一、说明型
101 二、论说型

第十章 104
广告文案的标题 104
与广告语 106

第一节　广告标题的基本特征
一、醒目性
二、精练性
106 三、独创性

107 **第二节　广告标题的存在形态**
107 一、单一形态
108 二、复合形态

109 **第三节　广告标题的表现类型**
110 一、话语式

110　二、点铁成金式
112　三、公式式
113　四、悬念式
115　五、祈使式
116　六、故事式
116　七、警示式
117　八、新闻式
118　九、设问式
118　十、陈述式
119　**第四节　广告语**
119　一、广告语的基本特征
121　二、广告语的基本类型

第十一章
广告文案的正文
和附文

125　**第一节　广告正文的基本类型**
125　一、新闻型
126　二、文学型
127　三、论述型
128　四、说明型
129　**第二节　广告正文的撰写原则**
129　一、集中性
129　二、具体性
131　三、刺激性
132　**第三节　广告附文的特征和类型**
132　一、广告附文的基本特征
133　二、广告附文的类型划分

第十二章
报刊广告文案

135　**第一节　报刊广告文案的基本特征**
135　一、重视标题
136　二、可有很长的文案
137　三、文图互补
138　**第二节　报刊系列广告文案**
138　一、系列文案的基本特征
142　二、系列文案的基本类型
146　**第三节　系列广告文案的撰写方法**
146　一、整体关联性

148 | 二、多样变化性

第十三章 | 151 | **第一节　广播广告文案的基本特征**
广播广告文案 | 151 | 一、言语的悦耳性
| 152 | 二、广阔的体裁域
| 153 | 三、声文并茂
| 154 | **第二节　广播广告文案的基本类型**
| 154 | 一、日记式
| 154 | 二、直播式
| 155 | 三、对话式
| 156 | 四、广播节目式
| 156 | 五、现场新闻式
| 157 | 六、广播剧式
| 158 | 七、歌曲式
| 159 | **第三节　广播广告文案的撰写原则**
| 159 | 一、亲切性原则
| 160 | 二、动听性原则

第十四章 | 162 | **第一节　电视广告文案的基本特征**
电视广告文案 | 162 | 一、画面性
| 163 | 二、声画互补
| 164 | 三、跳跃性
| 165 | **第二节　电视广告文案的表现类型**
| 165 | 一、内心独白型
| 166 | 二、TPO 型
| 167 | 三、画外音型
| 167 | 四、比喻型
| 168 | 五、动画型
| 169 | 六、故事型
| 172 | 七、意境型
| 173 | **第三节　电视广告文案的撰写方法**
| 173 | 一、电影文学剧本型
| 174 | 二、综合说明+文字式分镜头脚本型
| 176 | 三、表格式分镜头脚本型

第十五章　179
网络广告文案　179

第一节　网络广告的基本特征
一、非强迫性
180　二、高交互性
180　三、便利性
180　四、丰富性
181　五、低廉性
181　六、精确性
182　第二节　网络广告的类型分析
182　一、强制型
183　二、非强制型
184　第三节　网络广告文案的基本特征
184　一、超文本链接：悬念和诱导策略
185　二、标题为王
186　三、号召性
186　四、简练性

第十六章　188
商业广告文案与公益　188
广告文案　192
194

第一节　商业广告文案
一、产品（或服务）广告文案
二、促销广告文案
三、企业形象广告文案
196　第二节　公益广告文案
197　一、公益广告的基本类型
198　二、公益广告文案的撰写原则

第十七章　200
SNS 与移动互联网　201
广告：开心农场、　202
积分墙与品牌 APP　207

第一节　SNS 广告文案的撰写
一、SNS 广告文案的特性探讨
二、SNS 广告文案的类型分析
第二节　移动互联网广告文案：积分墙 Banner
插屏与品牌 APP
207　一、Banner 广告
210　二、积分墙型
213　三、移动插屏式
215　四、品牌 APP 型

第十八章　218
移动端社会化平台的　218
典型代表：微信与　219
微博广告文案的创作　227

第一节　微信广告文案的撰写
一、微信广告文案的特性探讨
二、微信广告文案的类型分析
第二节　微博广告文案的创作

228	一、品牌形象型
229	二、产品推广型
230	三、促销型
230	四、系列文案型
232	五、植入型

第十九章　235

电子商务与搜索引擎：　235
B2B、B2C、C2C、O2O　237
和关键字广告文案　239
　241
　244
　244
　246

参考文献　249

第三版后记　251

第一节　电子商务：B2B、B2C、C2C 与 O2O 广告文案
一、B2B 式
二、B2C 型
三、C2C 型
四、O2O 型
第二节　搜索引擎：关键字广告文案
一、从内容方面看
二、从形式方面看

第一章　多视角观照：广告文案的整体审视

世界著名的广告文案大师大卫·奥格威曾经指出："广告是文字性的行业……在奥美公司，通常写作越好，提升越快。"著名广告学者 H·史载平斯也强调，"文案是广告的核心"。广告文案在整个广告中所处的重要地位，由此可见一斑。这种重要性主要体现在两个方面：一是几乎所有的广告——无论是大众媒体、小众媒体、高科技媒体广告，还是网络广告都离不开语言文字；二是美国权威的调查机构经过科学的测试，认为广告效果的 50%~75% 来自于广告文案。

正因为这样，广告文案撰写人员才不惜殚精竭虑、呕心沥血，其结果便是创作出了大批不同风格、不同体裁的优秀作品，特别是欧美现代主义、后现代主义文学对广告的大力渗透，更使文案呈现出异彩纷呈的复杂样态。虽然如此，但其深层无疑存在着共同的本质，并显示出不同的类型特征。

第一节　广告文案的本质探寻

广告文案质的规定性，表面看来似乎是一个很简单的问题，但如果对它进行一番较为深入细致的考察，就会发现它相当复杂，例如广告学术界对广告文案虽然下了不少定义，但没有一种能得到广泛的认同，就是明证。

在广告文案的多种定义中，比较重要的主要有两种：其一为"文学派"的见解。美国一位著名广告学者曾经指出："广告文稿写作，当前已被视为文学写作中的一种。"我们认为，这种见解既有一定的合理性，同时又存在着偏颇的一面。其合理之处在于，他敏锐地看到了广告文案与文学作品的密切联系，即相当一部分文案是用描写、抒情、创造意象和意境等文字表现手段创造出来的，如一则柿子广告"秋天的夕阳染红了故乡的街道"就是一个明显的例证。它不是在那里抽象地说明柿子的味道如何好，价格如何便宜，而是通过"秋天""夕阳""故乡""街道"等审美意象的巧妙组合，来唤起消费者对故乡的思念情结，在共鸣之中引发购买动机，以慰藉强烈的思乡之情。

其偏颇之处也是明显的：首先，它犯了以偏概全的错误。因为从广告文案的整体看来，用文学手法创作出来的毕竟只是其中一小部分，大多数文案都是用较抽象的语言，通过说明、论证等逻辑方法来阐明产品或服务的特征、功能以及对消费者的利益承诺，以达到以理服人、促进销售额增长的目的。这种文案类似于议论文和说明文体裁，与以形象塑造、情感表现为归依的文学作品有着质的不同，怎能说是"文学写作中的一种"呢？其次，即使是用文学手法创作出来的广告文案，也不属于文学写作的一种。因为文学写作的深层虽然也隐含着某种功利性，但它不占主导地位，而且也与广告文案促进销售额增长的经济目的不可同日而语。这就是说，文学性文案归根到底是功利第一，超功利第二，而纯文学则是超功利第一，功利第二。这种功利主要表现为对接受者精神上的认识作用和教育作用，在本质上不同于文学性文案所追求的经济效益，即市场占有率的提高和销售利润的增长。正如日本著名广告学者植条则夫所说："广告文稿说到底是达成广告目标的手段，更进一步说，广告目标是用来实现企业销售目的的。"

其二为"狭义派"的观点。这一派认为广告作品中的语言文字部分就是广告文案。与前面"文学派"的见解相比较，其优越之处在于突破了文学派将广告文案仅视为文学写作的藩篱，在外延上覆盖了一切种类的文案（文学型和非文学型文案），从而避免了"文学派"将说理型文案排斥于广告文案之外的弊病。但如果深入探究，则可发现它又陷入了另一种片面性：广告作品中未出现的语言文字能否称得上广告文案？例如电视广告脚本，无论是电影文学式还是分镜头式（表格型）人物对白、独白、画外音、歌词、字幕等语言文字肯定会出现在电视广告中，这在"狭义派"看来显然属于广告文案。但问题在于，电视广告脚本中对画面内容的描述，如人物行为、自然环境、人文背景等方面的描写，以及对镜号、时间、镜头运动（推拉摇移等）、景别（特写、全景之类）、音响、音乐等内容的文字说明，都不出现于播出的电视广告中，它们算不算广告文案？从"狭义派"的观点看来，上述语言文字是不能称作广告文案的，因为它没有出现在广告作品中。这种见解显然违背了最基本的事实，因为稍有广告常识的人都知道，对画面内容的文字陈述等实际上是电视广告文案中最基本、最重要的构成要素之一。由此可以看出，"狭义派"对广告文案的界定也具有相当大的片面性。

那么广告文案的真正本质究竟是什么呢？我们认为，所谓广告文案，是以语言文字为物质媒介符号，传达出创作主体某种特定的广告构想和诉求的篇章。可以看出，这一定义存在着下列几个优点：

第一，它在外延上几乎覆盖了所有的广告文案，不论是文学型的还是说理型的，其所使用的物质媒介或传播符号都是语言文字。而一个定义是否科学，首先就在于它能否覆盖特定领域的全部对象，如果它包容了一部分而将另一些理应包括在内的排除了，那它就是以偏概全而缺乏起码的科学性，上文所说的"文学派"和"狭义派"对广告文案的界定就是如此。而我们所下的定义则将该领域的对象全部包括进去了。

第二，这一定义将广告文案与广告图形区别开来，前者所用的是非造型性符号，即语言文字，而后者则采用可以直接诉之于消费者视觉的造型性符号。

第三，这一定义还进一步揭示出广告文案与同是使用语言文字的新闻、文学、科学论著等文化形式的质的不同。具体表现在广告文案所要传达的是为产品的扩大销售而构想出来的商业信息，而新闻、文学、科学论著等虽然也是用语言文字作为传播符号，但它们显然不以促进销售目标的实现为旨归。

第四，这一定义所强调的不是媒体发布的广告作品，而是一种特定的篇章，从而将那些未在广告作品中出现的语言文字（如电视广告文案中的画面内容陈述以及拍摄方法的提示性说明等）也包括在广告文案之中，从而避免了"狭义派"在这方面的严重局限性。

第二节　广告文案的类型分析

广告文案的具体表现形态是极其复杂多样的，但它们又绝不是一堆散乱无序的堆积物。如果细加寻绎，就可发现其间总是存在着这样或那样的联系，而且这种联系会随着我们所持分类标准的变化而呈现出不同的类别形态。

（1）从创作主体最基本的思维方式的视角，可以将广告文案分为文学型文案和说理型文案两种类型。

人类最基本的思维方式有两种，即形象思维和逻辑思维。正如德国著名哲学家弗里德里希·费肖尔所说，"思维方式有两种：一种是用形象，另一种是用概念和文词。"俄国杰出的文学批评家别林斯基也曾经指出："诗人用形象来思维，他不是论证真理，而是显示真理。"又说："艺术是对于真理的直感的观察，或者说是寓于形象的思维。"在这里，费肖尔所指出的用形象来思维的方法就是艺术家惯常运用的"形象思维"，而用概念来思维则是科学家揭示自然和社会规律所常用的抽象概括的方法，即逻辑思维。别林斯基则进一步指出了两者之间的联系和质的差别。在别林斯基看来，无论是文学家、艺术家还是科学家，其工作的根本目标就是发现和揭示世界的真理，这是两者的相同之处。不同之处则在于，两者所用的思维方式迥然相异，艺术家所用的是形象思维，即在创作过程中自始至终都离不开具体的形象，并用形象来显示自己发现的生活真理；而科学家则要将具体的形象抽去，形成一般性的概念，并在此基础上进行判断和推理，以论证自己所发现的真理，这种抽象的思维方式就是逻辑思维。当然，这种区分只是就主要倾向相对而言的，也就是说，艺术家以形象思维为主，而科学家则以逻辑思维为主，而绝不排斥艺术家对逻辑思维和科学家对形象思维的运用。如果将两者之间的界限绝对化，既不合乎实际，也不科学。

就广告而论，运用形象思维创作出来的文案可称为文学型文案，而运用逻辑思维撰写出来的文案则是说理型文案。

我们首先考察前一种类型。一般说来，形象思维有两个基本特征，其一为创作主体自始至终都离不开具体形象，无论是在思维的行程中，还是在用艺术符号将头脑中的构思外化为可被接受者感知的实际作品的过程中，都是如此；其二则是形象中饱含着情感，从而与科学论著中的某些直观图片或形态描述相区别。例如：

子夜，灯一盏一盏熄了
浓密的夜色淹没了初歇的灯火
万物俱眠
怎舍得未归的人
独自在黑夜赶路
且点上一盏灯
点上家的温馨与期待
让晚归的人儿
不觉孤伶

飞利浦真柔灯泡
为晚归的人点上一盏温馨的灯

可以看出，上面这则飞利浦真柔灯泡广告文案，用一个个具体的意象如"子夜""灯火""未归的人"等，构成了一幅完整的艺术画面：一个晚归者匆匆走在回家的路上，虽然形单影只，但内心却充满自信，一点也不觉孤单，因为有飞利浦真柔灯泡，与他相依相伴……从而与讲灯泡的功能特征的文案迥然相异。不仅如此，它的形象里还充溢着一种无比温馨、无比亲切的情感，令消费者读后为之动容，从而对飞利浦灯泡留下深刻而美好的印象，并进一步付诸购买行动。

其次，我们再来考察一下第二种文案类型。逻辑思维的特点在于，它重在从具体形象中绎出一般性的概念，并形成一定的观念体系，即是说它要蒸发、舍弃具象性的东西，只将抽象的一般观念保留下来，同时这些概念、范畴、判断和推理都是不带情感的，它是一种说服而非感染。试看下面的例证：

康柏 CONTURA 410 笔记本电脑报纸广告文案正文

标题： 全新 Contura 410 表现八面玲珑，助您威风八面。

正文： 无论地处何方，如果身边总有部八面玲珑、挥洒自如的笔记本电脑相辅佐，必然让您无往不利。而功能完备、表现超群的全新 Contura 410 正是您梦寐以求的工作良伴。

它的人性化机身设计概念，充分体现在其提手、内置轨迹球及键盘等细节上，处处使您感到作为主人的从容洒脱。而其卓越功能，则更显英雄本色。它采用高效能的 486DX2/50 处理器，硬盘容量有高达 250MB 及 350MB 两种选择，还有便于扩展的 PCMCIA 插槽，满足您不断增加的需求。Local Bus 局部总线图形显示高达 4.4 百 WinMarks' 清晰明鉴；更兼有不同显示界面的真彩色（TFT）或伪彩色（STB）选择，倍添工作效率。为配合未来科技发展，Contura 410 特设有升级功能，并且耗电量降至最低，再加上三年保修服务，如此出众品质，魅力怎能抵挡?

康柏 CONTURA 410 笔记本电脑的这一广告文案向我们表明，它不是像前面的飞利浦灯泡广告那样去着力创造感人的形象画面，而是舍弃具象性的东西，只用抽象的概念和判断，来证明广告产品由于采用了高效能的 486DX2/50 处理器和便于扩展的 PCMCIA 插槽以及 Locat Bus 局部总线图形显示高达 4.4 百万 WinMarks 等一流元器件，而成为一部功能卓越值得购买的超级笔记本电脑。而且在这种抽象的说明和论证中，消费者没有感受到任何情感，只是取得了一种明确的理性化的广告诉求。

由此可见，正是由于主体思维方式的不同，才构成了文学型文案和说理型文案两大基本类型。

（2）如果以发布广告的媒体作为分类标准，则可将广告文案分为小众媒体广告文案、大众媒体广告文案以及高科技媒体广告文案等类型。

所谓小众媒体广告文案，是指通过覆盖面小、传播范围狭窄、受众较少的那一类媒体发布的文案，如霓虹灯、路牌、灯箱、海报、三面转动电子广告牌等近距离传播媒体上所载的文字就是如此。而大众媒体广告文案则与此迥然相异，它是一种传播范围宽广、受众很多的媒体，如电视、报纸、杂志、广播等用语言文字发布的广告信息。

需要特别指出的是，广告界利用迅猛发展的高新科学技术，使新的媒体不断开发出来，可以称为高科技媒体。如美国某公司某年某月某日中午在一个美丽的海滩游泳场上空，用飞机喷洒形成彩色烟雾文字："你晒焦了，请用诺克齐玛凉一凉!"这是烟雾广告文案。还有一种书云广告，它是在地面上用抛物线反射器以 10 亿度的强光，在距地面 800 米高的夜空或暗云上面打下广告文字。美国哥伦比亚影业公司还在国家航空航天局发射的火箭箭体上，为国际巨星阿诺德·施瓦辛格主演的新影片《情节最后角色》发布广告文字信息。

在高科技媒体中，互联网无疑是前景最为广阔、影响最为深远的一种形式。它以数字化的方式处理、复制和传播信息，其简便、快速与容量之大多是以前的任何媒体无法比拟的。它从根本上改变了人类原有的交流和生活方式，具有划时代的伟大意义。全球因特网用户正以惊人的速度向上增长，从而使广告主将巨额款项投向这一新兴媒体。在因特网广告的各种符号载体中，最多的无疑还是文字，而这也就是因特网广告文案，是高科技媒体广告文案中最重要的一种表现形式。

（3）以表现形式为标准，可将广告文案分为诗歌式、散文式、戏剧式、曲艺式、新闻式、说明式、论证式等类型。还有一些虽然用得不是很多，但也很有影响的，如小说式（主要是小小说）等。

（4）以功能为标准，可将广告文案分为直接型文案和间接型文案。

所谓直接型就是要求短期内有较明显的促进销售的经济效果（如销售额的增长和市场占有率的提高等）的广告文案。它主要包括促销广告（有奖、打折之类）和最常见的产品、服务广告。日本著名广告学者植条则夫先生曾经指出："直接广告的目的是促使消费者直接采取购买行动，发挥即时性的广告效果，即把卖方与买方直接连接起来，是短时期内促进销售的最有效的手段。DM、单片、促销、直接回复、通俗销售以及挨家散发减价广告和赠券等，都可归入此类直接广告。"而间接广告文案则与此不同，它不以促进直接而及时的购买行动为主要目的，而以树立良好的企业形象为基本点。但这类广告文案并非不追求商业效益，只不过不像前者那样急功近利，而要求效果更为持久一些，消费者对产品的忠诚度更大一些。

（5）以广告主是否追求经济回报为标准，可将广告文案分为商业广告文案与公益广告文案。

商业广告文案的本质，就在于它所追求的主要是经济效益（如销售额的大幅度增长等），虽然它也要顾及社会效果。而公益广告文案则相反，它关注的中心是国家、民族乃至整个人类生存和发展的重大问题，如环境保护、艾滋病的蔓延、制止战争与保卫和平、倡导互助等。其受益者不限于广告主，而是扩展到社会全体公民。正如美国斯坦福大学著名学者布莱克所指出的："公共广告是带着新的社会性作用登场的。"

（6）以创作方法为标准，可将广告文案分为现实主义型、浪漫主义型、现代主义型和后现代主义型等。

所谓现实主义型，是指创作主体按照现实生活本来的样子来描写，也就是真实地描写与现实生活的广告文案。试看下面的例子：

标题：这次旅行将穿越沙漠、山岭、森林和隧道

正文： 这是一列火车。在车上您会感到非常舒服，并为窗外的景象振奋不已。在车上您可以读点书、聊聊天或稍稍休息。用餐时可享受到我们为您准备的美味佳肴及我们热情周到的服务。乘我们的列车，可到达 500 个目的地中的任意一个。在车上您可享受到其他任何一种陆地旅行的快乐。订票请打电话给您的旅行社，或打电话给 Amtrak1—800—USA—RALL。

广告语： 都来乘坐 Amtrak

可以看出，上述广告文案真实地描述了人们乘坐 Amtrak 列车的快乐情形，使消费者产生了如临其境的深刻印象。当然，还有些广告情节是虚构的，但只要它使人感觉到仿佛是生活中实际发生的那样，也同样属于现实主义的范畴。

至于浪漫主义型，则是主体按照自己理想中认为应当如此的样子去描述，即理想地描写对象或描摹理想化的对象，正如德国狂飙突进时代的杰出诗人席勒所说，"试图用美丽的理想去代替那不足的真实"。这种原则体现在广告文案中，最普遍的是借助于已有的神话、童话和传奇，有的则是原创性的，如某保险公司广告就运用了上帝与彼得的故事来传达这样一种诉求——"当你走上坎坷的人生之路时，本公司陪伴着你；当你遇到不测的时候，本公司协助你渡过难关"。至于铁臂阿童木、酒神狄奥尼索斯等题材也经常出现在各种广告文案中。

至于现代主义型，则以潜意识、非理性以及荒诞变形为其特征，如美国一则著名广告文案里就曾写到一个人变成了一匹马。与此不同的是，后现代主义型广告文案侧重于颠覆、瓦解深度模式，剔除忧患意识以及零散化和片断式的表现。这些都可以说是文学艺术中的现代主义，是后现代主义思潮对广告文案影响的结果，其对广告文案的创新有着十分重要的意义。因为它以前所未有的艺术图景，对广大消费者产生了异乎寻常的吸引力，并留下了深刻而长久的印象，从而极大地提高了广告文案促进销售额增长的幅度。

此外，如果以审美形态为标准，则可将广告文案分为秀美型、崇高型、幽默型、荒诞型等；如果以行业为标准进行划分，又可将广告文案分为金融型、食品型、家电型、化妆品型、IT 型、服务型等。

总之，由于广告文案的具体表现形态异彩纷呈，其划分标准又十分多样，这就导致类型分析呈现出极其复杂的格局。因此，既要全面地把握它们，又要根据不同的需要去具体分析。只有这样，才能深刻认识某一类型广告文案的本质特征，并在具体的广告文案创作中得心应手地驾驭它们，从而撰写出极具推销力的优秀作品。

思考题

1. 谈谈你对大卫·奥格威"广告是文字性的行业"这一名言的理解。
2. 如何评价"狭义派"对广告文案这一概念所下定义？
3. 文学型文案和说理型文案的分类依据是什么？
4. 评"公益广告也有商业价值"。
5. 举例说明浪漫主义型文案的特点。
6. 直接广告与间接广告有哪些异同之处？

第二章　文学型文案

一般来说，文学型文案在数量上比说理型文案要少得多，但它的能量和影响却丝毫不逊色于后者，甚至从某种意义上说，它引起消费者注意的比例及其强大效果，是说理型文案难以企及的。因为广告及文案的审美化正发展成为当今世界一种极其引人关注的新趋势和新潮流。正如台湾地区《突破》杂志载文指出的："美国近年来，广告表现的视觉部分，由商业艺术逐渐偏向美学艺术，连带地敢做此种尝试而获致出人意表效果的创意，也日益增多。""从纯美学出发，具有震撼力的戏剧手法，反而愈受欢迎。"而文学型文案与说理型文案的根本区别，正在于前者以创造美为旨归，而后者则是以理服人。

由此可见，文学型文案确有著名传播学家伊丽莎白·诺埃尔·纽曼所说的"强大效果"。

第一节　文学型文案的基本特征

我们在前面已经指出，文学型文案的撰写主体所用的思维方式主要是形象思维，并且是运用文学的构思和传达手法创作出来的，这就使得它一方面与文学结下了不解之缘，另一方面又与文学迥然相异，因为它归根到底必须服务于促进产品销售额的增长。

一、符号的"同时性"

符号学美学的主要代表人物之一——美国著名哲学家苏珊·朗格将人类迄今为止所创造的符号分为两类：其一为"推论性符号"，即那些非具体的抽象性的符号，如科学论著中的概念和范畴等；其二为"同时性符号"，即具象性的艺术符号，它包括造型艺术所使用的点线面体以及诗歌中的意象。苏珊·朗格进一步指出："艺术符号是一种有点特殊的符号，因为虽然它具有符号的某些功能，但并不具有符号的全部功能，尤其是不能像纯粹的符号那样，去代替另一件事物，也不能与存在于它本身之外的其他事物发生联系……那些真实的生命感受，那些相互交织和不时地改变其强弱程度的张力，那些一会儿流动，一会儿又凝固的东西，那些时而爆发、时而消失的欲望，那些有节奏的自我连续，都是推论性的符号所无法表达的……一件艺术品就是一种表现形式，凡是生命活动都具有的一切形式，从简单的感性形式到复杂奥妙的知觉形式和情感形式，都可以在艺术品中表现出来。"在她看来，"同时性符号"首先是感性的形式，是由线条、色彩、体块直接结合成的视觉形式，以及由比喻性的具有节奏和韵律的诗的语言"结合成的意象"；其次，它所表现的是"那些真实的生命感受"，充溢着情感的强烈流动，与"推论性符号"冷冰冰的抽象性形成鲜明的反差。

"同时性符号"是艺术作品的"细胞"，也是构成文学型文案的真正基元——语言中指称具体事物和现象的形象性较强的语词或意象。例如：

心　香

让我点燃一炷心香

在这夜深人静

万籁俱寂的

时刻

我要把对你的祝福

小心折叠小心轻放

在一个很隐秘的地方

接着

我便要开始默默地祈祷

祈祷时光倒流

祈祷青春永驻

这则中华多宝珍珠口服液广告文案，所使用的多为"同时性符号"，如"心香""青春""时光"等都是指代现实生活中具体的事物和现象的，是形象性较强的词汇，与科学论著中的"价值""异化""理念"和说理型文案中经常出现的"数码""功能""现代科学方法"等抽象性的语言符号迥然相异。

从上面的比较中可以看出，运用"同时性符号"构成意象群或作品整体，正是文学型文案区别于说理型文案的首要特征。

二、形象的间接性

文学型文案所使用的"同时性符号"不是线条和色块，而是形象性较强的语词，因而其所创造的形象就不能像广告图形那样直接诉诸人的视觉，而只能是间接的。

这样看来，所谓文学型文案形象的间接性，是指这种形象不是由受众直接感知到的实像（如广告摄影、摄像等那样），而是通过文案中那些形象性较强的语词的指涉功能，让消费者联想到现实生活中的某种事物而在头脑中形成的一种虚像。例如，中国台湾南投凤凰谷鸟园广告：

让我们看鸟去

雨停了，云一朵一朵的

风来了，花香一阵阵的

草绿了，露珠儿一颗颗的

嗨，你的眼睛亮了吗

一只飞鸿　一声鸟语

连呼吸的声音都在说：春天来了

来吧，让你的视觉鲜活起来

看看枝头吻颈缱绻

听听溪畔莺声燕语

领略环肥燕瘦秾纤合度的巧妙绝伦

走，带着你的相机

让我们看鸟去

上例中的"露珠""枝头""溪畔"等形象，都不是消费者直接感知的，而是读到这些语词符号之后，联想到生活中所见到的雨后小草上晶莹的露珠，它不是直接看到而是在头脑中想象出来的，所以我们称之为间接形象。

与广告中的直接形象（广告图形）相比较，文案所塑造的间接形象有相对较弱的一面，这就是它缺乏直观的视觉冲击力，形象较为模糊。唯其模糊又产生了相对较强的一面，即间接形象有着配置的非确定性，能给消费者提供更为广阔的再创造空间而出现因人而异的多种复杂形象，由此而产生一种审美创造的乐趣，对广告产品产生难忘的印象，并付诸购买行动。

之所以如此，是因为消费者根据文案所提供的间接形象（其中蕴藏着著名的现象学美学家罗曼·莫伽登所说的"图式化视域"，即创作者有意留下的"空白"和"未定点"），将自己的先行理解——消费者读文案时特定的生活经验、思想情感、价值观念、审美趣味、个性气质、审美心境等构成的预成条件的总和渗透进去，在主客交融之中产生一种新的意义。这种新的东西既不完全等同于作者的意图，又不完全等同于他人的感受和理解。正是这种不同导致了间接性形象在某些方面优于直接性形象。

三、暂时的超功利性

文学型文案运用描写、抒情、创造意象和意境等艺术手法，塑造出了感人的美的形象，使消费者读后情不自禁地产生一种精神愉悦和美感享受，从而超越了实用、有益等功利性考虑，这就是文学型文案的超功利性。试看下面的例子：

主标题：长夜如诗　衣裳如梦
副标题：兰薇儿陪伴你　在夜的温柔里
正　文：月色淡柔，灯影相偎，夜的绮思悄悄升起……在这属于你的季节里，兰薇儿轻飘飘的质感，高雅精致的刺绣，更见纤巧慧心，尤其是清丽脱俗的设计，让你一眼就喜欢。
　　穿上兰薇儿，让夜的温柔轻轻拥你甜蜜入梦！

朦胧的月光给大地披上了一层银色的轻纱，宁静的夜晚有着梦一般的温柔和甜蜜……这种极具诗情画意的艺术境界，富于形式美韵味的斐然文采，给消费者带来一种亲切而温馨的美感愉悦，无疑有着很强的超功利性。因为此时此刻，广告文案所创造的美使消费者超越了实用目的和利害关系，对它采取了一种静观的审美态度，即布洛所说的"距离"和康德所说的"自由"。康德指出："对于美的欣赏的愉快是唯一无利害关系的和自由的愉快。因为既没有官能方面的利害感，也没有理性方面的利害感来强迫我们去赞许。"这表明，兰薇儿睡衣广告文案正是让消费者产生了一种"无利害关系的和自由的愉快"，因而具有较强的超功利性。

然而，上述超功利性只是暂时的，因为消费者可能会迅速从沉醉中醒悟过来，明确地意识到兰薇儿广告所说"轻飘飘的质感"和"清丽脱俗的设计"，是想促进产品销售额的增长，是在追求一种经济利益，并且这种感受和念头很快占据了主要地位，表明文学型文案中的超功利只是暂时的，并且是达到功利性目的的一种重要手段。

四、强烈的情感性

文学型文案创造出色的形象，以向消费者提供超功利的精神愉悦，是离不开真挚而强烈的情感的。法国著名的启蒙主义哲学家狄德罗说："没有感情这个品质，任何笔调都不可能打动人心。"不仅西方极端重视文学艺术的情感性，中国也是如此，如中国唐代伟大诗人白居易就曾指出："感人心者，莫先乎情。"这里虽然是就文学艺术作品而言的，但我们认为其精神同样适用于文学型文案。

事实上，文学型文案中总是蕴含着或显或隐的复杂情感。试看下面的例子：

标题：老师的伞下永远是晴天
正文：小时候，班里同学都很穷。每逢下雨，没有伞的同学回不了家，刘老师的小雨伞就成了大家欢声笑语的避风港，无论雨多大，回家的路多长，老师的伞下永远是晴天。

　　长大了，再也用不着刘老师避风挡雨了，但无论走到哪里，老师都还是像雨伞一样庇护着我，用她朴实的情愫和真诚的人格，遮蔽着我人生路上的风风雨雨。不管路多险，多艰难，老师的信心总会支持着我向前……

这是广东太阳神有限公司于 1993 年 9 月 10 日教师节发布在天津《今晚报》上的一则优秀的企业形象广告文案。它通过"我"对小学时代刘老师美好人格的回忆，抒发了一种对老师强烈的赞颂、爱戴和崇敬之情。其行云流水般的笔调，娓娓道来的无尽怀念，令读者倍感亲切，产生了强烈的情感共鸣和心理反应。正如美国著名学者 W. 詹姆斯所说："当美激动我们的那一瞬间，我们可以感到胸际的一种灼热，一种剧痛，呼吸的一种颤动，一种饱满，心脏的一种翼动，全身的一种摇撼，眼睛的一种湿润……以及除此而外的千百种不可名状的征兆。"这种情感反应的强烈性所导致的必然结果，就是让消费者对广告文案、广告产品留下了极为深刻的印象，为购买行动打下了一个坚实的基础。

第二节　文学型文案与纯文学的比较分析

文学型文案是文学与广告相结合的产物，这就使得它一方面与文学有着不少共同之处，另一方面又不可避免地产生了较大的差异性。深刻地认识这样两个不可分割的方面，对于我们熟练地掌握文学型文案的撰写原则，无疑有着极为重要的意义。

一、共同性

文学型文案和纯文学两者之间存在着不少类似之处：首先，它们都要运用形象思维来进行艺术构思和艺术传达；其次，它们都要借助"同时性符号"来创造独特生动的间接性形象；最后，两者都饱含情感，力求激起读者的强烈共鸣，获得丰富的美感愉悦。这就要求两者都要运用描写、抒情等一系列的艺术手段，才能达到预定的目的。

二、差异性

虽然文学型文案与纯文学存在着以上的共同性，但由于前者归根到底不过是一种促进产品销售额增长的营销工具，是一种商业文本和商业化运作，而纯文学则是以给受众提供精神愉悦的审美价值为主的艺术形式，虽然它也会以商品形式出现在流通领域，但它本质上并不以追求功利性作为主要目标，这就导致它与文学型文案产生了一系列重大差异。

这种差异主要体现在下列几个方面：

（一）量的比较

第一，量的差异。一般来说，文学型文案篇幅较短，长文案也不是没有，但在整体中所占的比例极小，而且即使是长文案，与那些数百万字的文学巨著相比，也只不过是沧海一粟而已。

广告文案大师路克·苏利文在其《广告人的路克福音》中指出："简化！简化！这一度是我的座右铭，直到有一天我发现它还应缩短为'简化'。"之所以如此，首先是因为文学型文案是一种商业文本，只负责向消费者提供有关的产品和服务信息，当然它也有情感和形象，但这些信息归根到底仍然不可能脱离销售，它没有反映社会现实生活、构造大量情节的任务，而只能是将商业信息传达完即止，这就决定了它的篇幅只能短小不能太长，否则就不成其为广告了。

第二，从广告的注意来看。根据调查结果，95%以上的广告注意属于无意注意，即事先无预定目的，也无需意志坚持的注意。这表明消费者虽然知道广告不无益处，但绝大多数人并非积极主动地接受它们，反而经常有意无意地把它当做一个"灰姑娘"。在这种情况下，消费者无意之中看到一则广告文案，如果短小精悍，他也许就读下去并且留下了记忆，如果一看很长，就可能弃之而去。

第三，从广告的记忆来看。心理学实验告诉我们，表达某种信息的符号越少就越容易被记住。广告文案要想获得较好的效果，首先必须引起消费者的注意，并且被记住，否则便会让大量金钱付诸东流。这就要求广告文案（包括文学型文案）尽量短小精练，这样才能在消费者心中留下长久而深刻的印象，进而产生购买行动。正是由于以上原因，才使得文学型文案一般都比较短小。

然而，纯文学作品一般却比文学型文案的篇幅要长得多。究其原因，主要是由于文学作品是以反映社会现实生活、提供审美文本而非商业文本为己任的。现实生活在空间上和时间上的无限广延性为文学作品的巨大篇幅提供了可能的条件。当然还因为文学作品尤其是成功的优秀之作，读者不仅主动注意，而且不嫌其长反嫌其短，不少接受者写信强烈要求某些作家为某一名著写出续篇，就是有力的说明。概括起来，可以说纯文学作品虽然也要求精练，但由于它以创造艺术美，给人带来精神愉悦为主要目标，因而篇幅长的优秀作品反而愈受欢迎。

（二）质的比较

文学型文案不过是一种用文学手法创作出来促进产品销售的商业文本，这就使其总是面对细分市场传播产品及附加值方面的信息，总是企求每一个目标对象都能明白无误地领会、把握其诉求点，总是追求大众化的明晰和确定性，故其内蕴一般显得较为肤浅，即使少量文案的审美附加值内容存在着某种非确定性，但整个广告文案的销售主题仍然是清晰的。例如：

带着母亲的梦翱翔

曾几何时，母亲不再有青春的梦

而你，是母亲梦里的翅膀

海阔天空，任意翱翔

偶然栖息，才恍然想起

母亲期盼的眼神

当母亲节又将到来之时

你何不收起翱翔双翼

回头看看展翅的地方

那儿，亲情浓浓，恒久不变

那儿，曾是你力量的源泉

表述爱心要及时

在这属于母亲的日子里

虽仅馨香一瓣

却带给母亲无限的满足和欢乐

当你再度展翅而去

愿你带着母亲的梦翱翔

——耐斯系列抗衰老美容化妆品

替你表达敬爱之心

可以看出，上面这则化妆品广告文案，虽然不乏含蓄之处，但其主题或销售点却相当清楚，那就是吁请做儿女的在母亲节到来之时，给青春已逝的母亲买上一套耐斯系列抗衰老美容化妆品，作为礼物送给母亲，使之延缓衰老，带来"无限的满足和欢乐"，以报答母亲的深恩。

至于纯文学作品则不然，它愈是深刻，愈是具有非确定性，其审美价值就愈高，就愈有永恒的艺术魅力。

文学作品的深刻性，主要表现在它对宇宙、社会、人生某些方面的深层本质作出了有力的揭示，能够言人所未言，发人所未发，具有强烈的非确定性和"形而上质"。例如法国荒诞派戏剧的代表作《等待戈多》，有人认为它写出了流浪汉的愚昧，有人则认为它表现了西方人面对物质生产高度繁荣所带来的精神家园丧失后的茫然无绪：既有所希冀、有所等待，又不能清楚地知道等待什么以及是否能等到，诸如此类，不一而足。这就告诉我们，《等待戈多》与那些肤浅之作有两点不同：一是它并不局限于反映某一具体问题（如失业、战争、饥饿、同性恋等），而是将其提升到一种极具普遍性意义的层次（即西方人对存在的困惑），因而获得了一种哲理性的"形而上质"；二是接受者对它的意义存在着多种理解，因而具有非确定性。以上两点就表明它获得了"深刻性"的品格，它是文学家梦寐以求的崇高目标。而文学型文案基本上不具备这种特点，因为它促进产品销售的本性决定了这种追求的不必要和不可能性。

（三）功能比较

世界著名广告大师威廉·伯恩巴克曾经指出："你写的每一件事情，在印出广告上的每一件东西，每一个字，每一个图表符号，每一个阴影，都应该有助长你所要传达的讯息的功效。你要知道，你对任何艺术品成功度的衡量是以它达成你广告的目的之程度来决定的。广告界中的任何人如果说他的目的不是销售所广告的商品，他就是一个骗子。"在他看来，增加所广告的产品的销售额，就是广告的根本目的。

扩大销售额就意味着企业利润的增长，它无疑是企业家或者说广告主追求的基本目标，这种经济利益的获取就是广告包括文学型文案的功利性。从文学型文案自身的功能上看，这种功利性无疑属于第一位。

除此之外，文学型文案还有另一种功能，那就是它运用文学手段创造出来的形象和美，能给消费者带来精神上的愉悦和美感享受，表明文学型文案还有着超功利性的一面，尽管居于第二位，但这种功能却是无法否认的。以上论述表明，文学型文案的功能可以概括为功利第一，超功利第二。

纯文学的功能虽然也是功利性和超功利性的整合，但两者所处的地位则恰恰相反，即超功利第一，功利第二。文学作品不像文学型文案那样主要去追求一种实用的利益，而是排除利害关系和欲望的考虑，着力给接受者提供一种非实用的精神愉悦和美感享受。正如黑格尔所说，美感对象是这样一种独特的存在，它"自由独立存在，对它不起欲望，把它只作心灵的认识方面的对象"。但如果因此而完全否认文学作品的功利性也是错误的。然而纯文学的功利性又与文学型文案有所不同：其一，它不表现为广告的那种经济利益，而是一种审美教育，即使接受者的灵魂获得一种净化和升华；其二，这种功利性隐藏得较深。正如鲁迅先生所说："享乐着美的时候，虽然几乎并不想到功用，但可由科学的分析而被发现。所以，美的享受的特殊性，即在那直接性，然而美的愉乐的根底里，倘不伏着功用，那事物也不见得美了。"在他看来，文学艺术不是没有功利性，而是伏在深处让人不易发现，并在不知不觉中潜移默化罢了。但这种功利性与超功利性相比较，只是第二位的，决不能居于主要地位。

（四）发生学比较

所谓发生学比较，是指从文学和文学型文案被创造时的根本动机或动力的角度，对两者的性质进行对比研究。从这个视角对文学型文案进行观照，我们不难发现，主体之所以要进行文案创作，最普遍、最根本的缘由就在于它是应广告主的委托和要求而写的，是代广告主而言，或者说是"为人捉刀"。这个事实表明，文学型广告文案撰写的动机、动力、终极根源是出于外在压力，并非出于内心的自愿、自发和自觉的抒情言志的自然需要，实际上是刘勰在《文心雕龙》中所批评的那种"为文而造情"的具体表现。

而纯文学则恰恰相反，它大多"为情而造文"。作家之所以创作诗歌或小说等，最普遍的情形是心有所感，然后形之于言，如鲠在喉，不吐不快。正如钟嵘《诗品》所云："气之动物，物之感人，故摇荡性情，形之舞咏……若乃春风春鸟，秋月秋蝉，夏云暴雨，冬月祁寒，斯四候之感诸诗者也。嘉会寄诗以亲，离群托诗以怨……凡斯种种，感荡性灵，非陈诗何以展其义，非长歌何以骋其情？"在西方也有类似的见解，如英国湖畔派著名诗人华兹华斯就曾经指出："诗是强烈情感的自然流露。"这就告诉我们，文学创作的发生，其根源不像文学型文案那样出于外在的强迫，而是由于外物触动了心灵，引起了强烈的情感震荡，如果不宣泄于笔端则内心不快，它是一个"自动"而非"他动"（由别人指派任务）的自然流露的过程。

从上面可以看出，文学型文案的创作动机在于广告主的委托，是非自愿自觉的，而纯文学创作的最初力量则一般来自于主体内心的情感波动，不吐不快，欲罢不能。这种差别对效果有很大的影响，那就是文学作品感人的魅力较文学型文案强大得多。

第三节 文学型文案的撰写方法

要写出优秀的有强大效果的文学型文案，除了深刻地把握它的重要特征外，还要灵活地运用那些行之有效的表现技巧。

一、产品诉求与形象的契合

文学型文案绝不能为形象而形象，而是要通过形象来传达广告的诉求点，只有这样，才能达到促进销售额大幅度增长的根本目标。这就使得诉求点与形象产生了一定的关系，它们主要表现为两种模式：

第一，直接契合型。所谓直接契合，是指文学型文案通过描写广告产品或服务的具体情状而创造出生动鲜明的艺术形象，清晰地表达出创作主体构想出来的广告诉求，两者之间显示出一种契合的密切关系。例如：

> 每到深秋，九寨沟的景色更是迷人。秋霜过后，层林尽染，翠绿、金黄、火红的多色树叶相间，湖水清澈透明，蓝天白云映入湖中，湖静云动，如水里行舟……

从以上例文中不难看出，广告文案创作者显然是想表达这样一个主题：九寨沟的景色尤其是秋天的自然风光有着一种无与伦比的美，将给你带来永生难忘的美感享受。为此，作者选取了翠绿、金黄、火红的树叶，澄澈的湖水，如洗的蓝天，朵朵白云等审美意象，构成了一个对人们有着强大吸引力的整体形象。这一形象有力地烘托出作者所确立的广告主题，表明形象与主题有着直接的契合关系。

第二，间接契合型。它是指广告文案的主题与其形象之间的联系相当隐晦曲折。其特点在于，它不是直接描绘产品的外部造型、色彩和内部形态或服务的情形（如热情、周到的具体细节和情节等），而是借表面与产品或服务没有什么关联，但读者通过深入的品位与思考又能发现形象与主题之间的微妙关系，从而带给消费者从上面直接契合型文案中得不到的惊喜。试看下面的例子：

> **主标题：** 来吧，吸走心里的忧愁吧
> **副标题：** 经不起风吹雨打的爱，干脆去得干净
> **正　文：** 彻夜话别
> 　　　　天已灰白
> 　　　　我跟他一起挑的窗帘
> 　　　　也已褪了色
> 　　　　他说他喜欢蒙娜丽莎的画
> 　　　　也要拿下它
> 　　　　清算他与我的关系
> 　　　　换一换我的胸臆吧……

上引文案从女主人公自己所见所闻的视角，表现了"我"与男主人公分手时内心的巨大痛苦。这是作者提供给受众的艺术形象。至于它的主题却隐藏得相当深，经过细致的品位，我们才发现其主题原来是这样的：吸尘器连心里的忧愁都能吸走，难道还不能吸净房间里的灰尘？

与前面的直接契合型文案相比较，我们可以看出，这是一则吸尘器广告文案。但它没有直接描述吸尘器的外部形态和内在结构，甚至将其完全舍弃，而去表现与吸尘器形象无直接关联的男女之间情感破裂导致分手的情节，表明这一文案的主题与其形象之间的关系相当隐晦，呈现出一种间接性形态。

相对说来，间接契合型文案比直接契合型文案难写一些，但由于发现它的主题相当不易，需要消费者调动自己的联想和想象，细加品味，深入思考方可领悟，这就可能引起他们的审美兴趣，从而对该文案引起注意，并可能很快采取购买行动。所以，从广告文案所获效果的角度看，间接契合型文案的效果一般比直接契合型文案要好，其撰写方法值得我们认真地研究和把握。

二、广告文案意境美的创造

写好文学型文案的另一重要问题，就是要巧妙地运用多种文学表现手段，创造出形态丰富的广告美，如秀婉、崇高、幽默和荒诞等美的类型。

文学的表现手段异常丰富，有的独立平行，有的相互交织，构成了一个复杂的网络系统。如佯谬与文本互涉就是平行的关系，而象征与比喻则存在着交叉之处。灵活地借鉴文学表现技巧，对于强化文学型文案的感人力量，扩大它促进销售的效果，无疑有着极为重要的意义（关于这个问题，本书将设专章予以论述，此处只想着重讨论一下文学型文案中意境的创造问题）。

英国著名诗人柯勒律治关于象征的论述，对我们正确地理解意境有着极大的启示。他曾经指出，象征具有"在个性中半透明式地反映着特殊种类的特性，或者在特殊种类的特性中反映着一般种类的特性……最后，通过短暂，并在短暂中半透明式地反映着永恒"。这就启发我们，在文学型文案中也存在着特殊与一般、短暂与永恒的相互连接。这个特殊、短暂的东西就是"境"，即苏珊·朗格所说的"同时性符号群"，它居于外层；内层则是"象外之象"，味外之旨即"意"。这种"意"介于可视与不可视之间，是一种半透明结构，既可让消费者看出某种含蕴，但又有不可穷尽之感。试以下面一则文案为例：

> 他的脚步逐渐远去
> 背影也慢慢地消失
> 高挂夜空的月亮
> 这时横过了阳台
> 一阵寂寞突然袭来
> 我只好再把灯光点燃……

这是东芝灯具所做的一个著名广告。它首先以密集的意象群构成一个整体形象，即外在的"境"；其次，在"境"的后面包含着不尽之意，如有人认为它表现了少女对男友离去后的一种深深的眷恋，有人则认为它表现了失恋后的寂寞和痛苦……正因为这样，文案中的"意"就具有某种非确定性——既能让消费者对它除主题外的审美附加值有所领悟，但又不能完全看透，这就证明它的"意"变成了一种半透明结构，因而这篇文案就创造出了一个高层次的艺术境界即意境。

凡是有意境的作品都表明它创造出了一种艺术美。意境美并非只有一种，而是存在着多种不同的形态，如秀婉、崇高等。例如：

筑梦台北　美梦成真

台北近邻

一片碧蓝的天空

远山苍翠、白云悠悠、群鸟飞翔……

台北近邻

一片清纯的生活净土——

浓荫处处、流水潺潺、百花盛开……

在台北打拼，在台北生根

寻找一个怡然自得的家——

台北神话

为想家的人筑梦

为爱家的您圆梦

中国台湾"台北神话"新住宅的这一广告文案，为消费者创造出一种"秀婉"（亦称为"秀美"或"优美"）的意境美。所谓"秀婉"，是指主客体和谐统一的宁静、温柔的美。英国著名的经验主义哲学家博克认为秀婉美是轻巧娇柔、松弛舒畅的。中国古代将秀婉称为"阴柔之美"，如桐城派的重要代表人物姚鼐就曾指出："其得于阴与柔之美者，则其文如升初日，如清风，如云，如霞，如烟，如幽林曲涧，如沦，如漾，如珠玉之辉，如鸿鹄之鸣而入寥廓。"西方现代著名哲学家科恩则认为秀婉是"那种完全消失了矛盾"的状态，具有浑然一体的单纯性。它没有不和谐音，没有粗犷猛砺的形式，更没有畸形、毁损、无序和否定性的东西，完全不混杂"丑"的因素。

以上述见解来观照中国台湾"台北神话"新住宅广告文案，我们就可以发现它所创造的意境美确实符合秀婉的本质：文案中呈现在我们面前的意象，如悠悠的白云，潺潺的小溪，掠过蓝天的鸟儿，姹紫嫣红的花朵……无不显示出一种平和、宁静和温馨，没有任何的不和谐音和"丑"的因素。

具有秀婉美的文案，以其娇柔清丽、秀雅宁静的形象，给予消费者轻松舒畅、和谐甜蜜的审美享受。而在享受着这美的同时，消费者也就对广告产品留下了长久难忘的印象，为促进销售打下了坚实的基础。

所以，要想在文案中创造出秀婉美的意境或意境的秀婉美，首先就要使广告文案中的形象含有"不尽之意"，具有非确定性的特征；其次就是要善于选择那些柔和、平静、优雅的意象，构成一个完整的艺术境界。只有做到这两点，才能达到既定的目的，取得良好的广告效果。

此外，广告文案还可以创造出崇高，即让作品显示出一种豪放、雄浑的情调和磅礴气势。清人沈宗骞云："挟风雨雷霆之势，具神工鬼斧之奇，语其坚则千夫不易，论其锐则七札可穿。"这里所说的"阳刚之美"就与崇高相类。文学型文案要想以刚健雄浑之势来震撼消费者，就必须选择那些体积巨大、力量巨大的意象，只有这样才能创造出感人的崇高之美。

思考题

1. 试述文学型文案的基本特征。
2. 文学型文案与纯文学的共性。
3. 文学型文案与纯文学在功能上有何不同？
4. 写一篇"间接契合型"文案（只写正文）。
5. 举例说明广告文案"秀婉美"的特征。

第三章　说理型文案

与形象思维的文学型文案相对应的是另一种性质迥异的文案类型即逻辑思维的说理型文案。从数量上看，见之于媒体的说理型文案比文学型文案要多得多。这个事实告诉我们，说理型文案是绝不可忽视的，它对于整个广告传播尤其是对于那些非日用产品的促销，有着极为重要的意义。

第一节　说理型文案的基本特征

写作主体在撰写说理型文案时遵循的是逻辑思维的规律，这就使它与文学型文案存在着根本不同的特征。

一、符号的推论性

与文学型文案使用"同时性符号"不同的是，说理型文案主要采用"推论性符号"。例如：

> 一部高效率的超级个人电脑，必须具备一片高性能的快速处理器，才能得"芯"应手地将各种软件功能全面发挥出来。
>
> Intel 现率先为您展示这项科技成就，隆重推出跨时代的奔腾处理器。它的运算速度是旧型处理器的 8 倍，能全面缩减等候时间，大大增加您的工作效率。
>
> 除此之外，它与市面上多种电脑软件全面兼容，从最简单的文字处理器到复杂的 CD-ROM 多媒体技术应用，它均可将这些软件的工作效率发挥得淋漓尽致，而它的售价却物超所值。
>
> 若想弹指之间完成工作，您的选择必然是奔腾处理器。
>
> Intel 奔腾处理器，给电脑一颗奔驰的"芯"！

英特尔公司发布的这则广告告诉我们，说理型文案一般不用那些表现审美意象的形象性较强的语汇，而总是选择那些非具象性的概念或范畴，如"高效率""高性能""多媒体技术"等。它们不是指称某种具体事物或现象，而是表述那些被抽空了形象的事物的共性和关系。这就使得它们缺乏情绪感染力，但却能将广告产品（如此处的英特尔奔腾处理器）的性质和独特功能有力地揭示出来，让消费者明白：购买该产品必将得到巨大的利益，让您无怨无悔！

二、诉求的直露性

说理型文案的主题十分清晰，因为它无需创造形象，只是用抽象的语词直截了当地告诉消费者某种广告主题，使其显得相当外露。例如：

> 《戴尼提》——自我心理调节技术
> 《戴尼提》可以帮您更好地了解自己
> 　　　　更有能力实现自己的目标
> 改善人际关系——《戴尼提》是个好帮手！

消费者读到上引美国心理学名著《戴尼提》广告文案，不需要多想很快就可以明白它的诉求点，那就是《戴尼提》可帮助读者调节自我心理，改善人际关系，以便能更好地去适应瞬息万变的社会和错综复杂的人际关系，而获得心理健康和生活幸福。由此可见，说理型文案不会借助文字意象来含蓄地表现广告主题，而是以直白清晰的表达，让消费者迅速理解它的主要诉求。

三、传达的逻辑性

说理型文案是用撰写论文、说明文常用的证明、反驳、归谬、类比、归纳、演绎、说明等方法写出来的，最讲究的就是逻辑性要强。例如：

> 买麦粉时多花一点钱值得吗？其实这正是厂商利用消费者"贵的就是好的"的错误心理，故意抬高价格，谋取更大的利润……贵的东西未必就一定好。花钱要有代价，否则，多花钱也是冤枉。

上述爱力牌麦粉广告文案，没有描写，没有抒情，而是运用反驳方法，驳斥"贵的就是好的"这一常见的似是而非的消费观念，认为它成了那些狡猾厂商有意抬高价格、牟取暴利的工具，证明贵的东西未必就一定好，不贵的东西未必就一定不好，从而让消费者懂得：爱力牌麦粉价格虽不高，但质量却很好，是一个值得信赖的优秀品牌。

从上面的分析可以看出，文案从批判"贵的就是好的"入手，旋即转入贵的东西未必就一定好，最后归结为花钱要有代价，这个代价就是爱力牌麦粉，从而显示出该文案层层深入，反驳有力，有着相当强的逻辑性。

第二节　说理型文案的基本类型

说理型文案的存在形态是十分复杂多样的。以体裁为标准，我们可以把它分为下列几种基本类型。

一、科技符号体

在说理型文案中，有一部分文案以运用科学技术符号作为创意和传达的中心，以表现产品的技术参数和优越功能，被称为科技符号体。例如：

> ProSignia VS 还具有一般台式电脑没有的防错功能，秘密在特选的 Insight Manager 21 网络管理软件，Proliant 储存系统及能支持 RAID Levels 0，1，4，5 的 SMART SCSI 陈列控制器……ProSight VS 还配备高达 128MB 的内存容量，更可选配 256KB 的高速缓冲，应付任何复杂软件，依然绰绰有余。

这是美国康柏电脑广告文案的一部分，其中的"128MB"和"256KB"等都是电脑科学中的符号和技术参数，用在文案中是为了表现广告产品的卓越功能，以吸引消费者前来购买。

但有的文案运用科技符号却只是把它们当做使创意新颖的一种工具。试看下面的例子：

> "1+1"的新算法
> 服务加（＋）法：
> 　　保修期由一年延至二年。
> 价格减（－）法：
> 　　联想 1+1 家用电脑持学生证特价销售。
> 收获乘（×）法：
> 　　娱乐、教育功能齐全，自然效果倍增。
> 烦恼除（÷）法：
> 　　工作效率高，孩子成绩好，自然除烦恼。

上引联想 1+1 电脑广告文案，其中的＋、－、×、÷无疑是科学符号，但它们并不是说明广告产品自身的技术参数，而是一种"点铁成金"式的变通使用，以此让读者感到创意巧妙而引发对广告产品的注意。

二、说明体

说明体文案在说理型文案中所占比例相当大，应当引起我们的重视。这是一种以理解、介绍、剖析等表达方式来表明广告产品或服务的特征、功能、外部状态（如造型、颜色等）和内部构造的一种文案。例如盾牌头盔广告：

盾牌头盔由盔体、挡风面罩、束具三部分组成。

盔体是由四层合为一体组成的。外层由玻璃钢材料构成，具有良好的刚性、韧性、耐冲击性，有隔热、耐寒、防火的优点；第二层由 10 毫米厚的半硬聚苯乙烯发泡塑料整帽衬作缓冲；第三层由 6 毫米厚聚氨酯软泡沫作减震，里层由富于弹性、耐磨、光滑、舒适的尼龙绸作衬里。

第二部分为挡风面罩。由挡风罩、挡风板架以及支臂组成，可上下自由转动 90°，挡风面罩开启主要靠支承臂压簧滚珠，转动灵活，平稳可靠。挡风板为凸面体，强度大，性能好，由于采用无色透明有机玻璃，透明度可达 95% 以上。

第三部分为束具。由护耳、帽带、托腕组成，通过防锈处理的连接件铆于盔体，具有固定头盔正确位置和使人舒适的作用。

另外，盾牌头盔主体构件全部采用弹性材料，与银底蓝字盾牌商标相配，造型美观、大方。盾牌头盔是广大摩托车爱好者不可缺少的好伙伴。

这则文案所用的表现方式既不用文学的描写、抒情手法，也不用驳斥、归谬等论证方式，而是运用介绍、剖析等手段来说明盾牌头盔的外形、结构、材料和独特功能，主题清晰，叙述明白，使消费者对广告产品留下了深刻难忘的印象，取得了很好的效果。

三、表格体

表格体是一种利用图表醒目、简洁、一目了然的特点来传播产品信息的广告文案。它有两种表现形式：

其一是分行列出产品规格、相关数据、获奖等内容，不画图表。例如：

无与伦比的自流井精制盐
- 1988 年首届中国食品博览会金奖
- 1988 年国家质量银质奖
- 1986 年轻工业部优质奖
- 1988 年四川省优质奖

上述文案没有详细介绍自贡自流井精制盐的品质、功效等常见广告内容，而只是将其历次获奖情况按级别、范围从大到小、从高到低逐项分行列出，让消费者一目了然地了解它所受奖励的信息，明白它是一个国际、国内都堪称优质的品牌。

其二是画出图表，并将产品信息简明扼要地写入其中。例如：

奥士达快速印刷所

```
┌─────────┐      ┌──────────┐      ┌──────────┐
│         │ ◄─── │          │ ◄─── │  日本理想 │
│  计算机  │      │  奥士达   │      │  制版印刷 │
│         │ ───► │ C1301 接口 │ ───► │  一体化   │
└─────────┘      └──────────┘      └──────────┘
```

上引文案将奥士达快速印刷所的设备配置情况画成图表，简洁清晰，让消费者瞬间便可知悉该印刷所先进的设施和科学的配置，如有需要，就极有可能接受他们的服务。

四、论说体

所谓论说体，是指那些用写论文的方法如归纳、演绎、类比、归谬、反驳、证明等写出来的论证式文案。这种类型比较常见，是说理型文案中最重要的构成类型。请看下面的例子：

> ……当人体内积聚了过多的胆固醇后，便会造成冠状动脉阻塞，从而增加患上心脏病的机会。
>
> 要解决这个问题，只要你把早、午、晚的爱心餐内容，以大量蔬菜、谷麦代替肉食（尤其是肥肉）、奶品及其他高动物脂肪食品便可……
>
> 含于肉类和奶品内的动物性脂肪除令人发胖外，更会于体内转变成胆固醇，而含于蔬菜谷麦类之内的多元不饱和脂则不会造成此危机，因此我们在选择牛油时亦应以从植物提炼的植物牛油为首选。
>
> 花唛植物牛油，由葵花籽油制成，含多元不饱和脂，不含胆固醇，而且甘番美味，适合烹调食物及涂面包用……

这则花唛植物牛油广告文案，首先提出了一个基本问题，即人体内如积累了过多的胆固醇，便会造成冠状动脉阻塞而引发心脏病。作者顺着这个思路，提出了解决这个问题的关键就在于以蔬菜、谷麦代替肉类食品。为什么要这样呢？作者进一步指出，那是因为肉类食品内包含的动物脂肪会在人体内变成胆固醇，而谷物里的多元不饱和脂则没有这种有害的东西。最后，作者提出了结论，那就是花唛植物牛油含多元不饱和脂肪而不含胆固醇，因而成为我们健康的保证。

由上面的分析可以看出，作者采用的是层层深入的论证方法，有如抽丝剥茧，逐步推出结论，有很强的说服力，对于我们无疑有着十分重要的借鉴意义。

五、公式体

有一部分说理型文案，借助于自然科学中建立公式的方法来撰写，可以称为公式体。例如：

$$无霜＋省电＝上菱＝金奖＋A 级$$

$$丝华露清凉洗发宝＝洗发护发＋保健$$

以上两例告诉我们，上菱电冰箱和丝华露清凉洗发宝借用"A＝B"这样一种构建自然科学公式的模式来突出广告产品的独特功能，显得精练而巧妙，容易被消费者记住，因而其效果相当突出。

思考题

1. 说理型文案有何特征？
2. 写一篇文案，要求创意中运用＋、－、×、÷四种科技符号。
3. 公式体文案有哪些特征？
4. 谈谈文学型文案与说理型文案在语言上的差异。

第四章　广告文案内容空间的拓展

所谓内容，从哲学上看是指事物内部要素的总和。对于广告文案的内容而言，则主要是其核心诉求和表现这些核心诉求的素材。这两者在广告创意中所要解决的实际上就是广告向消费者"说什么"的重要问题。它是广告创意中最主要的内容之一，在其中无疑居于核心地位。

广告文案的内容，对于创作主体而言并非是固定的或唯一的，而是存在着一个可拓展的广阔空间。这种拓展是一种个性化很强的广告实践活动，它会随着创作者智慧、水平的差异而呈现出高下之分和优劣之别。作为一名文案创作者，其使命就是要竭力避免"下"和"劣"，努力争取拓展活动的"高"和"优"。因为后者会使广告文案具备强大的传播影响力，获得良好的促销效果，而前者则恰恰相反。因此，如何实现内容拓展的正价值，就成了本章所要讨论和解决的主要问题。

第一节　广告文案的核心诉求

关于"诉求"，人们一般将其理解为"信息"或"说什么"，而核心诉求则显然是指广告文案所包含的多种信息中居于支配地位或贯穿全文的主要信息（中心观点）。如英特尔奔腾处理器"得'芯'应手篇"广告中，就包含着新型处理器（本广告产品）比旧型处理器快 8 倍、兼容性强、有 CD-ROM、物超所值等 4 种信息，其中第一种信息显然是主要的，因而成为该广告的核心诉求。

一、广告文案核心诉求的基本特性

广告文案作为一种传播商品信息、促进营销的特殊文本，其核心诉求有着独特的属性。这主要体现在下列几个方面：

（一）销售性

广告文案、新闻报道和文学作品虽然都以语言文字作为其物质载体，但前者和后两者的核心信息却存在着明显的差异性，即广告文案的核心诉求总是具有某种促进销售的功能，而新闻报道和文学作品则与此不同。这主要是因为广告归根到底不过是一种营销传播，而后者则在本质上是诉之于社会事实报道或审美的。

广告文案核心诉求的销售性有两种不同的表现形式：其一为直接销售性，即广告中的主要信息直接服务于促销。例如：

> 买强生护齿牙刷
> 送爽爽 T 恤
> 数量有限
> 换完就没啦
>
> ——上海强生广告

> ……血管壁沉淀物的堆积，心脑供血不足是心脑血管疾病的根源。海王银杏叶片提取物（GBE）天然具有清除自由基、消除血管壁沉淀成分，降低血管脆性，降低血液黏度的功能，改善心脑血管循环，防止动脉硬化，让血管充满活力，让心脑充满活力。
>
> ——海王银杏叶片广告

从以上案例可以看出，上海强生广告的核心诉求就是直接号召、鼓动消费者去购买广告产品——强生护齿牙刷，而且为了达到立竿见影的促销效果，还附加了送爽爽 T 恤的承诺。至于深圳海王银杏叶片广告，则是向心脑血管病患者呼吁，只要购买它就可以有效地清除导致心血管疾病的自由基和血管壁沉淀物，使你的疾病得以痊愈。

其二为间接销售性，即广告文案核心诉求在表面上似乎与促进销售无关，但归根到底（或内在本质）却仍然可发挥强大的促销功能。大量的企业形象广告就是如此：其核心诉求或致力于传播该企业以人为本的崇高理念，或致力于表述广告主以产业报国的爱国主义情怀，或致力于倡导一种蔑视谩骂诋毁、敢于创造卓越的高贵品格。尽管这些并不直接关系到产品销售，但它们几乎无一例外地致力于构建良好的企业形象。人类商业营销的历史告诉我们：企业的形象愈好、美誉度愈高，则其销售业绩就愈加辉煌。由此可见，企业形象广告文案核心诉求虽然并不直接涉及销售，但最终还是发挥了强大的促销功能。

从上面可以看出，商业广告文案的核心诉求总是或显或隐地服务于产品销售额的增长，而这种销售性正是广告文案核心诉求的首要特征，也是广告文案核心诉求与文学作品和新闻报道等所含主旨的根本差异之所在。

之所以如此，主要是因为广告（文案）虽然在很多情况下用文学手法创作出来，但这只是一种传播、说服的手段，其真正本质则不过是一种营销工具。正如美国著名学者威廉·阿伦斯所说，广告只是"营销传播工具的一种，通过传播来进行商品营销的"。"广告学实际上是属于营销这个大范畴，是其中的一个特殊领域……而营销（marketing）指对观点、商品及服务的设计、定价、分销和促销进行策划并实施的过程，其目的是引起交易，满足个人或组织的预定需要、欲望和目标。"这表明，广告（文案）虽然不排除对艺术手段的运用，但在本质上只是属于一种从事商品流通的经济活动，其最终目的是要引起交易的发生和商品销售额的扩大。由此不难看出，作为广告（文案）中最主要信息的核心诉求，其目的也必然是为销售服务的。这就有力地证明，广告文案核心诉求的销售性特征是客观存在的，绝非我们的主观臆测。

（二）明晰性

广告文案核心诉求一般是清楚明白的，要让广大消费者易于理解和把握，尤其不要产生歧义。例如：

头屑去无踪，秀发更出众

——"飘柔"洗发水广告

如果你问我，这世界上最重要的一部车是什么，那绝不是你在路上能看到的。30 年前，我 5 岁，那一夜我发高烧，村里没有医院。爸爸背着我，翻过山，越过岭，从村里到医院，爸爸的汗水湿遍了整个肩膀。我觉得，这世界上最重要的一部车是爸爸的肩膀。今天，我买了一部车，我第一个想说的是："阿爸，我载你来走走，好吗？"

中华汽车，永远向爸爸的肩膀看齐！

——台湾地区中华汽车广告

从上面两个案例可以看出，宝洁公司飘柔洗发水广告文案的核心诉求是十分清楚的，那就是本产品具有独特的去头屑功能，不仅止痒，而且可使你的容貌更俊美。至于台湾地区中华汽车广告，虽然采用了感性诉求方式（创造文学形象）而显得较为含蓄，但其核心诉求仍然是相当明确的，即购买中华汽车最能表达你对父爱的回报。

为什么广告文案的核心诉求要清晰明白呢？第一，由于广告是一种重要的促销工具，就决定了它必须有一个说服、诱导消费者购买的理由（主要是核心诉求）。这个理由如果明确有力、针对性强，就会取得令人满意的促销效果，如"怕上火，喝王老吉"，就把预防上火作为广告的核心诉求，由于它明白易懂，并且抓住了目标对象的迫切需要，制造出了一个购买该产品的绝好理由，使得王老吉在 2005 年迅速从一个区域性品牌发展成为全国性的功能型饮料第一品牌，销售额达到了 26 亿元人民币。

反过来，如果广告的核心诉求不知所云或产生歧义，就必然导致广告效果的丧失。如康师傅面霸的一则广告中，一位极为纯情的少女充满媚态地说："我等你来。"就让消费者莫名其妙，不知它究竟想对消费者说什么。由于传播者"以其昏昏"，当然不可能"使人昭昭"，其结果就是受众或消费者根本没有弄明白你要他购买某广告产品的理由，不去付诸购买就是必然的了。

第二，如果说文学作品是以其可为受众提供"框架结构"而获得非确定性的言外之意为上的话，那么广告即使是文学型广告，也没有被社会要求去负载文学"含不尽之意见于言外"的使命，所以其主旨即核心诉求就不必模仿文学去追求司空图所说的"景外之景""象外之象"，而应以社会所赋予它的明白清晰、促进销售为己任。

二、广告文案核心诉求的类型分析

如果我们从宏观的视角对广告文案核心诉求进行观照就可以发现，尽管其具体形式纷繁复杂，但如果以一定的标准对其进行分析，则可将它们概括为下列几大类型：

（一）告知型

这种类型的广告文案并没有新颖巧妙的创意，只是告诉消费者某种简单的销售或服务信息，以达到促销的目的。可以说，这类核心诉求在古代及近代广告中居于支配地位。应该指出的是，这类核心诉求与美国18—19世纪流行的广告观念"广告是有关商品或服务的新闻"，存在着极为密切的关系。在这个时期的美国，一方面是受英国工业革命的影响，大规模的机器生产迅速地取代了手工作坊，不仅传统产品在数量上获得了惊人的扩张，而且新产品也如雨后春笋，源源不断地涌向市场；另一方面则是信息传递的不太发达，造成消费者对上述丰富的产品信息不够了解，以致出现商品流通不畅的情形。于是，大批企业主就要求当时的大众传播媒介（报纸和杂志）像刊登新闻一样来发布产品和服务信息，告知广大的消费者，希望他们前来购买所需要的产品，于是告知型广告应运而生。请看下面的例子：

> 由于是邮政路线，而且还是从安纳波利斯到威廉斯堡的捷径，现在波托马克河上开辟航班渡轮（系由本刊赞助人开办），届时所有的先生们都可在该处乘坐一条性能优良的船，船上配有称职的水手。由波托马克邮局副局长理查德·布莱特供稿。

上引案例告诉我们，该广告并没有什么复杂、巧妙的创意，只是将波托马克河上新开辟了从安纳波利斯到威廉斯堡的"航班渡轮"的信息，通过杂志这一大众媒介传达给广大消费者，希望他们来乘坐该航班渡轮。可以看出，该广告文案的核心诉求无疑是属于告知型一类的。

从上述杂志广告文案刊出的年代（1741年）到今天，历史的风雨几经变幻，一切面目全非，真可谓地覆天翻：社会不复为当时的社会，广告业亦非当时的广告业。社会由以原始积累为特征的初期工业社会发展为以 IT 产业为标志的后工业社会或让·波德里亚所称的消费社会；广告则由 USP 创意革命、品牌形象、定位发展到如今的整合营销传播，出现了不少复杂的广告，如现代主义、后现代主义广告等。尽管广告无论在广度上还是在深度上都发生了巨大的变革，但并没有否定一切：告知型广告至今仍在我们的媒体上大量存在，如"厚报时代"的分类广告，每天成千上万，层出不穷，其核心诉求与上引美国 1741 年出现的波托马克河渡轮广告几乎如出一辙：它们都没有什么新颖巧妙的创意，只是将产品或服务信息以发布简明新闻的方式告知消费者。

（二）功能型

这种类型的广告文案的核心诉求，其根本点在于发现并传达出广告产品独特的功能，或同类产品虽有但却从未予以宣传的功效——本广告是同类产品中第一个对此功效进行传播的。应该指出的是，功能型核心诉求在罗瑟·瑞夫斯大力倡导之前并非没有出现过，然而它们在媒体上蔚然成风乃至于成为一股强大的创意潮流，不能不归功于瑞夫斯先生自觉的理论创造。他在《实效的广告》一书中就曾深刻地指出过，一则广告必须向消费者明确陈述一个消费主张，这一主张必须是独特的，或者是其他同类产品宣传不曾提出或表现的；这一主张必须对消费者具有强大的吸引力和打动力。

根据罗瑟·瑞夫斯的说法，我们发现广告文案功能型核心诉求有以下两种表现方式：

其一，将广告产品独有的功能作为广告文案的核心诉求。例如：

第一种夜间使用的感冒药
——"夜宁"感冒糖浆广告

独含 VB_5，滋养你的秀发
——潘婷洗发水广告

农夫山泉有点甜
——农夫山泉广告

可以看出，维克制药公司经过长期艰苦的科学研究，终于发明了一种独创性的药品——"夜宁"感冒糖浆。在同类产品中，"夜宁"具有独特的功能，它特殊的配方和成分能让感冒患者在夜晚睡得特别安宁，对感冒所引起的严重不适有良好的治疗和缓解作用。可以说，"夜宁"是感冒药生产划时代的产品，有着革命性的意义。因为以前同类产品从不分白天和夜晚，而"夜宁"则首次予以区分，并有着特殊的疗效，其功能是同类产品中所独有的。广告文案创作主体将此功能作为核心诉求进行突出宣传，因而产生了显著的促销效果。

其二，同类产品都存在着某种功能，但别人都未对此进行宣传，而"我"却首先对其予以关注并大力传播。而这正是罗瑟·瑞夫斯"独特的销售说辞"的另一种表现方式。请看下面的例子：

> 喜力滋啤酒瓶是经过高温蒸汽消毒的
> ——喜力滋啤酒广告

> 晚报，不晚报
> ——《北京晚报》广告

在啤酒生产领域，其回收的酒瓶都要进行严格的蒸汽消毒，企业家对这一点都十分了解，觉得没有宣传价值，因为每个厂家都是那样处理的。但罗瑟·瑞夫斯却独具慧眼，从消费者日益重视食品洁净、安全、健康的心理，联想到啤酒瓶的高温蒸汽消毒必能让他们饮用时安心、放心，于是在同类产品广告中首次对此予以突出和强调，从而形成了"独特销售说辞"的第二种表现。该广告发布后，喜力滋啤酒销售额获得了较大的增长，表明罗瑟·瑞夫斯将喜力滋啤酒瓶经过了高温蒸汽消毒作为广告文案的核心诉求，是极具战略眼光的明智之举。

（三）情感型

这种类型的广告文案的核心诉求，是指创作主体通过故事叙述或直接抒情，来表达某种特定的人类情感，如爱国主义、亲情、友情、爱情以及普遍性的喜怒哀乐等。它们在广告文案中一般以正面的、积极的、肯定的为主，否定性情感（如厌恶等）出现极少，仅见于公益广告和后现代主义广告。

在广告文案中，情感或核心诉求大体上有三种表现形式：

第一，将广告产品作为一种礼物馈赠给文案中另一人物——主人公所敬、所爱之人，以表达某种特定的人类情感，从而达到以情感人、以情促销的目的。例如：

> 飞机轰鸣而去，出了浦东机场，深呼吸，身上还留有你淡淡的味道。早已经历过许多悲欢离合，心中却还是忍不住为这样一个知己泛起涟漪，直到坐进我的银色宝马，Billy Joel 轻松悠扬的"Just The Way you are"在耳边响起时，我感觉你并未走远……
> 远处金贸大厦那如梦似幻的光影，让我回到了第一次见你的时候，你静坐在 88 层那个靠窗的座位，窗外就是星光灿烂的外滩，你说你喜欢欣赏星空下

的黄浦江。聪慧沉稳、温静可亲的感觉就是我对你的最初印象，让我心中的一个影子越来越清晰了。合作未成，从此这里成了我们观江赏星、把酒闲谈的地方。

手指轻按，柔和的灯光倾泻在静寂的客厅里，打开礼盒是一个遥控器，还有一张卡片：

"按下 PLAY，我仍然和你在一起。""嗨，吃晚饭了吗？都在冰箱里，记得明天……"墙上 7.8cm 厚的 TCL PDP 又把你带了回来。芭堤雅，你我游弋在碧海星岛中；泰姬陵，你我徘徊于历史的长河里；阿布力，你我飞驰在茫茫雪野上。看着昔日的快乐时光，我仿佛回到了梦中的田园。

你已在几千米的高空，可我已感觉到了你的爱，因为你我的距离只有7.8cm。

——TCL 等离子彩电广告

在上引案例里，创作主体将一对充满现代气息的金领青年男女的浪漫爱情作为其核心诉求。该文案讲述了一个离别与相思的动人故事：飞机从浦东机场轰鸣而去，她看着心爱的情侣已翱翔蓝天，然后驾驶着银色宝马轿车急驰在回家的路上。精致小巧的礼盒在旁边座椅上静静地躺着。睹物思人，不禁心潮起伏：金茂大厦88 层那如梦似幻的光影，星光灿烂下的黄浦江……无不留下温馨美好的回忆。回家之后，打开礼盒一看，才知道里边包着的竟是 TCL 等离子彩电遥控器和一张卡片，不禁又回到了芭堤雅、泰姬陵、阿布力和梦中的田园，这充溢着浓浓爱意的礼物使爱情升华到一个更高、更美也更浪漫的境界。由此可见，创作者是将金领的现代浪漫爱情作为该广告的核心诉求，并将广告产品 TCL PDP 作为礼物送给对方，从而表明 TCL 等离子彩电必定会大大深化你的爱情，升华你的境界，使爱情更甜蜜，也更久长。

第二，广告产品作为表达情感诉求的故事或抒情中的一个重要构成要素。例如：

来一份昨天的晚报

一场深秋的雨
从昨天午后一直下到今天

雨过天晴
我第一个愿望就是跑到街上
尽情享受清新的空气
看一看北京的天空中

有没有久违的彩虹

细细的风吹着暖暖的阳光

我走向那个熟悉的报摊

阿姨刚刚摆好摊位，对我笑笑，问

"来一份刚到的"

"来一份昨天的晚报"，我说

阿姨愣了一下

然后在报纸底下翻了翻

拿出一沓皱皱的《北京晚报》，说

"昨天下雨，没来吧"

我点点头

我喜欢收集老电影

却从没有买到过昨天的晚报

晚报，不晚报

——《北京晚报》系列广告文案之二

　　《北京晚报》为了树立良好的品牌形象，精心策划并发布了一系列平面媒体广告文案。此处所选案例为其中第二篇。该广告采用撷取生活中某一情景的方法，来表达特定的情感核心诉求。广告创作者讲述了"我"购买《北京晚报》的独特经过：一场连阴秋雨过后，阳光灿烂，空气清新，"我"的心情也如同这晴朗的天空，神清气爽，但唯一遗憾的地方，是由于昨天下雨而耽误了《北京晚报》的购买，于是想设法弥补……作者通过这一典型细节，将"我"对《北京晚报》的深深喜爱之情，表现得淋漓尽致，入木三分。与前述案例不同之处在于，该案例并没有将广告产品作为礼物馈赠他人，而是把广告产品作为故事中一个重要的构成因素，来表达一种对广告产品的喜爱这一情感，并将它作为该广告的核心诉求。

　　第三，上述两种情感或核心诉求广告，虽然具体的表达方式有所不同，但其共性却也是显而易见的，那就是两者中都出现了广告产品自身的印象。下述案例则与上述两类案例大异其趣，即广告产品形象并未出现在广告作品中。例如：

　　1989 年，日产公司研制出一种高级豪华轿车，以改变此前西方公众形成的日本无高档汽车的刻板印象，并将它命名为 Infinity（无限）。公司决心将它打入美国高端车市场，具体事宜委托希尔·荷立德广告公司全权代理。该公司创意人员决心以出奇制胜的创意策略，创作出一个没有汽车出现的汽车广告，并确定从自然景观的独特视角入手，创造出一种"天人合一"的优美艺术境界：朦朦胧胧的垂柳，细细的雨丝斜飘进池塘，池塘里漂浮着片片树叶，一阵微风吹来，水面顿时泛起小小的涟漪……

——日产公司 Infinity 轿车广告

从上面的广告内容中，我们不难发现：这一电视广告并没有像通常的汽车广告那样，去展示高档汽车雍容华贵、身手不凡的气派，甚至始终没出现广告产品的形象，只有柳丝、细雨、池塘、薄雾和涟漪等唯美的意象，构建出一个秀雅绮丽的艺术意境。这一充满了诗情画意的美好境界，体现出一种婉约、可爱、温馨的人类普遍性情感，而且广告创作主体还把这种情感作为整个广告的核心诉求，力图以情感人，并在此基础上唤起消费者的购买动机。

（四）非契合型

非契合型是指产品或服务与广告文案的核心诉求没有什么关系。例如：

清晨，在一个典型的西部小镇，健壮英俊的年轻牛仔穿戴整齐，与他美丽端庄的妻子吻别。同时，一个肮脏龌龊的丑陋男子睡觉醒来，把床单扔在旁边的肥胖女人身上，扬长而去。年轻英俊的牛仔出门后，帮一位老妇人穿过马路；与此同时，丑陋的莽汉却抢了一个女孩手中的棒棒糖，将一只狗踢到一边。两人在街头狭路相逢、对视，一场决斗在所难免。看到年轻英俊的牛仔一脸的正气和自信，你一定以为胜利是属于他的。他们拔出枪对射，随着枪声响起，倒地身亡的却是年轻英俊的牛仔，而丑陋笨拙的莽汉正挖着鼻孔得意地狞笑。

——DISEL（狄塞尔）牛仔裤电视广告"小镇篇"

我们认为，狄塞尔上述牛仔裤广告的核心诉求可作如下概括：它颠覆了受众或消费者惯常的审美期待和思维定式，没有出现一般大团圆结局，即善有善报，恶有恶报，而是一反常态，让邪恶战胜了善良和正义。这是后现代主义解构策略在广告创作中的成功运用。所以，我们觉得这一广告的核心诉求，就在于它指出了这样一种深刻的思想：在人类社会中，善良和正义并非总是处于支配地位，有时反而是邪恶力量暂时占了上风，这就需要人们清醒地面对并展开英勇不懈的斗争，去争取正义力量的胜利。很明显，这种核心诉求与作为产品的牛仔裤的功能没有任何关系，因此我们称此广告的核心诉求与产品形成了一种非契合关系。

广告文案核心诉求之所以出现与产品没有关系这一状况，主要在于当前已进入了一个后现代社会或消费社会。在这种社会里，消费者更注重商品的符号价值而不是使用价值。法国杰出的后现代主义思想家让·波德里亚指出："消费的社会逻辑根本不是对服务和商品的使用价值的占有……它不是一种满足的逻辑，它是社会能指的生产和操纵的逻辑。"美国著名传播学者马克·波斯特对此解释说："产品本身并非首要的兴趣所在，必须在该产品嫁接一套与该产品没有内在联系的意义才能把它再卖掉。这套经常受到符号学分析的意义变成了消费的主导方面。当能指自由地漂浮于交流空间中，它们便能被广告商凭兴致任意附着于特定商品，于是一种新的意义结构建成了，它与发达资本主义的要求不谋而合。"为了使这段晦涩之语较易被一般受众所理解，他特意举例说："布鲁特牌古龙水与勇于上进的男子气质紧密相连，同样，使用该产品就是消费其意义——在此则是指阳刚之气的一种成规观念。该广告暗含的意思是，那些不用布鲁特牌香水的人不够男人化，在性征服游戏中将会输得很惨。"这就启示我们，在消费社会里，商品营销及广告传播都必须以消费者为中心。既然消费者对商品符号价值的重视大大超过了其使用价值，那么广告文案创作主体当然就更看重商品的符号价值即其社会意义的生产，而不是其物理性功能（使用价值）的生产和传播。而商品特别是占主导地位的物质产品的社会意义，一般与产品自身的物理功能是无关的，如上述狄塞尔牛仔裤广告中所蕴含的社会意义（此广告的核心诉求）就是极好的例证。概括地说，某些广告文案核心诉求之所以与产品没有关系，主要就在于消费社会或后现代社会里，消费者更看重产品的符号价值，而符号价值就不是商品本身所具有的，而是创作主体任意附加的——于是产品功能就与广告中的核心诉求无关了或相脱离了。

另一原因在于，一种科学、先进、深刻的思想（社会思想、哲学思想等）本身就具有利销性。这是因为科学的理论或思想能给受众或消费者带来深刻的启示和极大的教益，使他们的思想由肤浅、简单甚至错误变得深刻、复杂和正确，进而产生灵魂的净化和升华，并由此而带来精神上的极大愉悦。所以，广告中科学的思想能引起消费者的强烈注意，并连带着对广告产品产生好感，于是购买行为就可能发生。由此可见，某些广告文案中的核心诉求尽管与广告产品没有关系，但仍然能够起到有力的推销作用。

（五）促销型

所谓促销型是指广告文案对目标消费者突出地传达某种购买本产品可带来较高附加优惠的核心诉求，它往往能收到立竿见影的促销效果。我们在日常广告实践活动中所见到的商品打折、免费试用及品尝、赠送礼品，或凭广告、购物票进行抽奖，等等，其广告中所包含的核心信息、核心诉求就是促销型的。这类广告文案往往比较直白、简单，一般没有什么新颖、巧妙的创意。例如：

购买强生护齿牙刷
送爽爽 T 恤
数量有限

换完就没啦

——上海强生广告

上述广告告诉我们，消费者如果购买强生护齿牙刷，在原价不变的情况下可获赠品爽爽 T 恤，表明消费者在购买中得到了一般非促销情况下所没有的附加好处。其实质在于它是商家或厂家对消费者暂时让利的销售形式或薄利多销，可以发挥一种减少库存、加速资金周转的功能，故在流通实践中常被作为销售的利器而得到科学的运用，而促销广告又是其中不可缺少的有力工具。可以说，这种促销广告中的主要信息，实际上就是促销型核心诉求。

综上所述，我们可以发现，广告文案的核心诉求具有多种多样的表现形式，其中较为重要的就有告知型、功能型、情感型、非契合型、促销型五种类别，但这并没有囊括一切。事实上，这是永远也无法做到的，因为新的核心诉求形式随着广告实践的发展，总是在不断地被创造出来，正如德国狂飙突进时代的伟大诗人歌德所说："生命之树长青，而理论是灰色的。"

第二节　广告文案核心诉求的最优化

广告文案核心诉求的确立是一项复杂的、不断完善和优化的系统工程。所谓最优化，是指创作主体在确立核心诉求的过程中，殚精竭虑，精益求精，通过丰富的想象和细心的选择，使文案核心诉求更加优秀、更加有效。而实现这种最优化的方法是相当多的，限于篇幅，我们在这里仅选出其中比较重要的几种予以阐述。

一、辐射式

所谓辐射式，是指文案创作者在创意之时，所运用的不是那种线性思维，而是一种非线性的向周围各个不同的方向进行放射的思维，从而获得了关于某一产品或服务的多种核心诉求。试以美国吉列公司"雏菊牌"女用刮毛刀广告构思为例：

1. 盲点（意思是弧形把柄易抓又安全）
2. 雏菊爱我（突出产品牌号，同时又指出它比旧式刮毛刀安全）
3. 双刃刮毛（具有男用刮胡刀的优点，第一个刀刃把毛拉住，第二个刀刃把毛连根剃掉）
4. 完全配合妇女的需要（点明是为妇女提供的新设计）
5. 女孩不用操心（点明放置方便，不用换刀片）
6. 不伤玉腿（平滑、安全）
7. 售价不到 50 美分（价格便宜）

从以上可以看出，该广告作者对"雏菊牌"女用刮毛刀的"卖点"（消费者购买该产品的主要理由即核心诉求）进行了多视角的构想——方便、便宜、刮得干净等。这种辐射式方法较之于那些单向的、唯一的方法（为某产品仅构思一种核心诉求），有着极大的优越之处：

首先，这种思维由于不受束缚地向多种方向运动，其所获得的"卖点"即核心诉求就必定丰富多样，尤其是易于产生新的创造性点子。正如英国著名心理学家戴勃诺所说，这种水平思考法不仅生生不息，而且最欢迎新东西的闯入，求异、求变、求新，极力探讨最不可能的途径。

其次，为最优化选择提供了广阔的基础。人类的经验表明，在作出某一决策或决定之时，如果所提供的方案愈多，选择的余地愈广，那么选出优异方案的可能性也就愈大。当然这并不绝对，但无论如何，提供多种可选方案总比仅有一种要好。因为多种方案摆在创作者面前，可以进行细致的多方面的反思、比较，在此基础上进行一轮又一轮的淘汰，最后剩下的就被选择为此次广告活动中某产品或服务的核心诉求。如上述"雏菊牌"女用刮毛刀广告创意中，文案撰稿人首先展开无拘无束的辐射式思维，获得了 7 种"卖点"——核心诉求，然后淘汰了 6 种，最终选择"不伤玉腿"作为"雏菊牌"女用刮毛刀此次广告的核心诉求。

实践证明，广告创作者的上述选择是正确的，广告发布后"雏菊牌"女用刮毛刀销售额增长相当迅速，就是有力的证据。因为女性在用刮毛刀时考虑最多的是安全和美观，而选择"不伤玉腿"则恰好吻合了特定消费者的需要，故其促销效果突出就毫不奇怪了。

二、独创式

所谓独创式是指广告文案的核心诉求言人所未言，发人所未发，具有别具一格，另辟蹊径的特点。法国著名时装品牌珂凯侬所发布的不少广告就有这样的独特性，试看其中一则的内容：一位年轻漂亮的女士将一男性"小屎人"扔进马桶里，然后摁下按钮，哗哗的流水顷刻间将其淹没，迅速流入下水道中冲走了。其"虐待男性"的核心诉求，在它之前的世界各国广告中几乎是从来没有出现过的。即是说，这种核心诉求是法国珂凯侬首次提出的，它无疑具有鲜明的独创性。

我们之所以认为独创性的核心诉求属于最优化的范畴，是因为它与众不同，而与众不同就显出差异，有差异的东西最易于引发受众或消费者的高度注意。有学者指出："心理学家舒帕尔·卡格安在观察儿童的行为时发现，在那些十分熟悉的事物面前，儿童们总是表现得心灰意懒，毫无兴趣，而那些与他们熟悉的事物有所不同，但又可以看得出与他们有一定联系的事物，才能真正吸引他们。"应当指出，不仅儿童如此，成人也是如此。以广告文案而论，独创性的核心诉求与消费者先前熟悉的很不一样，这就易于对它产生浓厚的兴趣和强大的吸引力。由于它是消费者意识活动或眼球对广告的一种高度集中和有力指向，因而是一种被美国著名学者所称述的"稀缺资源"即注意。它之所以被称为"眼球经济"或"注意力经济"，是因为消费者一旦对某广告产生了注意，就易于激发购买动机，随之就极有可能产生购买行动。

可见广告文案独创性的核心诉求不仅可以产生注意，而且可以产生"注意力经济"——激发消费者购买该广告产品，因此必然使销售额大幅度增长。正因为这样，我们才称独创性核心诉求是一种最优化的文案诉求，其基本方法就是要求异、求变、求新，努力独树一帜，把一切陈旧的东西统统丢掉。

第三节　广告文案创作的素材

一般来说，广告文案的核心诉求并不是一种游离式的独立存在，而是寓于材料之中的一种特定的主观意识（见解和情感等）。这表明，在大多数情况下，两者之间的关系是密切的：没有材料，核心诉求就不可能得到呈现；而没有核心诉求，材料也就成了既无序又无意义的杂乱堆积。

那么，究竟什么是广告文案的题材呢？我们认为，它是指创作主体通过观察、阅读和想象虚构所获得并经过加工改造而运用于文案中的材料。根据这种界定，我们可将广告文案题材划分为实存型和想象型两大部类。

一、实存型题材

实存型题材是指那种不是虚构，而是来自于主体直接观察体验，以及通过阅读、视听所获得的社会生活、文本、音像等实际存在的材料。例如，社会的生产流通方面、战争与和平、爱情、婚姻以及书本中所载社会风俗、选举、饮食，等等，就是如此。它主要包括下列几种：

（一）产品考察

美国广告文案大师罗瑟·瑞夫斯历来十分重视对广告产品进行细致深入的观察研究，为此不惜花大气力进行产品测试。世界著名的特德·贝茨广告公司也是如此。为了弄清高露洁公司新产品棕榄牌香皂的真正功效，不惜与广告主合资 30 万美元，请专人每天坚持试用 15 分钟，结果发现该产品能显著改善皮肤外观。正是在此基础上，文案撰稿人才写出了"棕榄牌香皂使你的皮肤更娇嫩"这样准确、简洁而又有强大推销力的文句。广告发布后，产品销量不断增长。我们认为，高露洁棕榄牌香皂广告文案所用题材，无疑来自于创作人员对该产品的反复测试、精心研究。

大卫·奥格威则更进一步，他对广告主赠送给他的产品样本，总是坚持试穿、试用，以求得对该产品实际性能的真切了解，并将它作为自己文案创作的得力材料。

（二）个人生活体验

广告文案撰稿人丰富的（特别是"有心"的）社会生活体验，常常成为广告创作的良好素材。由于是亲身经验，故往往显得生动感人，效果显著。如大卫·奥格威为哈撒韦衬衣所选广告模特，就是以他童年时代最为尊敬的一位小学校长和成年后遇见的一位风度、气质极佳的驻外大使的形象为原型标准进行选择的，结果选了一位俄国贵族为广告模特，使这一116年来默默无闻的衬衣品牌迅速走红，并成为美国的国家名牌。

另一广告文案大师乔治·葛里宾也有类似的经历。他曾为美国旅行者保险公司创作了一篇极有影响的广告作品，从而使该公司的业务量获得大幅度增长。后来，他曾这样动情地回忆说："广告上有一个女人的照片。啊，她看起来有60多岁，站在走廊上仰望着月光。我认为那是我所写过的最好的广告，并且全是由我自己的经验作出来的。"在这里，乔治·葛里宾所说的"我自己的经验"，是指广告中女主角的经历和形象是以他妻子为原型而创造出来的。

（三）书刊音像制品

相对于前面所论述的有关产品、个人生活体验等第一手材料而言，此处所说的书刊音像制品则是第二手材料，但从另一角度看，两者都属于非虚构的实际存在的东西。如邦迪创可贴广告就运用了韩、朝首脑金大中、金正日打破数十年对立坚冰、第一次亲切握手的新闻报道。文案写道："邦迪坚信：没有愈合不了的伤口。"这表明该广告创意新颖，引人注目，因为它有一语双关之妙：其表层含义是说，韩、朝多少年来相互隔离、相互仇视，这种同室操戈、兄弟阋于墙的局面给南北同胞造成了深重的心理创伤，然而只要坚持以民族利益为重，它又不是不可以愈合的；其深层含义则是上述政治意蕴的隐喻：创痛巨深的心理伤痕尚可痊愈，日常生活造成的小小生理创伤，对于邦迪创可贴来说当然不在话下。

广告文案创作向文学作品取材的现象就更多了：美国博士伦隐形眼镜广告"此时无形胜有形"就是从唐代伟大诗人白居易《琵琶行》中的名句"此时无声胜有声"略加点化而来；再如沙洲灯具广告"东风夜放花千树"就是原文引用辛弃疾名篇《青玉案·元夕》而成。

还有不少文案取材范围更广，有的取材于绘画史和音乐史，有的则取材于科学技术史，更有甚者则兼而有之。如美国广告史上著名的文学派旗手麦克曼纳斯在为卡迪拉克所作的广告中，就曾运用绘画史上杰出的画家惠斯勒、音乐史上伟大的作曲家瓦格纳以及轮船的首创者富尔顿等人的有关材料，他们在各自领域创造出了不朽的业绩，但却免不了屡遭同行诋毁、谩骂和攻击。这对伟大的人物来说简直是一种宿命，因为平庸的人是没有资格受人忌妒的，而只有杰出的人物才让忌妒"伸出带叉的舌头"去进行诽谤。该广告意在以上述伟大人物遭人诋毁来隐喻卡迪拉克:"如果杰出人物确实有其先进之处,他终究是一个杰出者……不论反对的叫喊声多响,美好的或伟大的,总会流传于世,该存在的总是存在的。"卡迪拉克虽屡遭同行攻击,但却丝毫无损于它的光辉,从而为卡迪拉克构建出一个不同凡响的卓越形象。而这一形象之所以影响深远,同创作者对艺术史、科学史上有说服力的材料的恰当选择,不能不说有着密切的关系。

二、想象型题材

对创作者而言,它不是被观察到的社会实际发生的事件,而是凭体验虚构出来的材料。这样,想象型题材就存在着两种不同的形式:

其一,现实生活中可能发生的事情。它虽然不是生活中已经发生的,但却符合生活的逻辑,使受众感到这种事件在生活中完全可能存在。关于这一点,古希腊哲人亚里士多德很早就作了深入的探讨。他指出:"诗人的职责不在于描述已发生的事,而在于描述可能发生的事,即按照可然律或必然律判断可能发生的事。历史学家与诗人的差别……在于一个叙述已发生的事,一个描述可能发生的事。"在他看来,人类的艺术在本质上或在主导倾向上是虚构性的,但虚构出来的社会图景又必须让受众感到它在生活中是可能存在的。只有这样才能让人感到真实可信,并在此基础上产生吸引人、感染人的审美魅力,进而产生强大的社会作用——审美教育功能。这种情形不仅适用于文学艺术,也同样适用于广告(感性诉求文案)。

南方黑芝麻糊电视广告"小男孩篇"描述了一个十分感人的故事:芝麻糊担子上摇晃的油灯,小男孩吃了一碗黑芝麻糊仍然意犹未尽,他忘情地用舌头舔着碗边上沾着的一点点芝麻糊,卖芝麻糊的妇女见此情景忙给小男孩又添了一勺……这个故事虽然并不是历史的真实记录,但它却是极可能发生的。因为它和以前那个时期落后的生产力、生活水平以及道德上的纯良等,在总体上是比较吻合的,如油灯、舔碗、加一勺黑芝麻糊等意象,都是那个年代生活特征的典型反映,因而使消费者从内心感到真实和亲切,在产生美感效应后很可能采取购买行动。

其二,现实生活中不可能发生的事情。这在 19 世纪 70 年代后西方蓬勃兴起的现代主义文学艺术中是经常可以见到的,如卡夫卡《变形记》中的主人公旅行推销员格里高尔,由人变成了大甲虫就是明证。20 世纪 60 年代初兴起的后现代主义运动,虽然对现代主义采取颠覆立场,但在扭曲、变形上却存在着某种一致性。

上述两种运动影响力极其巨大,不仅广泛地渗透到社会生活和文化的各个领域,也渗透到作为营销的重要工具之一的广告领域。如乔治·葛里宾为美国箭牌衬衣所作的广告文案就是一个很好的例子。其标题为:

我的朋友乔·霍姆斯

他现在是一匹马了

可以看出，该广告所说的人变马与卡夫卡所说的人变甲虫，在实际的社会生活中都是不可能发生的事情。那么，广告创作者为什么要构思、选择这样的题材呢？我们认为主要是因为这种超现实的想象材料，可以其异乎寻常的特点，让消费者产生一种前所未有的新奇之感，从而引起他们的高度注意。

上面的分析告诉我们，为了表现已确立的核心诉求，在取材上大致有两种方式，一是从实际存在的方面着眼（如社会生活、各种精神产品等）；二是充分发挥主体的想象力，从生活中可能发生的和不可能发生的两种途径去构思。只要我们努力关注现实，留心接触过的各种读物，并且让幻想大胆驰骋，就一定可以获得有充分表现力的、促销效果令人满意的优异题材。

思考题

1. 如何理解"诉求"和"核心诉求"？请举例说明。

2. 广告文案核心诉求的基本特征。

3. 情感型核心诉求有哪两种不同的表现方式？

4. 谈谈广告文案核心诉求优化方法的基本内容。

5. 广告文案的材料与核心诉求。

6. 举例说明"个人体验式"取材途径与广告文案效果关系。

7. 为某产品构想出五种不同的核心诉求（告知型、功能型、情感型、非契合型、促销型——分别写出包含该种核心诉求的简单文案）。

第五章　广告文案创意

在今天的商品营销领域里，广告确确实实已经形成一道铺天盖地、无孔不入的奇异风景线。但据调查，仅有 15% 的广告受到了消费者的注意，而注意正是广告取得促进产品销售效果最重要的一步。

那么，究竟什么样的广告才能引起消费者的注意呢？在实践中我们发现，只有创意新奇的广告，才能引起消费者的高度关注。唯其如此，创意才在广告界越来越受到重视。正如美国著名广告学者 William A. Marstetter 所说："在 4A（即美国广告代理业协会 American Association of Adverstising Ageencies）的年会中，虽在周六有打高尔夫球习惯的与会成员很多，但是，根据大会的调查，每周六早晨围绕创意的讨论会，出席率总是最高。"日本著名的广告学者植条则夫也指出："在今天的广告界，创意正成为最重要的课题。广告公司的竞争，使创意愈加成为左右业界生存和发展的重要因素。这样的创造性，在企业、研究、调查、生产、流通、广告、销售、推销等领域，已经成为不可或缺的因素。特别在广告公司中，创意的作用越来越受到重视。"应该说，他们的论述都是极有见地的。

第一节　广告文案创意的特殊定性

"广告文案创意"这个命题包含着不少子命题，如创意的本质、广告文案创意与图形创意的区别与联系，等等。

一、广告创意的哲学探讨

在当前，"创意"已成为广告界使用频率最高的语汇之一，甚至波及一般大众的口语。虽然如此，但学者们对创意的理解和界定却众说纷纭，莫衷一是。如美国著名广告专家詹姆斯·韦伯·扬就曾说过，"广告创意是一种组合商品、消费者以及人性的种种事实"，"真正的广告创作，眼光应放到人性方面，从商品、消费者及人性的组合去发展思路"。国内有的学者却认为，"广告创意就是广告主题"。

应该指出，尽管詹姆斯·韦伯·扬有着非常丰富的广告实践经验，对广告理论也有很深的造诣，但他对创意的理解却不能为我们所认同。因为人性、消费者和商品的组合也可以适用于其他非创意的广告活动，如广告策划等，即是说，他没有抓住创意这一概念所独有的本质。至于"广告创意就是广告主题"这一说法则有明显的两重性，即看到了广告创意确实包含着主题的构想和选择，却没有看到对主题进行表现的思考，所以有以偏概全之弊。

那么，创意的本质究竟是什么呢？德国古典哲学的主要代表人物康德曾经指出："没有东西是无用的，是没有目的的，或者说要归之于自然的盲目机械作用的。"在这里，康德虽然有自然物目的论的错误，但他却看到了人所创造的东西的目的性，这无疑是正确的。因为人在某种东西被实际创造出来之前，在他的心里就已经有关于那种东西的造型、功能、特征等方面的设计和构想。这种见解显然是符合人类实践活动的。马克思则进一步指出："蜜蜂建造蜂房的本领使人间的许多建筑师感到惭愧，然而最蹩脚的建筑师从一开始就比最灵巧的蜜蜂高明的地方，是他在用蜂蜡建造蜂房之前，已经在自己的头脑中把它建成了。劳动过程结束时得到的结果，在这个过程开始时就已经在劳动者的表象中存在着，即已经观念地存在着。"这就启示我们，人和动物最根本的区别，就在于人的主体性和实践的合目的性。人在实践中总是努力掌握客观外界的规律性，这就是真；人还力图运用这些规律去实现自己的目的、理想、设计、策划、构思等，这种合目的性就是善。即是说，人在动手建造某种东西之前，那种东西的表象就已经存在于他的头脑中了，这是第一步即构想或设计阶段；第二步则是把这种构想、设计外化为现实的事物或产品。而动物则没有目的，没有设计，只是凭着本能，所以蜂巢历千万年不变，而人类的住房却从初期的茅草房发展到现在的砖瓦房和摩天大楼。

中国汉代的大哲学家王充也有与西方哲人相似的论述。他指出："实诚在胸臆，文墨著竹帛，外内表里，自相称副，意奋而笔纵，故文见而实露也。"不难看出，王充在这里将文学创作活动分为两个阶段，第一阶段为"实诚在胸臆"，即将生活中的感受孕育为体现某一意念的生动形象（存在于头脑中的表象），用今天的术语来说就是"构思阶段"；第二阶段是"文墨著竹帛"，即用笔墨（文字符号）将心中表象写于竹帛之上，让心中之象成为可以被人感知的现实形象，这就是传达阶段。可以看出，王充的这种论述是符合文学的创作过程的，也完全符合人类的一切创造活动，其中包括广告和广告文案的创作。因为广告和广告文案的创作也同样分为构思和传达两大阶段，而我们在这里讨论的广告创意则属于第一阶段，即构思阶段。所以，广告创意实质上是指广告创作主体在用具体的语言符号（或图画）进行传达之前，在头脑中所进行的一种构思和认识活动，如确立广告主题、营造意象或材料加工等方面的表述设计，其中主要是对广告"写"什么和如何"写"的构想和思考。

二、广告文案创意与构图创意的比较分析

广告创意是一个外延较大的概念，它包括广告文案创意和构图创意两个方面的

内容。

广告文案创意与构图创意既有密切的联系，又有明显的差别。其联系在于，它们都要遵循创意的规律，为广告产品或服务确立一个有利的主题，为主题选择相适应的材料或意象，并初步设想出表现的具体方式和方法等。但它们之间的差异性却也是显而易见的，主要体现在下列几个方面：

第一，在具体的选材方面，构图创意经常受到限制，如某些疾病就不宜于正面表现其病变部位，但文案却可以正面叙述。

上述差异，实际上是诗与画联系问题的反映。无论是西方还是东方，历来对此都有两种不同的观点：其一为"诗画同一"说。古希腊著名诗人西蒙尼德斯曾经指出："画为不语诗，诗是能言画。"中国宋代著名作家苏轼也持类似的观点："味摩诘之诗，诗中有画；观摩诘之画，画中有诗。"其二为"诗画异质说"。德国著名艺术理论家莱辛在《拉奥孔》中认为，诗为时间艺术，而绘画则为空间艺术。中国著名学者张岱也持相似的见解："'举头望明月，低头思故乡'有何可画……又《香积诗》'泉声咽危石，日色冷青松'，松、泉声、危石、日色、青松皆可描摹，而'咽'字、'冷'字则决难画出。"在他看来，诗与画作为艺术中的两种重要形式，既有联系又有区别。有些题材诗画皆宜，有些宜诗不宜画，有些宜画不宜诗。我们在前面论及文案创意与构图创意中的选材问题时，曾说到有些题材宜文不宜画，其要害就在诗画既有相通之处，又有异质之处，而这正是文案创意与构图创意存在差别的基本依据之一。

第二，广告文案创意与构图创意的区别更多地体现在对表现方式的构想上。由于广告文案所用的媒介符号是语言，所以主体更多地考虑到语言表现的特殊性，如语言的风格问题（华丽还是朴素等）、修辞方式、音韵的和谐、起承转合以及描写、抒情、类比、归谬等表达技巧的运用。而广告构图创意则侧重于思考光线、色彩、景别、镜头运动、蒙太奇等，因为构图毕竟属于造型艺术的范畴。

第二节　广告文案创意的基本方式

广告文案创意的具体方法，尽管列出成千累万，也不可能尽行囊括其中。实际上，许许多多具体的创意方法是从某一基本方法衍生出来的。这种基本方法类似于美学中的母题和心理分析学派的主要代表人物荣格所提出的"原型"概念。因此，我们只要掌握了广告文案创意最基本的方法，在实践中就可以依此进行发展和变通。

一、利用汉字

汉字是世界上现存各种文字中最具独特性的，无论是形、音还是意义都是如此，这就为我们利用汉字进行创意提供了取之不尽、用之不竭的源泉。

第一，利用形体。这是指根据汉字的结构特点（如偏旁、部首等）和广告文案主题的联系进行巧妙的创意。例如美国保德信人寿保险公司的广告：

> 三个字就有四个人。保德信的企业理念就是重视人的价值。

可以看出，文案创作者利用"保德信"三个字的偏旁中有两个单人旁、一个双人旁，都与人有关。而保德信公司的主要业务又恰恰是搞人寿保险的，这一联系被文案作者发现了，于是就巧妙地利用"人"字旁来突出保德信的企业理念，那就是重视人的价值——关心人、爱护人，为人的安全、幸福提供最完善的社会保障。

这种创意给消费者以巧妙、新颖而又自然天成、毫无牵强附会的感觉，凡是读过这则广告的人，无不留下永远难忘的印象。

第二，利用读音。新加坡卫生部曾为牙齿保健发布了一则公益广告：

> 十四是十四
> 四十是四十
> 十四不是四十
> 四十不是十四
> 没有牙齿，看你怎么念？
> 牙齿不珍惜
> 后悔来不及
> 要重视你的牙齿

文案作者以绕口令为体裁，巧妙地利用"四十""十四"这些特殊文字的发音特点，即没有牙齿或缺牙的人不可能或不能正确地发出这两个音，以此表示牙齿保健的极端重要性。

比较一下那些司空见惯的直白的公益广告，我们就可以发现它的不同凡响之处：它不是正面地直接宣传牙齿保健的必要性和重要性，而是从侧面即"十四"、"四十"这两个特殊的字音入手，指出没有牙齿是念不出这两个音的，从而让人们深刻地领会它的主题。字音与主题天衣无缝般的完美吻合，极具风趣的表现方式，使这一广告产生了巨大的社会效益。

第三，利用字义。汉语中的字义与字形存在着密切的联系，有的与读音有一定的关联。如果发现了某些字义（如广告产品的品牌名称等）与广告主题的吻合，就可以将字义作为创意的核心或亮点。试看下面的例子：

在中国古代文献中，"太"显极大之意，太太二字叠加，则表示最大，在民间用来尊称已婚女性。在古代朴素的哲学思想中，女性是生命的孕育者，代表了世间万物的神秘起源，因而备受尊崇……

上引文案巧妙地利用太太口服液这一品牌中"太太"二字的字义来进行创意，从"太"的"极大"到二字叠加的"最大"，再到民间以此表示对已婚女性的尊称，最后则从哲学的角度，表明太太作为生命的孕育者而备受尊崇。可以看出，文案无论是从古文字学的角度，还是从古代哲学的角度，以对"太太"二字的释义来表示广告主对其购买群体、诉求对象的颂扬，而且恰到好处，使她们的自尊心得到了极大的满足，让她们在确认自我价值的同时，高高兴兴地投入到购买行动之中。闭口不提口服液的功能，潜心于挖掘品牌名称"太太"的字义，不露痕迹地引起诉求对象的普遍好感，这正是该文案的巧妙和高明之处。

二、怀旧

由于时间的一维性，逝去的日子便一去永不复返了，而且"过去了的才是美好的"成为人们的一种普遍心理，这就不免使人经常产生"怀旧"情结：青年们喜欢追忆童年的天真和无忧无虑，老人们更是时常怀念逝去的时光，工业化的负面影响常常导致人们对昔日田园牧歌情调表现出由衷的向往……所有这些都使"怀旧"不仅成为文学艺术创作不朽的母题，而且也是广告文案创意的重要源泉。试看下面的例子：

男声（Ottley）：我祖父来到哈宁镇，大约在 1882 年。

画外音：Haward Ottley 是俄勒冈州东南部的一位牧场主。

Ottley：哈宁镇依然保持昔日牧场风光……我父亲生于牧场，我们全家居住于此……

画外音：他仍然保持自然的做事方法，我们认为那是生活及酿酒的最好方法。那就是布里滋啤酒为什么要以天然原料，用传统的方法酿造。

Ottley：我并未到过国内很多地方，但我想类似这样的地方再也不多了。

画外音：布里滋乡村……天然的乡村……天然的啤酒。

再如美国"贺轩（Hallmark）"万用贺卡广告：

老祖母打算卖掉曾经在这里抚养后代长大成人的小楼，搬到一套公寓去住。轰响的卡车开进了小院，老祖母即将与这伴随她度过大半生的小楼告别了。正在这时，她的孙子在灰蒙蒙的阁楼上发现了亲友寄给老祖母的一大叠贺轩卡。祖孙俩一张又一张地翻阅着这些卡片，勾起了老祖母同儿孙们一起度过美好时光的回忆，全然不顾楼下汽车一声声的催促。

画外音："问候使您一生中最美好的时光永驻长青。当您真正关心、怀念一个人时，请寄上一张最好的问候卡——贺轩万用贺卡！"

上述贺轩卡广告可以说是"怀旧"创意的成功之作。老祖母手中一页页翻过的贺轩卡，不仅是过去生活的历史记录，而且是亲情、友情的真实见证。老人陶醉在对过去美好岁月的回忆之中，甚至对楼下汽车的不断催促也全然不知。作者没有直接表现贺轩卡，但其与人们生活的密切关系和重要意义，却尽在不言之中。

运用"怀旧"的创意方式，要注意两点：一是对"怀旧"的题材要精心选择，要选取那些最能引起当前目标对象共鸣的形象与情感，即永远也难以忘怀的人生经历，如童年时代的珍贵记忆，甜蜜的初恋，无私的母爱，真挚的友情，昔日宁静优雅的田园牧歌情调……它们能普遍激起消费者的"怀旧"情结，使其在强烈的感染中对广告予以深切关注。二是主题式题材应与广告产品有密切关系，或者更准确地说，广告产品本身就是"怀旧"的事物或引发"怀旧"的触媒。如南方黑芝麻糊这一传统食品的本身就是人们怀念的对象，"贺轩卡"也是如此。当然，其目的还是为了推销今天的广告产品。

"怀旧"创意常常具有出人意料的显著效果，如尼可公司的华夫饼干用上老包装后，其销售增长率一直都在25%以上；著名咖啡品牌麦斯威尔由于在广告中出现了早已进博物馆的咖啡渗滤壶以后，其销售额获得了大幅度的飙升。至于我国的南方黑芝麻糊更是成为食品中尽人皆知的名牌，其销售量的增长令人惊讶。由此可见"怀旧"创意是值得我们高度重视的一种行之有效的方法。但它也不是灵丹妙药，必须具体问题具体分析，随意滥用则会引起消费者的厌恶而毫无效果。

三、寓褒于贬

这是一种逆向思维的创意方法。之所以这样说，是因为广告一般（99%以上）都是对广告产品或服务持一种颂扬态度的，只有极少数广告在作品中有意指出它的缺陷和不足，与前一种赞美方式相比，可说是反其道而行之，所以我们称为逆向思维。例如：

《电子报》在1985年的征订广告中，指出自己的印刷质量和纸张都比较差，编辑也不尽如人意。并奉劝初学者不要订阅该报，因为看不懂会浪费金钱；同时还提醒电子学的研究人员也不要预订，因为对他们的水平不会有提高作用。

再如：

> 这种运动服使用的是本国最好的染料，染色技术更是本国最优秀的；不过感到遗憾的是：酱紫色一类的颜色至今仍没法做到永不褪色……

上面所引的第一则文案是成都《电子报》的一则征订广告，第二则是日本美津浓运动衫广告文案，两者有一个显著的共同点，那就是有意识地使思维脱离人们习惯的轨道，而朝相反的方向探索：在只讲广告产品优点而不讲缺点的情况下大讲其不足，但实际上寄寓的却是赞美广告主那种实事求是、不弄虚作假的诚实精神。

逆向思维（寓褒于贬）创意所具有的诚信态度，会令消费者十分感动，因而非常乐意购买广告产品，这是逆向思维创意方法的第一个好处。第二个好处就在于这种创意方法具有反潮流的勇敢精神，特别易于引起消费者的注意，这是符合心理学所揭示的注意规律的。心理学认为，不合流俗的、出类拔萃的、与众不同的东西最容易引起人们的注意，而受到消费者注意正是广告成功的关键。

四、幽默

自古以来，无论是生活中的幽默还是艺术中的幽默，总是受到受众的喜爱。特别是在第一次世界大战以后，随着西方物质生产的高速发展，人们的生活节奏普遍加快，压力普遍增大，这些都是由残酷的生存竞争导致的必然结果。人们在工作之余就迫切要求松弛，要求欢笑，艺术家考虑人们的这种需求，于是幽默就比以往更多地出现在各种艺术形式之中，广告及其文案也同样如此。

西方现代著名美学家帕克曾经指出："讽刺责怪出乎意料的和违反惯例的东西，幽默则同情它。喜剧要么是讽刺人的，要么是温厚的。讽刺的目的是道德主义的和感化性的，幽默的目的则是审美的和沉思的。由于同情方面有所欠缺，讽刺性喜剧作为艺术是不完备的。"从区分讽刺与幽默的角度，帕克指出了幽默的基本性质，那就是同情和沉思。这种观点确有独到之处，但却忽略了它极其重要的一面即轻松的笑。车尔尼雪夫斯基则认为，一个幽默的人常常具有两重性，一方面看到了自己的内在价值，另一方面也看到了自己身上存在着琐屑、可厌、可笑、鄙陋的东西。"幽默感是自尊、自嘲与自鄙之间的混合。"以上论断启示我们，一种具有浓厚的理趣与潇洒的风趣并引人发出会心的微笑的形象，就是幽默。例如：

> 在英国有半数以上的人戴眼镜，这再次证明人不可无耳，若患耳疾可速来就医。
>
> ——牙科医生广告

　　葛优作沉思状，冯巩神秘兮兮地问："冬宝，干吗呢？"葛优毫不犹豫地回答："想葛玲！"听了这两句对话，观众不由想起了电视连续剧《编辑部的故事》中葛优（饰李冬宝）与吕丽萍（饰葛玲）的喜剧纠葛——冬宝死乞白赖地追求葛玲的一幕幕情景，情不自禁地发出大笑。尤其是最后由冯巩念出来的广告口号"双汇火腿，省优、部优——葛优"，加上葛优那大智若愚的傻笑，令人忍俊不禁。

——"双汇"火腿肠广告

　　戛纳国际广告节播出了一则参展巧克力电视广告片，其基本情节是这样的：一个可爱的小孩子拿着巧克力逗一小象，小象对巧克力馋涎欲滴，小孩见此情景，连忙把巧克力吞进肚里。小象感到十分委屈，复仇之心油然而生。许多年过去了，以前的那个小孩子已经长大成人，在狂欢节猛吃原先那个品牌的巧克力。受了委屈的小象也长大了，并且认出了猛吃巧克力者正是以前令它伤心的那个小孩子，"新仇旧恨"一齐涌上心头，于是猛地一鼻子甩过去将他打翻在地……

——戛纳广告节金牌广告

　　上述案例尽管具体细节迥然相异，但却存在着某些共同之处：第一，轻松有趣。葛优大言不惭地说他想葛玲，大象对未能吃到某品牌巧克力的"旧恨新仇"，令消费者看后感到趣味盎然，因为它们显得十分诙谐滑稽。第二，故事性、戏剧性强，篇幅不长却曲折有致，如"巧克力大象复仇篇"就一波三折，引人入胜。

　　抓住了幽默广告的特点，就抓住了幽默创意方法的核心。即是说，运用这种类型的创意方法，首先，要侧重于构想出妙趣横生、引人发笑的典型化细节，或者说得更具体一点就是有悖常理的事情，如人象争吃巧克力，等等。其次，可用巧合、谐音的方法造成幽默效果，如"双汇火腿肠"的"省优、部优——葛优"，其中的"葛优"与"国优"就运用得自然天成、巧妙无比，令消费者忍不住放声大笑，拍案叫绝。再次，要让消费者在大笑中将注意力集中到产品上来，万万不能让笑声淹没了广告产品，其奥秘就在于所选笑料都必须或隐或显地围绕着产品。

　　幽默创意在西方广告界愈来愈受重视。麦克柯伦·施德曼研究机构曾对500个电视广告进行过调查。在对各种创意不同的广告的效益测试中，引人发笑的幽默广告明显胜过名人广告等广泛流行的广告形式。相对说来，用幽默创意方法制作的广告，以轻松愉快、引人发笑的调子，遮蔽了广告直接劝说、敦促购买的功利印象，克服了消费者对广告的怀疑与抗拒心理，使他们在对喜剧的美感享受中不知不觉地接受了广告诉求，从而变被动为主动，自觉自愿地去购买广告产品。20世纪80年代后期，美国广告中幽默广告所占比例达 15%~42%，就是幽默广告创意地位不断上升的极好证明。

五、恐惧式

美国著名的人本主义心理学家马斯洛对人的潜在需要进行了深入的研究，认为它可以分为高低不同的七个层次：（一）生理需要：饮食睡眠、性的需要；（二）安全需要：生活有保障、不受威胁；（三）归属和爱的需要：与他人亲近、被他人接纳、有所依归；（四）受到尊重的需要：胜任工作、得到别人的赞许与认可；（五）认识的需要：好奇心、求知欲、理解与探索精神；（六）审美需要：对称、和谐、秩序、美感的创造；（七）自我实现的需要：发挥个人潜在的全部能力，独创能力的表现。

安全需要虽然在马斯洛的"金字塔形"需要结构系统中处于较低的层次，但由于它和人的生命存在直接相关，因而其重要性绝不可低估。唯其如此，广告文案创作中才发展出与这种需要有着必然联系的恐惧创意法。

所谓恐惧创意，是指以人们的安全需要为契机，指明消费者如不购买某种产品或服务，必将对安全造成严重威胁，从而以警示的方式劝导消费者付诸购买行动。概括地说，这是一种以"威胁"的口吻劝导消费者解除可能遇到的安全威胁的行之有效的重要创意方式，应当引起文案创作者的高度重视。请看下面的例子：

> 日航 123 航次波音 747 班机，在东京羽田机场跑道升空，飞往大阪。时间是 1985 年 8 月 18 日下午 6 点 15 分。机上载着 524 位机员、乘客以及他们家人的未来。45 分钟后，这架飞机在群马县的偏远山区坠毁，仅有 4 人生还。其余 520 人，成为空难记录里的统计数字……
>
> 在空难现场的一个沾有血迹的袋子里，智子女士发现了一张令人心酸的纸条，在别人惊慌失措、呼天抢地的机舱里，为人父、为人夫的谷口先生，写下给妻子的最后叮咛："智子，请好好照顾我们的孩子！"就像他要远行一样。
>
> 你为谷口先生难过呢？还是你为人生的无常而感叹？免除后顾之忧，坦然地面对人生、享受人生，这就是保德信 117 年前成立的原因。走在人生道路上，没有恐惧，永远安心——如果你有保德信与你同行。

这则文案是奥美中国台湾分公司孙大伟先生为美国保德信人寿保险公司创作的。发布的当年即以极具独创性的恐惧创意获得台湾地区某报第 15 届广告金像奖的最佳杂志广告金奖。

从上面的案例中，我们不难看出，恐惧创意实际上是从否定的方面或反面进行创意的一种重要方式。其创作模式可以概括为：如果非 A，则非 B。

这里的"A"指的是某种广告产品或服务，B则是指的购买其之后所获得的安全或利益。具体地说，恐惧广告文案创意一般总是构想出某种灾难、困境、损害、危险、痛苦等威胁消费者的情景，而这种不利情景正是由不购买某种产品、不接受某种服务或某种错误行为导致的必然结果。如前引日航空难案例，如果你不买保德信的人寿保险，万一遭到空难惨剧怎么办？天有不测风云，人有旦夕祸福，还是未雨绸缪为好。再如一则公益广告，图形部分巧妙地将香烟稍作变形，成为一个个裹尸袋，文案部分则暗示其为抽烟带来的恶果。

在进行"恐惧创意"之时，还必须与"恐怖"广告划清界限："恐惧"只是一种企图摆脱危险的逃避情绪，而"恐怖"则为一种严重的惊慌战栗，有的甚至造成相当大的社会动乱。例如，山西有线电视台在 1994 年 9 月 18 日发布的一则电视广告：

> 据说"四不像"已经从雁门关进入本地区，不久将进入千家万户，请大家关好门窗，留心观察。

广告发布之后，从太原至雁门、怀州地区的广阔地带，流言纷纷，说"四不像"可能吃人而引起极大的恐慌，直至 9 月 20 日媒体说明"四不像是来自雁门关的系列产品"，那一场风波才逐渐平息。这一恐怖广告引起了社会各界的猛烈批评，连中央电视台也在"新闻联播"中点名批评，其影响之恶劣，由此可见一斑。

总之，对于恐惧创意方法的运用，一定要慎之又慎，一是不能滥用，二是不能将"恐惧"扩张到"恐怖领域"，否则就会受到相关法律的制裁。

六、内心独白式

有一类文案看似戏剧性对白或作者的陈述，实际上则是两个人物或某一人物将内心活动向观众道出，这种别具一格的方法称为内心独白式创意。例如，美国 7—ELEVEN 24 小时连锁店企业形象电视广告文案：

> 年轻人：清晨四点，整个城市好像只有那个角落，让人觉得明亮且温暖。
> 店员：我记得那天冷冷的，还在下雨，他站在那里喝咖啡，心情好像很坏的样子。
> 年轻人：只不过喝他一杯咖啡而已，他就像老朋友一样陪我聊了好久。
> 店员：我只不过是问问他是不是工作不顺，他就好像好久没跟人说过话一样，一说就说个不停。
> 年轻人：我好像第一次跟一个陌生的人讲那么多话，也在这个角落里，第一次感觉到许多人竟然可以那么单纯，那么认真地活着。

店员：嘿，胡子刮刮吧！

店员：常来喔，别忘了这个方便的好邻居喔。

年轻人：那个早晨，觉得自己的脸那么清新，那个角落真的特别明亮，特别温暖。

上引案例告诉我们，运用"内心独白式"创意方法，主要注意两点：第一，无论是一人式独白还是双人式独白，一般都要求叙述出相对完整的内心历程。特别重要的是双人式独白，要通过各自内心活动的表白，让细节连贯起来，形成一个有序的情节链。如上述案例中年轻人与店员的内心独白，以回忆的方式，将年轻人到7—ELEVEN24 小时连锁店喝咖啡所遇到的友好服务，作出了完整的描述：开始怎样去那里，中间的过程如何，怎样离开那里，感觉如何……而这些又是通过两个人将各自所见所闻用独白的方式予以展示，如果消费者将其连缀起来就成了一个有头有尾的故事。第二，基调、氛围一般要求娓娓动听，亲切感人。因为内心独白与交流对话不一样，它是内心活动完全真实的反映，不掺杂任何虚伪和矫情，所以必须给人以情真意切、直诉肺腑之言的美好印象，才能真正使广告文案收到良好的效果。

思考题

1. 谈谈马克思关于蜜蜂与建筑师的比较同广告创意的关系。
2. 广告文案创意与图形创意有何异同之处？
3. 用"汉字字型创意法"为某产品写一篇文案。
4. 运用"怀旧创意"方式应该注意的问题。
5. 运用"内心独白式"为某产品写一篇文案。

第六章　广告文案创作中的现代主义方法

现代主义作为 20 世纪最引人注目的文学现象之一，对传统的现实主义和浪漫主义文学的内容和形式进行了相当彻底的颠覆和解构，创造出一种前所未有的令人耳目一新的文学形态，有着划时代的巨大意义。

世界上一切事物都不是孤立存在的，现代主义文学也不例外，它既受到现代主义绘画、音乐艺术形式的影响，同时也反过来对绘画、音乐乃至广告文案进行有力的渗透。

基于此，有着现代主义倾向的广告文案出现了，它给消费者带来了与传统广告文案迥然相异的深刻感觉，大大地增强了广告的促销效果。因此，掌握这种新的创意与表现方法，对于提高我们的文案创作水平、强化广告效果，无疑有着极为重要的意义。

第一节　荒　　诞

荒诞是现代主义广告最重要的特征之一。英国著名学者马丁·埃斯林曾经指出，荒诞是不合道理和常规，不可调和的，不可理喻的，不合逻辑的。应该说这种见解相当精辟，因为它符合现代主义创作的实际。如荒诞派戏剧的主要代表作家尤奈斯库的剧本《未来在鸡蛋里》，就描写了一个青年的妻子罗伯达不停地下蛋，生下来的不是银行家、猪猡，就是楼梯和皮鞋，女性生蛋，蛋又孵出猪猡和楼梯，这显然是有悖常理，不可理喻的，因而是一种典型的荒诞表现。

现代主义文学的荒诞手法对广告文案产生了深刻的影响。如 DDB 广告公司为法国福纳克书店创作了一则著名广告，其画面部分为一少女的嘴唇被拉链封住，文字部分是这样写的："1%有才华的年轻人成功地使别人理解了自己，其余的还在等待……除非在福纳克！"如果将图形与文案联系起来就可看出，文案作者认为，在法国只有1%的人成功地使别人理解了自己，99%的人还在等待别人去理解，他们犹如图中被拉链封住了嘴的少女。只有拉开拉链才能与外界交流，才能使别人理解自己，在社会上成为一个成功的人士。而实现这个理想目标的关键就在福纳克品种丰富的书籍之中。

这个广告的良好效果，主要取决于它创意的荒诞性：拉链和嘴唇的组合是有违常理的、不符现实的，使消费者感到荒诞不经，但却与广告诉求点的结合达到了天造地设的地步。又由于人们对那些合乎常规的东西看得太多，故对反常规的创意特别青睐，因为不同凡响的、反传统的东西容易引起消费者的注意。

除了反常规组合之外，荒诞性的另一特点就在于它的非逻辑和反逻辑性。20世纪80年代，日本本田小型摩托车为了打开美国市场，在广告上可谓呕心沥血、殚精竭虑，如请了不少走红的美国球星、歌星当模特推介产品，收效甚微，又请在任总统尼克松帮忙，被其婉言谢绝。在万般无奈之下，本田公司自己动手创作了一则电视广告：播出开始，黑色屏幕上雪花点直闪，美国观众还以为是电视台播放设备出了故障。突然间，电视荧光屏以闪电般的速度交替映出拙劣笔迹书写的问句："我是谁？狗能思想吗？我长得丑吗？"同时传来各种稀奇古怪的声音，有玻璃被砸碎的声音，炸弹爆破的声音，还有儿童窃窃私笑的声音。正在观众莫名其妙之际，画外音响起来了："最新型的本田50型摩托车——即使尚未尽善尽美，但它也绝不会有什么问题。"

上述广告以其突出的荒诞性引起美国消费者议论纷纷，留下了难以磨灭的深刻印象，使得本田摩托车当年的销售量猛增到12.5万辆，这在素以汽车王国著称的美国无疑创下了一个销售奇迹。

之所以说上述广告荒诞，主要是由于它的问句语无伦次，不合逻辑，是一种无序性的混乱结构。但也正因为广告文案的这种非逻辑性，才使得美国观众对它的荒唐怪异产生了兴趣和注意，这是符合心理学规律的。心理学指出，人对于那些一反常态的奇异事物或现象，往往会特别感到兴味盎然，并产生了高度的关注。而这正是本田摩托车广告文案获得极大成功的基本原因之一。

总之，要想创作出效果好的荒诞广告文案，其方法大致不外乎两种：一种是让题材呈现出反常规的组合，如金项链挂在酒坛子上，晾衣绳上的小木夹吊起了大奶牛；另一种是语无伦次，使之具备非逻辑性的特征。当然，将两种方法结合在一篇文案中也屡见不鲜，这些都需要灵活地予以运用。

第二节　扭曲变形

现代主义文学反传统的另一个重要方面，就在于它不按事物的本来面目予以表现，而是否定事物自身的比例关系，歪曲其外部形态，甚至让人变成大甲虫，如著名的表现主义作家卡夫卡的《变形记》，其主人公旅行推销员格里高尔某天早晨发现自己变成了一个硕大无比的大甲虫。这种变形手法对广告文案创作产生了深刻影响。我们可以先来看下面的例子：

我的朋友乔·霍姆斯

他现在是一匹马了

乔常常地说，他死后愿意变成一匹马。

有一天，他果然死了。

五月初我看到一匹拉牛奶车的马，看起来像乔。

我悄悄地凑上去对他耳语：

"你是乔吗？"

他说："是的，可是我现在很快乐！"

我说："为什么呢？"

他说："我现在穿着一件舒服的衣领，这是我有生以来的第一次。我衬衫的领子经常收缩，简直在谋杀我，事实上有一件把我窒息死了。那就是致死的原因！"

"天哪，乔"，我惊讶失声。

"你为什么不把你衬衫的事早点告诉我，我会告诉你关于箭牌衬衫 Arrow Shirt 的事，它们永远合身而不收缩，甚至织得最紧的深灰色棉布也不收缩。"

乔无力地说："深灰色棉布是最会收缩的了。"

我回答说："可能是，但我知道戈登标的箭牌衬衫是不缩的，我正穿着一件。它经过机械防缩处理，收缩率连1%都不到！此外，还有箭牌所独有的迷淘夏特适领！"

"戈登标每件只卖两美元"，乔说，"真棒，我的老板正需要一件那种样子的衬衫。我来告诉他戈登标的事，也许他会多给我一夸脱燕麦！天哪，我真爱吃燕麦呀！"

广告语： 箭牌——机械防缩处理

如果没有箭牌的标签

那它就不是箭牌衬衫

箭牌衬衫——

机械处理防缩——如果收缩不合

免费奉送一件作赔！

这是广告大师乔治·葛里宾为箭牌衬衫创作的一篇较长的广告文案。在这篇广告文案里，作者的老朋友乔·霍姆斯由于穿一种质量不好的衬衣，领子经常收缩，终于窒息而死，并变成了一匹马。作者意在表明，如果他的朋友乔·霍姆斯以前穿了戈登标的箭牌衬衫，就不会发生变马拉东西的悲剧了，因为箭牌衬衫经过机械防缩处理，缩水率不到1%，穿着合身，永远舒适，从而将广告的诉求表达得淋漓尽致。更重要的则在于它的传播和促销效果非常突出，因为这种现代主义的扭曲变形手段使消费者觉得异乎寻常、新奇有趣，容易使人产生难忘的记忆并付诸购买行动。

上面所说的实际上只是扭曲变形的第一种方式，即一种事物完全变成另一种事物，如人变马，等等。与此相比，第二种方式更为多见，它是指改变事物的正常比例，使人或事物的结构关系受到扭曲而有悖常态。例如：

在"步步高"无绳电话电视广告里，模特人物的头部较一般正常的要大很多，使其与躯干的比例被改变了。更重要的则在于人物的脸形被拉长变扁，眼、鼻、口、耳等面部感觉器官也被歪曲，仿佛哈哈镜中出现的形象。

上引"步步高"无绳电话电视广告，明显吸收了现代主义文学艺术中常见的扭曲变形的表现手段，将模特人物自身的外部形态及结构关系进行了歪曲处理，使它有违常态，因此引起了消费者的惊奇感，进而对广告及其产品激发了高度的注意。

第三节　超　现　实

超现实也是现代主义文学常用的一种重要表现手段，主要是作品侧重于表现人物非理性的梦幻和下意识，以此挖掘不易流露出来的深层心理世界，包括个体无意识和集体无意识。这种艺术手段由于能展示出鲜为人知的隐蔽的心理内容，因而开拓了比传统文学更广阔、更深刻的表现领域。

现代主义文学这种超现实的艺术手段也被广告文案创作者所借鉴，写出了不少成功的超现实文案。例如：

彼得梦见自己与上帝一起散步，天际缓缓推出一幅幅图景，再现了彼得一生的经历。他走过的每一段路，都有两双脚印，一双是他的，一双是上帝的。但当最后一幅图景展示在他面前时，路面的脚印只剩下了一双，那正是他一生中最消沉、最悲哀的岁月。彼得问上帝："主啊，你答应过我，只要我跟随你，你永远扶持我，可是我在最艰难的时候，你却弃我而去了。"上帝答道："孩子，当时我正把你抱在怀里，所以只有一双脚印。"

画外音："当你走上坎坷的人生之路时，本公司陪伴着你。当你遇到不测的时候，本公司协助你渡过难关。"

上引广告文案是一个著名保险公司发布的，在社会上引起了强烈的反响和广泛的关注。作者详细描述了彼得的梦境，指明正是上帝的亲切关怀才使彼得摆脱了逆境和坎坷，并向消费者暗示，本保险公司决心向广大消费者提供热情周到的服务，全心全意地帮助人们度过生命中的坎坷和不测。

上述文案中彼得的梦境实际上是下意识的一种表现，触及人的深层心理，在非理性中展示出理性的诉求，其新颖独创性对消费者产生了巨大的吸引力。

思考题

1. 谈谈荒诞派广告文案的特点。
2. 举例说明扭曲变形广告文案的两种方式。
3. 写一则文案，使其具有现代主义的特征。

第七章　后现代主义：广告文案创作的前沿

从 19 世纪中后期到 20 世纪 60 年代初，萌芽于法国的现代主义运动，在走过了将近百年的辉煌历程之后，已经日渐式微。与此相关的则是后现代主义的蓬勃兴起，并迅速发展成为席卷整个世界的强大潮流。由于人类各种文化形式之间从来都是相互影响的，使得广告也不可避免地打上了后现代主义的深刻烙印，从而宣告后现代主义广告文案的诞生。

第一节　后现代主义广告文案的兴起

迄今为止，人类文化发展的全部历史告诉我们，任何一种文化新形式的产生，都和当时社会形态内部的剧烈变动有着必然的联系。那么，后现代主义文化和后现代广告文案，又是和怎样的一种社会变迁密切相连的呢？

一、后工业社会与后现代主义文化

自 18 世纪英国工业革命以来，大机器制造业逐渐成为西方发达国家国民经济的主导产业。以此为基础的社会形态被历史学家称为"工业社会"。至 20 世纪 60 年代初，西方发达国家尤其是美国，其大机器制造业已渐呈颓势，被学者们称为"夕阳工业"，与此相反的则是新兴的 IT 产业，仿佛是早晨八九点钟的太阳，欣欣向荣，蒸蒸日上，被人们称为"朝阳产业"，因为它已成为美国国民经济的主导部分，而以此为标志的社会就是后工业社会或消费社会。

在后工业社会里，以互联网为代表的新型传播方式，深刻地改变了人类社会的生活方式，以及工业社会的基本结构和形态，一个没有权威、"去中心化"的世界图景已赫然呈现，反秩序、反结构、反潮流、多元主义、折中主义、异端与反叛、错位与断裂……正如美国著名后现代主义研究学者伊哈布·哈桑在《文化变革和观念》中所说："唯信仰论和不确定性倾向的力量衍生自更大的社会意向：一种正在西方世界崛起的生活准则、机构价值和破裂、自由欲望的滋生，多种解放运动的风行，全球范围的分裂和派系倾轧、恐怖主义的甚嚣尘上——总之，这众多因素决定了其必然高于单一因素之上。"这表明，随着经济转型和社会结构的划时代转折，工业社会被颠覆而演变成为一种新的社会形态，即后工业社会。

上述社会形态的剧变必然会催生出一种与其相适应的新的文化形式，即后现代主义文化。它猛烈地冲击着既存的现代主义，在各种文化领域里逐渐取得了支配地位，其中在哲学、文学及艺术方面最为突出——后现代主义者在哲学上极力反对结构主义理论，颠覆逻各斯中心主义，消解二元对立模式；在文学上竭力破坏规范和秩序，瓦解文本意义，打碎情节"链环"，追求零散化和断片式；在艺术上，他们反对唯美主义、象征主义和形式主义，试图建构一种反形式的艺术体系。正如德国著名学者基特勒所说："现代主义艺术是工业化社会属于少数受教育者的精英艺术，它突出艺术媒体的高雅和纯洁，仍然体现资产阶级社会一体化的要求，因而与当今时代格格不入。后现代艺术与此迥然不同。作为后工业大众社会的艺术，它摧毁了现代艺术的形而上规范，打破了封闭的、自满自足的美学形式，主张思维方式、表现方法、艺术体裁和游戏的彻底多元化。"他们还竭力追求无深度的平面化和不确定性，否定现代主义的"宏大叙事"、深重的忧患意识和责任意识等。

这样看来，所谓后现代主义文化，实质上是指后工业社会出现的一种颠覆现代主义的规范和秩序，具有"去中心化"、平面化、消解文本意义的划时代文化形态。

二、后现代主义：艺术文化、消费文化与广告文案

后现代主义文化在各个领域的发展是不平衡的，艺术文化、消费文化兴起较早，它初步定型之后必然向其他领域如广告等形式中渗透，从而导致后现代主义广告的诞生。

后现代主义艺术文化的重要特征之一，就是消解二元对立模式，如在我国当代著名作家格非的名作《竭色鸟群》中，存在/不存在的二元对立就被颠覆了：小说中的重要人物"棋"既是存在的又是不存在的，于是存在与不存在的界限就此消解。这种解构传统的特征在拉美、欧洲和美国后现代主义文学中表现得尤为突出，如加西亚·马尔克斯的魔幻现实主义经典之作《百年孤独》中，现实与非现实的对立就被解构得荡然无存。这对中国台湾意识形态广告公司著名文案撰稿人许舜英影响极大。她写道："一周买两件好衣服是道德的。""两性注定不再是弱肉强食。"在这里，"一周买两件好衣服"是人的欲望的表现，这种欲望在许舜英看来是符合道德的，从而消解了道德与欲望所构成的二元对立模式（宋明理学所说的"存天理灭人欲"就是二元对立）。后现代主义艺术文化对后现代主义广告文案的影响，由此可见一斑。

至于消费文化对广告的渗透，同样是很突出的。这里所说的消费文化，实际是指消费社会的一种特殊文化。所谓消费社会，让·波德里亚认为是资本主义发展的第四阶段即后工业社会。这一社会最根本的特质在于它是从马克思所说的生产第一转变为符号交换第一。之所以如此，是因为同类产品虽然异常丰富，但却出现了高

度的同质化。要想把它们卖掉就必须造成差异——在产品本身没有什么差异的情况下，只有给它附加一种本身所没有的意义才能造成区隔。而这个意义必须运用符号才能准确地传达到消费者。这表明，消费者在购买产品时，往往更看重符号所传达的某种文化意义，而不是像以前那样主要看重其使用价值。正如科斯洛夫斯基所说："当代经济'重新伦理化'，经济'重新文化化'的发展，表明了对经济与社会相分离状况的一种扭转，同时也表明了科学方法上的转向。它标志着物质—技术导向的经济学向象征—文化导向的经济学的转变。"这和让·波德里亚的看法相当接近："消费的社会逻辑根本不是对服务和商品的使用价值上的占有……它不是一种满足的逻辑，它是社会能指的生产和操纵的逻辑。"美国著名传播学者马克·波斯特对此解释说："必须在该产品上嫁接一套与该产品没有内在联系的意义，才能把它再卖掉。这套经常受到符号学分析的意义变成了消费的主导方面。"让·波德里亚进一步探讨了上述广告的独特之处：不连续意符，琐碎部分的拼贴，艺术品位的雅俗不分与大量复制，等等。如意大利著名服装品牌贝纳通广告，其意义往往与服装毫无关系，他们反对战争，倡导和平；反对种族歧视，倡导人类平等。

从上面的分析中，我们可以看出，后工业社会同类产品高度多样化又高度同质化的现实，决定了"符号交换第一"这种消费文化的产生，而"符号交换第一"必然带来"漂浮的能指"即能指的意义与产品分离，由此决定了后现代主义广告解构传统、强行拼贴，造成广告意义与产品之间的断裂这些重要特征。简而言之，后工业社会的消费文化对后现代主义广告及文案的形成，产生了深刻的影响，这是必然的和毫无疑义的。

第二节　后现代主义文案的基本特征

我们已经知道，后现代主义广告文案的产生与影响整个世界的后现代文化思潮存在着密切的关联。而后现代文化思潮在表现上极其复杂多样，使得学者们对其本质和特征的概括出现了众说纷纭的局面，作为它影响产物的后现代文案也同样如此。尽管这样，我们还是想对后现代主义文案的特征作出一番梳理。

一、颠覆文本意义

所谓颠覆文本意义，是指后现代主义文案对主流社会所认同的事物或价值观念予以否定，从而提出一种与之相对立的新见解。我们试以中国台湾意识形态广告公司许舜英的广告作品为例：

> 不景气不会令我不安
> 缺乏购物欲才会令我不安

国民生产毛额无法积累出幸福

泡沫经济无法幻灭口味

节制消费无法弥补南极的臭氧层

信用卡数字无法弥补美学天赋

惩罚唯物论者无法降低失业率

关系无法建立在违心基础上

人造皮革无法取代 ARMAN 羊驼呢

时尚精神病比世界上大部分的人健康

她们从不和欲望进行哲学辩论

而是持续在服装店无怨无悔

克制购物欲，是专断的道德主义

因为，欲望从来没有不景气的时候

——"欲望篇"

标准"三围"根本上就是个坏名词

可以看出，上述广告大胆地否定了一个国家或地区的国民生产总值（GDP）与公民的幸福的内在联系，否定了节制消费与南极臭氧层修补和好转的关联，否定了女性美对标准"三围"的依从性。我们认为，在当今社会大多数人看来，国民收入的大幅度提高对改善公民的生活，使之舒适、惬意得到一种享受和满足，无疑有着重要的意义。国民生产毛额纵然与幸福的关系不是绝对的，但至少也是相对有利和密切相关的。因为不可否认的事实是，国民收入的增长，即使不能给人民带来精神方面的幸福或者说幸福的全部，但至少可给公众带来物质方面的快乐和幸福则是确定无疑的。而且，在社会大多数人看来，节制消费可以少排放氟和二氧化碳，对南极臭氧层的逐步修复和好转也是不无好处的。至于标准"三围"对女性美尤其是身材美的直接关系也是不可否认的。

这表明，中国台湾意识形态广告公司所作后现代主义广告文案，敢于大胆颠覆为主流社会所认同的事物的价值，虽然不一定正确，但敢于反传统的勇气却对我们开阔视野和解放思想，有着较大的启示作用。而且最大的好处并不在这里，而在于它能以挑战的姿态、反常的话语引起受众或消费者的高度注意，依靠吸引受众眼球这一稀有资源来完成促进广告产品销售的重要任务。

二、反秩序的碎片化拼贴

这里所说的拼贴，是指广告文案创作主体打破惯常的时空秩序，进行一种非逻辑和反逻辑的组合，而呈现出一种断片式、零散化的特征。例如，中国台湾意识形态广告公司为司迪麦所创作的广告：

> 第一部分是铜铸的神话动物——头上长角的马；第二部分是蛇与苹果；第三部分是风吹落叶飘落到少女的床上；第四部分则是少女合上正在阅读的书本，走到窗前……
>
> ——"梦的解析家篇"

> 有了胸部之后，你还需要什么？
> 脑袋！
> 到服装店培养气质，
> 到书店展示服装！
>
> ——"书店篇"

在上述第一个案例中，其广告画面中出现的意象只是一个个孤立的断片，并没有寻常广告中所存在的时间的流逝和空间的有序：头上长角的马、蛇、苹果、小床和玻璃窗，就是打破时空联结的零散式的非逻辑组合，与传统广告中逻辑性较强的有序意象排列，形成鲜明的反差。至于第二个案例中的胸部、书店与T型台等意象，同样是一种反秩序的偶然堆积，根本就没有传统广告中连贯的画面和环环相扣的逻辑叙事。正如美国著名的后现代理论家伊哈布·哈桑所说，后现代主义具有分解、分裂、零散化、断裂、片断、拼凑、割裂等反传统的特征。他这里虽然是说的后现代主义文学艺术，但我们认为它同样适用于后现代主义广告文案。

广告创作主体之所以要去追求一种零散化的断片式拼凑，并不是他们写不出一种逻辑谨严、结构有序的作品，而主要是为了一种创新的需要——因为与传统广告相比，无序的拼贴可给消费者带来一种异乎寻常的新颖感，可与成千上万的传统广告迅速区别开来，从而赢得目标受众的高度注意，并可能引发他们的购物冲动和付诸购买。当然，这与后工业时代人的思想的多元性以及现实的瞬息万变给予人们带来的断裂感也不无关联。

三、批判社会的执著追求

法兰克福学派的主要代表人物阿多尔诺和霍克海默曾经在《启蒙辩证法》中指出，广告是资本主义文化工业的一部分，它会平息大众"反抗的可能性"，使大众所受的"艰辛、侵略、不幸和不公平长期存在下去"。在他们看来，广告从来不去批判、否定、反抗现行的资产阶级统治，总是对社会现实大唱赞歌，企图使资本主义的统治永世长存。我们认为，他们两人的看法有正确的地方，但也有不正确的地方。

阿多尔诺和霍克海默所论应当否定的地方在于，他们视广告为一种社会权力集团对大众的压迫形式，没有看到广告的真正本质就在于它说到底不过是营销的一种重要工具。其值得肯定之处则是敏锐地发现了广告在内容上总是正面的、积极的和肯定的，它不去批判社会现实。我们认为，这种看法一般说来是正确的，但也不能绝对化，如作为后现代主义广告经典的贝纳通广告就敢于大胆暴露生活中的阴暗面，大胆抨击社会现实中的种种腐朽，在广告风格上另辟蹊径，独树一帜，令世界为之瞩目。例如：

在一幅名为《浑身油污的鸟》的广告中，出现了这样的情景：1992年海湾战争期间，数百万桶石油漂浮在海面上。海边，一只浑身沾满原油、垂死无助的小鸟，依然奋力睁开双眼，用火红的眼睛凝视着周围布满油污的黑色世界，似乎在诉说着无尽的悲哀和愤怒……

在《伸着舌头的不同皮肤的孩子》这一广告中，画面上出现了黑、白、黄三种不同肤色的小女孩，但其伸出的舌头的颜色却是相同的。文案写道："尽管他们人种不同，肤色不同，但他们的舌头都是一样的颜色。"

从上述第一个案例我们可以看出，广告创作者通过塑造一只沾满黑色油污、濒临死亡的鸟的形象，来控诉战争不仅极大地破坏了人类生存的人文环境和自然环境，而且更重要的是使万千生灵遭到灭顶之灾，其矛头所向，显然是在对战争进行无比严厉的批判，并且渴望人类永久的和平。

至于第二个案例，则描述了三个肤色不同的小女孩，虽然她们的肤色不同，但其伸出的舌头的颜色却是一样的，意在表明当今世界尽管存在着人种、肤色的不同，但在他们都具有人的本质这一点上却没有差异，因而从根本上来说她们应该是平等的，这无疑给了那些种族歧视者以极其有力的抨击和批判。

贝纳通是意大利的一个著名服装品牌，其广告也打上了欧洲传统的深刻烙印。从思想渊源上看，贝纳通广告显然受到了传播学欧洲批判学派的重要影响，这从二者都喜欢从批判的视角研究或进行传播就可以看出，从而与美国经验学派或广告实践传统划清了界限。在美国，从约翰·肯尼迪、大卫·奥格威一直到21世纪初的广告，基本上是一种人性化诉求：生老病死、亲情、友情和爱情，实用主义与个人主义的价值观，对成功的向往和享受等，充斥于各种广告作品中，几乎见不到批判现存社会的文案。正如著名传播学者罗伯特·古德曼、斯蒂芬·帕普森所说："20世纪80年代的广告感觉到了批评的尖刻：广告提升了一个显示生活的积极的一面，而不是显示生活中冲突、消极和紧张的一面的非真实的世界。"由此可以看出，贝纳通广告与美国广告乃至当今整个世界居于主流地位的广告是存在着很大差异的。

　　需要特别指出的是，贝纳通广告对于社会的批判有其独有的特性，那就是它的批判所呈现出来的意义（思想、观点）与其产品是没有什么关联的。例如，其广告作品大量存在着对于战争、暴力、种族歧视、社会不公等的深刻批判，而这与服装是没有什么关系的。但它却体现出后现代主义广告忘掉产品的这一重要特征。这表明，后现代主义广告一般不去表现产品的功能效果，而是给它附加一种社会意义，这个意义与广告产品是没有什么关系的，但它却可以为产品构建良好的品牌形象，因而同样可以起到促销产品的巨大作用，甚至比那些单纯宣传产品功效的传统广告更具经济价值。因为品牌形象一旦树立起来，就可以持续地诱导消费者购买该产品，所以后现代主义广告往往可以建立一种促进销售的长效机制，与那些急功近利的传统广告的短期效应相比，其优越性是不言自明的。

　　总起来说，后现代主义广告是一种具有鲜明创新性的另类广告，其性质与现代主义广告、一般传统广告迥然相异。只要我们真正掌握了上述特征，就可以驾驭它的创作手法，如能进一步灵活运用，那么要创作出有突出促销力的优秀的后现代主义广告文案，实现从可能性到现实性的转变，就绝不是一件困难的事情了。

思考题

1. 略述后现代主义思潮与广告文案的关系。
2. 后现代主义广告文案有何特征？
3. 写一篇文章，使其具有后现代主义"拼贴"的特点。
4. 简要评述许舜英后现代主义广告的成就与不足。

第八章 广告文案创作中的语言运用

迄今为止，语言符号仍然是人类进行信息交流的主要手段。无论是在日常的人际传播中，还是在日益复杂的大众传播中，都是如此。虽然大多数传播形式以语言符号作为物质媒介，但每一种具体的传播形式在语言的使用上又表现出不同的特征，如文学、新闻、广告文案，等等，由于各自本质的特殊性，导致它们在语言运用上也体现出较大的差异。

第一节 广告文案的语言特征

由于广告文案存在着促进销售额增长的特殊目的性，就使它在语言运用上有着不同于文学和新闻等传播形式的基本特征，虽然不可避免地存在着共同性的一面。

一、语义的褒扬性

从语义学的角度看，广告文案所用的语词一般都是以颂扬、赞美为主（只有极少数寓褒于贬的文案例外），并由此构成文案全篇文义的基调，这就是文案语义的褒扬性。之所以如此，主要在于：第一，广告文案不过是用语言符号精心构建的一种商业营销工具，这就决定了它必须具有宣传广告产品的独特功能，可给消费者带来很大的实际利益或某种精神性的满足，如情绪、荣誉感、地位、成就感，等等，无论是生理上的还是心理上的，都是从肯定的方面陈述，力图让消费者动心并高兴地付诸购买行动。这种渲染广告产品优长、回避不足的倾向必然导致广告文案创作总是选择那些带褒义的语汇。例如：

沃尔沃汽车已来到中国

满载生机勃勃的荣誉，携带近70年的安全设计史。今天，VOLVO汽车已来到中国，以其珍惜生命便是财富，热爱生活、勇于挑战的豪气，准备驶进你的生活。这是一部令人放心的车。入乡随俗，特别针对中国道路行驶需要而制造。它不仅安全可靠，性能卓越，更巧妙地将安全性能与汽车动力完美结合，助您在人生路上安心驰骋。VOLVO汽车的外观大方，车厢内部更是宽敞典雅，令人倍感安全舒适。无论在什么场合当中，它都备受瞩目，安稳轻松地为您增添风采！每一部驶入中国大地的 VOLVO 汽车，都将拥有瑞典 VOLVO 汽车公司所建立的完善维修网络，为您提供原厂配件与高质量的售后服务。现在，尽可以放心了！

由上例可以看出，该文案从标题到正文，所选关键性语词都是赞美性的，如"放心""生机勃勃""安全可靠""性能卓越""宽敞典雅""高质量的售后服务"等，都旨在褒扬世界名车"VOLVO"，它不仅外观造型华贵气派，而且内部器件和结构都是世界一流水平，以激发消费者热烈的向往之情，迅速打开中国市场。

第二，广告文案与新闻作品、文学作品不同，它是广告主付费购买的版面或时间（新闻作品和文学作品不是为哪个企业家写的，也无需他们付钱），每一篇文案从标题到正文，从广告语到附文，都必须得到广告主的认同、签字，才能在媒体上发布。广告主认可文案的基本条件或者说最重要的条件之一，就是要赞美他们的产品，而且要赞美得别开生面，让消费者易于接受，喜欢购买他们的产品，并且成为市场上同类产品的领导者。这表明，他们一般不喜欢听批评性的话语，能在"寓褒于贬"文案上签字同意的广告主可以说相当少见，因为这需要过人的胆识和远见。

从总体来看，褒扬性文案至少在99%以上，剩下不到1%的文案，也是贬中有褒、以褒为主，或者说是名贬实褒、寓褒于贬。广告文案的语言也要与这种基调相符，所以我们认为语义的褒扬性是广告文案语言的首要特征。

二、色彩的商业性

广告文案语言的另一重要特征就在于它有着浓厚的商业化气息，这是它和新闻、文学语言的又一重要区别。

广告文案语言的商业化色彩，是指它总是或显或隐地在那里陈述购买理由，甚至公开要求消费者购买他们的产品，而且许以种种好处，如赠品、折价、抽奖等等。

广告文案语言的商业化色彩有两种不同的表现形式：

其一，直接外露型。它的语言类似于商品推销员不遗余力地向消费者介绍广告产品的独特功能、购买的利益承诺，甚至还有价格的优惠、附赠何种物品，等等。试看下面的例子。

在你品尝过各种零食之后……
甜的、咸的、酸的东西

想必你吃过不少，很容易腻的，是不是？

现在，我们把苹果、菠萝、香蕉啦，还有刀豆、黄瓜、胡萝卜、土豆什么的制成原色原味、香脆可口的新款小零食。

这就是来自阳光下的

贝尔脆——天然果蔬脆片

　25克贝尔脆就有250克新鲜果蔬的营养

对不喜欢吃蔬菜的孩子来说

是最好的补充

从今天起，还有一周的免费品尝活动

在各大食品店举行呢

注意，不要错过噢！

这是鲜菜果蔬食品有限公司发布的一篇广告文案，其中明显地透射出一种浓郁的商业化气息，诸如"来自阳光下的"贝尔脆、原色原味的刀豆、黄瓜等新颖小零食，在各大食品店举行一周的免费品尝活动，尤其是最后一句"注意，不要错过噢"，更是典型的商业化用语，毫不隐晦，直接推销，这就是第一种类型的基本特点。

其二，间接含蓄型。它不是赤裸裸地推销广告产品，而是通过先言他物、末尾才画龙点睛地抹上一笔广告性的语句，有的企业形象广告甚至自始至终既不提及企业情况，更不涉及产品，但它仍然是为了获得长期的商业利益，因为企业的知名度和美誉度提高了，销售额就会长期攀升。试看下面的例子：

他的脚步渐渐远去

背影也慢慢地消失

高挂夜空的月亮

这时横过了阳台

一阵寂寞突然袭来

我只好再把灯光点燃……

东芝灯具的这首广告诗，通篇都未提及"东芝灯具"，但由于讲到了"把灯光点燃"，又让消费者从附文中的广告主名称联想到这首广告诗是在暗示自己记住"东芝灯具"这个著名品牌，并付诸购买行动。可见这种广告文案的语言虽未直接介绍、推荐产品，但还是作了某种推销的暗示，所以仍然间接地体现出商业化色彩，从而与新闻和文学语言完全不具商业性形成鲜明的反差。

第二节　广告文案语言的形式美

掌握广告文案语言的基本特征，其目的是为了更巧妙地运用语言，使之具有更大的感染力和说服力，并最终获得良好的促销效果。而创造出广告文案语言的形式美就是其中最有效的途径之一。

一、广告文案语言形式美的功能

德国著名哲学家恩斯特·卡西尔曾经指出："人是语言的动物。"在他看来，运用语言符号交流、传播信息，正是人的理性的表现，也是人区别于动物的真正本质之所在。

苏珊·朗格进一步发展了卡西尔的符号论，她说："迄今为止，人类创造出的一种最为先进和最令人震惊的符号设计，便是语言。运用语言可以表达出那些不可触摸的没有形体的东西，亦即被我们称为观念的东西，还可以表达出我们所知觉的世界中那些隐蔽的、被我们称为事实的东西。正是凭借语言，我们才能够思维、记忆和想象，才能最终表达出由全部丰富的事实组成的整体；也正是有了语言，我们才能描绘事物、再现事物之间的关系，表现各种事物之间相互作用的规律，才能进行沉思、预言和推理（一种较长的时间的变换过程）。更为重要的是，我们还可以运用语言进行交流，这就是要求将那些可听或可见的词排列成为一种为大家理解的式样，通过这种式样，人们就可以反映出自己各式各样的概念、知觉对象，以及种种概念和知觉对象之间的联系。"在她看来，语言符号对于人类文明发展的意义是极其巨大的。它在描绘事物、表达想象和情思的过程中，其自身也有着相对独立的欣赏价值和审美价值，这就是广告文案语言所创造出来的一种形式美。而所谓形式美，是指客观事物的自然属性（色、形、声）及其组合规律（均衡、节奏、多样统一等）所体现出来的审美属性。以此观照广告文案语言的形式美，可以发现它是由声音及其组合关系所体现出来的一种较为抽象的美，它对广告效果有着很大的影响。

二、广告文案语言的声音美

声音是世界上各民族语言中最重要的组成部分之一。它作为物质媒介材料，虽然有着语言的自然属性，但如果我们运用巧妙，则可以创造出一种音乐美。所以，广告文案的声音美，是指它类似于动听的音乐，有着较强的美感吸引力。例如：

梳着秀发等你来——
你说，乌溜溜的头发，你最爱

> 我也期盼
> 每一次相聚
> 都使你觉得秀发美丽依然
> 情深如昔……
> ——高贵蛋黄洗发乳最能实现你的心愿

这篇文案中的"来"与"爱"押韵,而且进行了换韵,如"然"与"愿",读来既自然和谐,又有一种音乐美感。同时,这种音乐美感还具有强调意义和突出情感的重要功能。正如著名作家朱自清先生所说:"韵是一种复沓,可以帮助感情的强调和集中。"

三、广告文案语言的组合美

广告文案语言的形式美,更多地体现在语言的组合规律方面,如均衡、对称和节奏,等等。

先看对称或对仗。从美学上看,对称是均衡的一种特殊形式,表现在文学作品中就称为对仗。张思绪先生指出:"对仗又称对偶,又称仗对。对仗云者,犹如公府仪仗,两两相对,故曰对仗。对仗是格律的一部分。"

对仗在广告文案中有广泛的应用,其中尤以标题、广告语、POP 等最为突出。试看下面的例子:

> 猛虎一杯山中醉,
> 蛟龙两盏海底眠。
>
> ——某酒广告

> 见证历史　把握未来
>
> ——欧米茄手表广告

> 玩物岂真能丧志
> 居奇原只为陶情
>
> ——某文物店广告

对仗型文案有着独特的功能:第一,由于其上下联字数完全相等、词性相同,故显得整齐易记。第二,它创造了一种令人愉悦的音乐美,使消费者在享受美的时候,也连带对广告产品留下了美好而难忘的印象,在提高知名度和美誉度的同时,也就将市场占有率升至一个新的高度。

再说节奏。在日常生活中，我们经常感觉到日月星辰的来回运动，广阔海洋的潮起潮落，草木的荣枯，四时的代谢，情感波澜的起伏交替，社会矛盾的张弛有致……这种在自然界、人类社会和人的思维中出现的一种合规律性的反复，就是节奏。

节奏有多种形式，其中包括语言形式或组合美这种极为重要的存在形态。广告文案作为语言组合形式的一种重要构成部分，当然也可以创造出感人的节奏美。它主要有四种表现形式：

（1）轻歌曼舞式。它的句子往往较长，调式舒缓，适于表现一种恬静的或感伤的心情意绪。例如：

> ……那是在四月中的一天，苹果树的花盛开着，大地一片芬芳。那是近三十年前的事了，自从那一天之后，几乎每天都如此不变。
>
> 我们不能相信已经过了这许多岁月，岁月载着爱维和我静静地度过，就像驾着独木舟行驶在平静的河中，你并感觉不到舟之移动。我们从来未曾去过欧洲，我们甚至还没去过加州。我认为我们并不需要去，因为家对我们已经够大的了。
>
> 我希望我们能生几个孩子，但是我们未能达成愿望。我很像《圣经》中的撒拉，只是上帝并未赏赐我们奇迹，也许上帝想我有了爱维莱特已经够了。
>
> 唉！爱维在两年前的四月中故去。安静地，含着微笑，就和他生前一样。苹果树的花仍在盛开，大地仍然充满了甜蜜的气息。而我则怅然若失，欲哭无泪。当我弟弟来帮助我料理爱维的后事时，我发觉他在那么体贴关心我，就和他往常的所作所为一样。在银行中并没有给我存了很多钱，但有一张照顾我余生全部生活费用的保险单。
>
> 就一个女人所诚心相爱的男人过世之后而论，我实在是和别的女人一样心满意足了。

这是世界一流广告大师乔治·葛里宾为美国旅行者保险公司创作的一篇著名广告文案，也是他自己最为满意的作品。他曾满怀深情地说："广告上有一个女人的照片，啊，她看起来有 60 多岁，站在走廊上仰望着月光。我认为那是我所写过的最好的广告，并且全是由我自己的经验创作出来的。"这篇文案之所以让乔治·葛里宾如此自豪、如此珍爱，应该说原因很多，但其中重要的一条就在于他为了有效地表现出女主人公对其丈夫刻骨铭心的爱情和永远的怀念，有意识地选择较长的句式，让它体现出一种舒缓深沉的节奏，像潺潺流动着的一泓溪水。这种节奏与女主人公对故去的丈夫不尽的思念和深沉的感伤意绪取得了和谐的统一，引起了消费者强烈的情感共鸣，获得了极好的广告效果。

（2）急管繁弦式。与上引乔治·葛里宾创作的文案的舒缓节奏相反的，则是一种由较短的句子、急促的调子所构成的节奏，即急管繁弦式。例如：

> 我，不要一刻钟的名声，
> 我要一种生活。
> 我不愿成为摄像镜头中引人注目的焦点，
> 我要一种事业。
> 我不想抓住所有我能拥有的，
> 我想挑选最好的。
> 我不想出售一个公司，
> 我想创建一个。
> 我不想和一个模特儿去约会。
> **OK**，那么我的确想和一个模特儿去约会。
> 控告我吗！
> 但是我剩余的目标是长期的。
> 那是一天天做出决定的结果，
> 我要保持稳定。
> 我持续不断地重新解释诺言。
> 沿着这条路一定会有
> 瞬间的辉煌。
> 总之，我就是我。
> 但这一刻，还有更伟大的，
> 杰出的记录，
> 厅里的装饰。
> 我的名字在三明治上。
> 一个家庭就是一个队。
> 我将不再遗憾地回顾。
> 我将始终信奉理想。
> 我希望被记住，不是被回忆。
> 并且我希望与众不同。
> 只要行动起来。

上面的例子是耐克公司发布的一则企业形象广告文案。我们从中可以看到，它的语言十分明快，句式简短，在一种豪放、刚健的逼人气势中，显现出铿锵有力的急促节奏，使消费者有一种喘不过气来的汹涌澎湃的审美感受，可以说与"黄河西来决昆仑，咆哮万里触龙门"有异曲同工之妙。

（3）张弛有致式。与上面所论广告语言的两种节奏美相比，这种类型是一张一弛，交替地向前发展，显得比前两种更加复杂，更加富于变化，故一般说来对消费者有着更大的吸引力，如果它创作得较有独创性的话。试看下面的例子：

德国大众轿车 Volkswagan 广告文案

标题：妈妈，我不是故意的

内文：1994 年 10 月 15 日，星期六，凌晨两点。

车子由高志勇驾着，他今年 17 岁，血气方刚。车上另有一名前座乘客及一名后座乘客，他们都是志勇常聚在一起玩乐的好朋友。

车子是志勇向妈妈借来的，妈妈从来都没拒绝过他，只是每一回总是再三嘱咐志勇得小心驾驶，毕竟志勇还是个"新手"。车子正朝往牛顿小贩中心奔驰，大伙肚子都饿极了，准备到那儿大吃一顿。一个左转来到杜尼安路时，意外发生了。

经过一轮猛烈的冲撞之后，车子惨不忍睹，在那一刹那之间，志勇以为一切都完了。

幸好，那是福士伟根

是吉人天相也好，是大难不死也好，奇迹般地，志勇等三人皆平安无事，一毛无损。自行打开车门后，面面相觑，目瞪口呆。志勇这时最担心的是如何向妈妈交代。闯了大祸，妈妈一定不会原谅他，毕竟那是她心爱的车。

听妈妈怎么说

"当志勇来电通知我时，知道孩子们都没事，也就放心了，以为只是小意外。后来，看到心爱的车子时，我简直不敢相信自己的眼睛，我一点也不生气。谢谢福士伟根，救了孩子们一命。"

福士伟根，安全上路

生命可贵，岂可儿戏。德产福士伟根深明此理，因此在设计及制作每一部车子时皆以您的安全为首。超过 30 种不同的冲撞测试，以确保万无一失。车身结构的加强措施，前后左右的安全护撞区与防撞杆给予更大的保障，驾驶座安全气袋在紧要关头能化险为夷。

事实证明，福士伟根的安全措施绝非纸上谈兵。其高度驾驶乐趣更为同行所津津乐道，一经驾驶，必有所悟。

这是德国大众汽车公司在新加坡为 Volkswagan 轿车发布的一篇广告文案：先是高志勇向妈妈借大众轿车，载着常在一起玩的好朋友驰向牛顿小贩中心，准备大吃一顿，这是"弛"，接着写到一个左转来到杜尼安路时，意外发生了。经过一轮猛烈的冲撞之后，车子惨不忍睹，在那一刹那之间，志勇以为一切都完了，这是"张"。接着往下写道"是吉人天相也好，是大难不死也好，奇迹般地，志勇等三人皆平安无事，一毛无损，自行打开车门后，面面相觑，目瞪口呆"。这又是"弛"，可志勇他妈怎么对待这起车祸呢？"当志勇来电通知我时，知道孩子们都没事，也就放心了，以为只是小意外。后来，看到心爱的车子时，我简直不敢相信自己的眼睛，我一点也不生气。谢谢福士伟根，救了孩子们一命。"这又是"弛"。

从上可以看出，Volkswagan 轿车文案像优秀的小说和影视剧一样，张弛结合，缓急交替，与受众的心理节奏保持了高度的统一，时而急管繁弦，时而和风细雨，使消费者从中得到了极大的美感享受和心理满足，并在这个过程中牢牢地记住了 Valkswagan 这一汽车品牌。

（4）多样统一式。在广告文案中总是包含着不同的构成因素，这就是广告文案内容的复杂性和多样性。然而广告文案作为主体精心结撰的产物，绝非是无序的，而是由某一特殊的诉求点将它们予以有序组合，从而构成一个内部要素既有差异又协调统一的有机体。这种关系是通过作为形式的语言造就出来的，因而属于一种具有多样统一关系的语言形式美。它在广告文案中主要体现为两种不同的类型：

其一为非对立因素的统一。它是指主体将广告文案中众多的非对立的广告信息要素以特定的诉求点为核心聚集起来，构成一个复杂的整体。例如：

> 楠溪江，明媚秀丽的江，清澈的江流，明碧的深潭，如溶的柔波，具有漓江的风采；倚天的峰峦，飞泻的悬瀑，深入的洞穴，又有雁荡山的情怀。陶公洞，千仞绝壁，一洞中开，号称天下第十二福地。十二峰的造型各异，步移景换，犹如一卷神奇的写意画。啊，更有鲜美的鲜鱼，爽口的柚子，甜糯的板栗供您品尝。朋友，欢迎你来楠溪江旅游。

在上述文案中，作者紧紧抓住楠溪江的美丽迷人，游后必定乐而忘返这一广告主题，将楠溪江风景群的各个景点，如江流、峰峦、飞瀑、陶公洞和金色的柚子，构成一幅"神奇的写意画"。广告信息虽然很多，但都被广告主题紧紧地黏合在一起，成为一个统一的和谐整体。

广告文案中非对立因素的统一会产生一种和谐的形式美。正如亚里士多德所说："美与不美，艺术作品与现实事物，分别就在于美的东西和艺术作品里，原来零散的因素结合成为统一体。"应该说，这种见解是十分精辟的，因为他看到了事物正是由于纷杂才有了异彩纷呈，又由于有了统一才显得杂而有序，两者的结合就使人们易于产生美感愉悦。广告文案中众多要素的符号载体——语言之所以能给消费者带来形式美快感，也就是这个道理。

其二为对立要素的统一。它是通过相反因素的强烈对比，将广告主题揭示得格外鲜明，格外突出。例如：

　　　　　　　　它工作，您休息。
　　　　　　　　　　　　——凯歌牌全自动洗衣机广告

　　　　潮汐进去，污垢出来
　　　　　　　　　　——潮汐牌洗衣粉广告

上引文案中的"工作"与"休息"、"进去"与"出来"，都是对立的信息因素，作者巧妙地将它们组合在一起，使凯歌牌全自动洗衣机和潮汐牌洗衣粉的功能分外引人关注。例如，从洗衣机开始工作起，你可以放心地去休息、读书、看报、听音乐……它会自动地把洗衣的全部工作做得尽善尽美，令你完全满意。这样一对比，洗衣机的"自动"功能这一广告诉求点就十分鲜明地表达出来了，给广大目标对象留下了长久难忘的记忆，并从广告文案中信息因素的相反相成的陈述中得到了一种形式美感的心理满足。

之所以如此，是因为对立因素的统一组合会形成最美的和谐。古希腊著名哲学家赫拉克利特曾经指出："互相排斥的东西合在一起，不同的音调造成最美的和谐，如弓与六弦琴。"法国伟大的浪漫主义作家雨果在创作中对此也有深刻的体验："滑稽丑怪作为崇高优美的配角相对照，要算大自然所给予艺术最丰富的源泉……崇高与崇高很难产生对照……甚至对美也是如此。相反，滑稽丑怪却似乎是一段稍息的时间，一种比较的对象，一个出发点，从这里我们带着一种更新鲜、更敏锐的感觉朝着美上升。鲵鱼衬托出水仙，地底的小神使天使显得更美。"

上引两段论述告诉我们，广告文案中相反因素的同时陈列，会使创作主体所强调的东西更加引人注意，并从中体验到一种强烈的形式美感，从而获得更大、更好的广告效果。

第三节　广告语言的修辞艺术

要使广告文案的语言具有更强的表现力，还必须十分重视修辞艺术的灵活运用。我们这里所说的修辞艺术，是指广告文案撰稿人在创作文案的过程中运用特殊方法对语言进行一种美化处理，使其具有比一般语言表达方式更好的传播效果和经济回报。

广告语言的修辞方法十分多样，有的是对文学创作和一般文章的借鉴，有的则是自身创造出来的，这里着重论述后面一种类型，同时兼顾前面一种类型。

一、反讽

反讽是西方历史上最为悠久的修辞概念之一，它来自希腊文，原意系指喜剧中一种"佯装无知者"的角色类型，即在对手面前假装糊涂，说话傻里傻气，但最后却总是证明真理还是掌握在他的手上，从而使对手大出洋相之类的人物。在历史发展过程中，反讽的含义逐渐发生了一些变化，获得了"讽刺""嘲弄"等新的所指。

不仅如此，人们还把它置于两个不同的领域予以把握和研究：其一是把它作为文学创作的基本原则，如德国浪漫主义文学理论家施莱格尔就认为反讽是"认识到一个事实，世界在本质上是诡论式的，一种模棱两可的态度才能抓住世界的矛盾整体性"。作为 20 世纪最有影响的文学理论流派之一的英美新批评派，比以往任何时候都更重视这一概念。该流派郑重地指出，必须承认诗是一种既非一又非二的难以确定一个如科学文本那样的唯一正确的文本类型，表现在一个诗人创作时不仅要考虑经验的复杂性，还要考虑语言不完全受主体控制的自主性，当作家要赋予某个语词以某种含义时，总要借助语境的作用对它进行持续的修正，使语词在语境压力下发生扭曲性的意义变化。

对反讽的另一种理解则是把它作为一种语言修辞技巧来研讨和应用，如著名学者布鲁克斯就认为反讽是"语境对于一个陈述语的歪曲"。这表明，从修辞学的角度看，反讽实际上是指一种陈述的实际意义与它的表层意义相矛盾。

广告文案作为使用语言传达广告构思创意以求获得经济利益的商业文本，也同其他以语言符号表达主体思考的文本形式如新闻、文学等一样，也要运用反讽修辞技巧，力求以这种新异的表达形式吸引广大消费者对文案自身和广告产品的注意，从而达到出色的广告效果。例如：

"这么大，小一点更好！"

——墨罕哈森，洗车工人

"这么多安全设备干嘛？"

——林源顺，源顺车厂

"它害得我很惨！"

——欧福美，欧福美加油站

"它令我很不舒服！"

——达盛，敌对车行

"太快了，我不喜欢！"

——叶小倩，87 岁

上引案例系日本尼桑汽车系列广告的标题。从中可以看出，这些标题的表面意义无一不是对尼桑汽车的指责和批评，但它的内在意义——无论是广告文案作者赋予的意义还是消费者的理解——却都是对尼桑汽车的卓越性能的陈述。例如，欧福美加油站所说的"它害得我很惨"，这句话表面是抱怨尼桑车使加油站的生意清淡，赚不到钱，但文案作者将此语引来作为广告标题，却使它在新的语境的压迫下改变了其意义，即在作品和消费者头脑里，这句话表示尼桑车具有十分省油的独特功能。所以，尼桑汽车这一广告标题的表层意义就与其陈述的实际含义存在冲突和矛盾，表明它是反讽修辞手法的成功运用。

广告文案创作者之所以要运用反讽，主要是由于它有意制造语义之间的矛盾，强化它们的张力，使其与那些陈腐老套、平铺直叙（如只知道正面陈述产品性能、功效等）的文案拉开距离，显得出类拔萃、卓尔不群。

心理学家认为，新颖奇特的事物或现象容易引起人们的注意，而反讽修辞就使语言表述不同寻常而具有很大的新异性，易于引起消费者的兴味和关注，进而获得良好的广告效果。

二、镶嵌

所谓镶嵌，是指将广告信息要素如广告主企业名称、品牌名称或与产品有关的语词，以整体或拆散的形式分别嵌入文案的某些部分（标题、正文或广告语）之中，产生一种趣味盎然的巧妙无比的感受。

广告文案中的镶嵌主要表现为两种不同的类型：

（1）整体镶嵌。它是指将广告信息要素（如企业名称和产品品牌）不是分拆开来，而是完整地嵌入文案某些部分。例如：

万事俱备，只欠东风。

——东风汽车户外广告

六神有主，一家无忧。

——六神花露水广告

与爱人同行，永久最好。

——永久自行车广告

迎燕空调，冷静的选择。

——迎燕空调广告

小骆驼跨进大上海。

——江苏骆驼电扇广告

聪明人选"傻瓜"。

——长城比特桌面印刷系统傻瓜软件广告

上引文案告诉我们：第一，并非任何句中有企业名称、品牌名称的都是镶嵌，只有那些巧妙有趣或一语双关的嵌入成分，才能说是真正的镶嵌。例如，奥琪防晒霜广告"奥琪晒不黑，让你在阳光下陶醉"，其中的"奥琪晒不黑"就不是修辞学上所说的镶嵌，而是没使用修辞手法的普通广告。只有那些趣味盎然的巧妙之作才是真正的镶嵌，如"聪明人选'傻瓜'"，前一部分与后一部分，表面看来是矛盾的或者是不可能的，但当读过附文之后，消费者才明白了其中的奥妙，原来"傻瓜"竟是长城比特桌面印刷系统软件的品牌名称，这时消费者就会发出会心的笑声。

第二，整体镶嵌部分常常利用它的名称构成一语双关，如"与爱人同行，永久最好"，其中的"永久"既是自行车的品牌名称，又意味着对天长地久的爱的追求与企盼。所以，"永久"这一镶嵌部分，不仅表示"永久"是与爱人同行的最好工具，而且是对爱情永恒的美好祝福，这就一方面宣传了广告产品的优异功能，另一方面又以美好的祝愿赢得了消费者的好感，从而以购买行动作最好的回报。

（2）分散镶嵌。它是指将特定的广告信息，如企业名称、品牌名称或有关产品的语词，进行巧妙的分拆，拆开了能独立完成句，读后又可将镶嵌部分予以还原。请看下面的例子：

惠天下宾客，
罗中外名品。

——上海惠罗公司广告

年年岁岁雪相似，
岁岁年年豹不同。

——雪豹皮衣广告

家家获益，

事事利民。

——上海益民百货股份有限公司

由上可见，分散镶嵌与整体镶嵌的不同之处在于，前者至少要有两个句子安置镶嵌部分，后者一般有一句就可以了；前者讲究的是某一广告信息分拆后的名字必须在相同的位置，第一句的某字在句首，第二句的某字也应在句首，如"康乐人生，佳品纷呈"就将"康佳"这个品牌名称拆开之后都置于句首，句尾、句中皆可类推，如上海益民百货股份有限公司的"家家获益，事事利民"，就将"益民"二字分拆后放在句末，而"雪豹"就分别放在句中的第五字位置，如果上一句是第五字，下一句为第六字就不好了，因为位置的混乱势必导致消费者看不出该文案是在运用镶嵌手法，也就不会由于巧妙引人注意广告文案和广告作品了。

最后还要强调一点的是，无论是哪一种镶嵌方式，都要自然妥帖，不露人工斧凿的痕迹，任何牵强附会必然会导致广大消费者的不快，其结果是比不用镶嵌修辞手法更为糟糕。

三、回环

在广告文案创作中，回环也是使用频率很高的一种重要修辞手法。它是指文案中传达广告信息的两个句子的构成成分（词语）相同或相似，但词序却恰恰相反。试看下面的例子：

清凉一夏，一夏清凉。

——娃哈哈绿豆汤广告

万家乐，乐万家。

——万家乐热水器广告

选择黄金，黄金选择。

——某首饰店广告

长城电扇，电扇长城。

——长城电扇广告

上引案例表明广告文案中的回环具有下列几个特点：

第一，它一般用在标题和广告语的撰写上，可使标题或广告更为有力，在巧妙的表达中激起消费者对广告文案和广告产品倾注关心之情，为广告效果的优异创造了一个有利的条件。

第二，它往往与其他修辞手法联合起来使用，比单用回环效果更好。如"选择黄金，黄金选择"一例，第二句中的"黄金"一词与第一句中的"黄金"含义不同，表示"最佳""最好"的意思，用的实际上是"黄金"一词的比喻义——因为它在人们心目中被视为最贵重的东西之一，因而获得了"最佳、最宝贵"的意义，如将一生中最好的、最值得珍惜的年代称为"黄金岁月"，还有"黄金水道"、"黄金海岸"之类的说法。因此，"选择黄金，黄金选择"实际上是回环与比喻的联用，可以说达到了双倍增色的效果。

第三，广告文案中的回环往往不是过分拘泥于它的定义，而是经常作出某些灵活的变通。如"你喜欢七喜，七喜也喜欢你"，就不符合严格的回环定式，因为第二个句子中间加了一个"也"字，用来表示广告主对消费者的厚爱之情，尤其是强调广告主、产品与消费者之间相互关爱之意，所以更加强化了广告文案的传播效果。

四、顶针

广告文案中的顶真辞格，是指将前句中的最末一词或短语作为后一句的开头部分。例如：

人生得意须饮酒，饮酒请用绍兴酒。

——浙江绍兴酒广告

购物是享受，享受到燕莎。

——北京燕莎友谊商城

世界愈来愈依赖电脑，电脑愈来愈依赖"斯切拉特斯"。

——斯切拉特斯软件公司

骆驼进万家，万家欢乐多。

——江苏骆驼电扇广告

生活需要光明，光明家具给你带来温馨！

——光明家具广告

广告文案中顶针的特点在于：首先，它是出于创造一种快节奏的需要而运用的，即是说，顶针具有节奏较快的特征。其次，广告中的顶针还具有较强的气势，以加大刺激力度，让消费者对广告产品引起高度注意，从而激起他们购买本产品的动机和行为。再次，由于文案中前一句与后一句有重复交叉之处，故易于被消费者识记而难以忘怀。

总之，在广告文案创作中运用顶针技法，必须抓住它的特点，按规律创造出一种较快的节奏，以强大的气势去震撼消费者的心灵，尤其要把句与句之间重复交叉的部分写得自然天成，不要让消费者产生勉强拼凑之感。

五、仿拟

仿拟是广告文案中令消费者感到极有兴味的一种重要修辞方式。它是指创作主体仿照现成的诗词、成语、谚语、流行歌曲等语句而予以别出机杼的改动，从而创造出一种与原有文词有关联的新句子。其主要形式有下列几种：

第一，仿诗词曲赋。它是仿照古今中外的韵文而写出的篇章。例如：

年年岁岁雪相似，岁岁年年豹不同。

——雪豹皮衣广告

此时无形胜有形。

——博士伦隐形眼镜广告

此景只应天上有，人间难得几回闻。

——旅游广告

数中央空调，还看开利。

——开利中央空调广告

众里寻她千百度，蓦然惊醒。
杉却在，我心灵深处。

——杉杉西服广告

筑绒地毯，宜室宜家。

——某地毯广告

投之以桃，报之以利。

——春兰股票广告

可以看出，上面例句所仿对象，上自先秦文学经典，下至现代诗词，其范围异常广泛，如"筑绒地毯，宜室宜家"就仿自《诗经》中的《周南·桃夭》——"桃之夭夭，灼灼其华。之子于归，宜其室家"。作者将"宜其室家"改为"宜室宜家"，以表示筑绒地毯确为良好的居家设施，能给你带来无比的舒适和温馨，既有一定的雅兴，又与广告诉求点结合得自然妥帖，因为地毯本身就具有雅致的特点，故此文案运用仿拟相当成功。

第二，仿文。就是依照古今散文、论著中的句子，一般为脍炙人口的名句。试以下面的文案为例：

先天下之"优"而"优"。

——某家电广告

湖光与山水相映，碧水与山庄相辉。

——某别墅广告

"先天下之忧而忧"出自宋代范仲淹的著名散文《岳阳楼记》，是历代传颂的名句。作者将其中的两个"忧"字均改为"优"，以表明某品牌的家用电器是一流产品，从而一方面契合了广告文案的诉求点，另一方面又让消费者感到巧妙有趣，在愉快的享受中对广告产品留下了深刻的印象。

第三，仿成语谚语。请看下面的例句：

"闲"妻良母。

——台湾地区某洗衣机广告

常备不"泻"。

——神奇止泻药广告

对"痘"下药。

——台湾地区某护肤霜广告

民以食为天，食以味为先。

——某风味小吃广告

趁早下"斑"，请勿"痘"留。

——某药物化妆品广告

車到山前必有路，有路必有豐田車。

——日本丰田轿车广告

　　对成语和谚语的成功仿拟，有着极好的传播效果。如台湾地区某洗衣机广告文案"'闲'妻良母"，以其文词运用巧妙而在广大消费者中产生了口碑效应，以至成为广告文案中的经典名句而被经常引用。

　　第四，仿拟流行歌曲的歌词。流行歌曲的传唱主体多为青少年，优秀的流行歌曲几乎令他们如痴如醉，因此，如果是以青少年群体作为广告产品的目标对象，那么仿拟他们耳熟能详的流行歌曲，其效果往往很好。例如：

特別的美屬於特別的您！

——某化妆品广告

關心你的人是我。

——某医院义诊广告

　　"特别的美属于特别的您"是以流行歌曲《特别的爱给特别的你》为蓝本而仿拟出来的，它把"爱"改为"美"，把"给"点化为"属于"，是相当确切而巧妙的，因为化妆品的美容效果从"美"字中得到了突出的体现，从而使广告文案的主题得到了强调，并受到了消费者的关注。

六、同字

　　同字是一种能有力促进表达效果的十分重要的修辞手段。它是指在广告文案几个句子的首尾或中间的一定部位用上相同的字。

　　第一，开头部分的字相同。例如：

愛就把它打入冷宫，愛就冷冷地對待它。

——台湾地区某空调广告

在空中，我們叫它降落傘，
在陸地，我們叫它充氣袋。

——美国充气袋广告

更乾，更爽，更安心。

——美国宝洁公司护舒宝妇女卫生巾广告

第二，结尾部分的字相同。例如：

让你靓，让您嫁得靓。

——美洲时报花嫁时装广告

百年老店老介福，洒下人间都是福。

——杭州名店老介福广告

泻立停，泻立停，一吃泻就停。

——泻立停泻药广告

喜上加喜，人人欢喜。

——红双喜香烟广告

人生得意须饮酒，饮酒请饮绍兴酒。

——浙江绍兴酒广告

第三，置于句中的字相同。例如：

一人吃，两人补。

——台湾地区新室纳多孕妇补品广告

早一天使用，迟一天衰老。

——扬州康丽娜抗皱美容霜广告

人有我优，人无我有。

——国光 **PR97OS** 存折打印机广告

一夫当关，万夫莫开。

——上海鱼牌挂锁广告

只溶于口，不溶于手。

——美国糖果公司巧克力豆广告

上面的系列案例告诉我们，无论是在句首、句尾还是在句中运用相同的字，都必须注意以下两点：

首先，不能拼凑，应力求自然易记，如"只溶于口，不溶于手"就仿佛天造地设，毫无牵强之感，又由于中间"溶于"两字相同，故消费者很容易记住这两句广告词。

其次，要通过相同的字的重复使用，强调产品的主要功能或广告文案的主题。如"泻立停，泻立停，一吃泻就停"，末尾三个相同的"停"字，就起了一种反复强调"泻立停"的速效止泻功能的重要作用。事实上，这个"停"字确实引起了消费者的高度注意，有着良好的传播效果。

思考题

1. 广告文案语言的特征。
2. 广告文案语言的形式美有何种功能？
3. "张弛有致"对广告文案效果有何价值？
4. 为某产品写一篇文案，使其具有"急管繁弦"的特点。
5. 用"镶嵌"手法为某产品写一篇文案。
6. "仿拟"对广告文案创作有何意义？

第九章　广告文案的体裁分析

广告文案的形式，一方面受到广告信息和内容的制约，另一方面它又可以反作用于内容，有些还有某种相对独立的审美价值，因而其能动性是决不能忽视的。

广告文案体裁无疑是形式中最重要的因素之一。这里所谓的体裁，是指广告文案的表现样式，犹如服装中的西服、夹克、制服等式样，每一种都有其特殊要求和特殊规定性。如果掌握了这些重要体裁的规律，就可以撰写出优秀的广告文案。

广告文案的体裁样式十分复杂，但不外乎两大类型，即文学型文案体裁和说理型文案体裁。

第一节　文学型文案体裁类型

文学型文案的各种体裁都有一个共同的特征，那就是它们都必须服务于形象的刻画和情感的表达，但每一种具体样式又有着其他样式不可替代的特殊性。而掌握这种特殊性对于我们创作出某一具体文案无疑有着十分重要的意义。

一、微型小说体

微型小说又称小小说，是一种利用虚构的简单情节，表达一定主题，篇幅很短（一般只有几百字）的小说种类。在广告文案创作中，撰稿人经常利用这种艺术形式传达一定的广告诉求意念。由于这种体裁的情节集中、有趣，不作较长的铺排，故显得精练简洁、意趣盎然，对消费群体有着相当大的吸引力，广告效果也较突出。例如：

合浦还珠记

赵先生四十多岁了，膝下只有一个十几岁的儿子，名叫龙官。前几天不知怎么走失了。这一来可把赵先生和赵夫人急坏了，除了报警侦查之外，东去求神，西去问卦，乱哄哄闹了几天，还是一点没有下落。后来遇到他的老友黄先生，叫他去登一条分类广告，如果遇到有恻隐之心的君子，不难珠还合浦。赵先生照了他的话去做，果然不到几天，他的儿子由一位金老先生送来了。原来他的儿子那天出外游玩，迷失了路途，幸喜遇到这位金老先生，将他带回家。

因为龙官年纪太小，说不清楚，金老先生只得留下，正在设法找他的家属的下落。偶然看了广告之后，所说的年岁、相貌、名字，与他收下的小孩子一样，所以就送他回去。赵先生欢喜非凡，除了感谢金老先生之外，并感激老友黄先生不尽，因为这个法子，是他告诉他的啊！

这个文案的故事情节相当单纯，描写和叙述也是粗线条的轮廓勾画，但主题却很突出，那就是广告对于人们的生活、对于排忧解难，都有着十分重要的意义。

微型小说体广告文案的撰写，主要应注意下列几点：第一，作品主题必须是一种广告意念，如传达产品功效，塑造品牌形象，或者广告的广告——揄扬广告的社会功能，以吸引更多的人去登广告，等等，否则就成了纯文学作品了；第二，情节简单、生动；第三，篇幅短小精练，切忌冗长拖沓。

二、散文体

在文学体裁的类型中，散文可以说是最为复杂的一个系统，而且它在不同的历史时期有着不尽相同的含义。正如著名文学家朱自清先生所说："散文的意思不止一个。对骈文说，是不用对偶的单笔，所谓散行的文字。唐以来的古文便是这东西。这是文言文里的区别，我们现在不大用得着。对韵文说，散文无韵；这里所谓散文，比前一义所包广大，虽也是文言里旧有的分别，但白话文里也可采用。这都是从形式上分别。还有与诗相对的散文，不拘文言白话，与其说是形式不一样，不如说是内容不一样……按诗与散文的分法，新文学里小说、戏剧（除掉少数诗剧和少数句中的韵文外），'散文'都是散文。论文、宣言等不用说也是散文，但通常不算在文学之内——这里得说明那引号里的散文，那是与诗、小说、戏剧并举，而为新文学的一个独立部门的东西，或称白话散文，或称抒情散文，或称小品文。"在这里，朱自清先生对散文这一概念，从历史到现实，从古文到白话文，都作了精辟的考辨，对于我们正确地理解散文这一概念，无疑有着深刻的启示意义。

我们认为，所谓散文，是一种建立在真实表现的基础上（同于新闻真实——必须与事物或现象相契合），通过描写、叙事、抒情等手段来表达主体的审美情思，不受韵律约束的最灵活、最自由的文学体裁。它大体上包括艺术散文、文艺通讯、回忆录、人物传记、报告文学等。

散文与小说、戏剧文学的显著区别，在于前者一般不要求完整的情节和突出的人物形象，往往通过某些实际发生过的生活片断的描述来表现主题；而它与诗歌的区别则主要体现在不分行、不押韵，也不像诗歌那样集中，可长可短，表情达意比较自由。

与纯文学散文相比，广告文案中的散文体在种类上不如前者丰富多样，它一般以抒情、叙事性艺术散文为主，报告文学用得较少，许多体裁几乎不用。例如：

　　在莽莽苍苍的完达山下，烟波浩渺的兴凯湖畔，有一座青山环抱的县城——密山，甜蜜的山！每当金秋季节，漫山遍野熟透了的山葡萄、紫梅、金梅，万紫千红美不胜收。以野生山葡萄和各种山果为原料酿成的葡萄酒，更是盛名传南北，香飘万人家。近年来，密山县葡萄酒厂的味美思、双瑰酒在全省评比中质压群芳，名列榜首。

　　饮一杯密山葡萄酒吧，你会感觉密山人炽热的情怀，喝一口密山葡萄酒吧，您会感谢完达山的奉献！啊，朋友，当您在喜庆的筵席上祝酒的时候，当您在节日欢聚的气氛中干杯的时候，请别忘了，完达山下，兴凯湖畔，诚挚好客的密山人，回味绵长的密山酒……

　　这是黑龙江省密山葡萄酒厂发布的一篇艺术散文体广告文案。它的前半部分主要是写景叙事，以优美的笔触创造出一个动人的艺术境界：那里群山耸峙，烟波浩渺，漫山遍野的山葡萄等，万紫千红的花朵……这些都令读者心灵涌起强烈的美感愉悦，由酒的产地的美联想到"味美思"的醇香甘洌、回味绵长，产生了难以忘怀的美好印象，使广告传播卓有成效。后半部分则是一种强烈的抒情，进一步渲染了密山人对消费者的美好祝福，将艺术表现推向一个更高的境界。

三、报告文学体

　　现在，报纸杂志上发布报告文学式的文案已呈日渐增多之势。

　　报告文学是介于新闻与文学之间的一种交叉边缘性重要文体。首先，报告文学必须恪守报告性即新闻真实性，要求其中的情节和细节完全符合客观对象和事件的本来面目，不允许任何虚构和不实之词。其次，它还具有较强的文学性，运用创造形象、创造典型的方式，运用行为描写、语言描写、肖像描写、景物描写及抒情等表现手段，选择典型性的情节和审美意象，或重在写人，或重在写事，或两者兼而有之，使读者一方面能客观地了解某种真实的社会图景，另一方面也可从中得到一定的美感享受。

　　报告文学体广告文案与纯文学中的报告文学在内容上差别很大，前者一般以树立企业形象为目标，侧重于用典型化的情节揭示广告独特的企业理念、企业文化和CIS（Corporate Identity System）的内涵（如企业行为模式、视觉形象等），并且突出企业的经营业绩、创新意识和对消费者的关爱意识，有时还特别强调企业艰难而又辉煌的发展历程以及强烈的忧患意识和民族主义、爱国主义精神等。例如，广东科龙电器有限公司曾在《中国青年报》发了一篇整版报告文学式的广告文案，它首先回顾了科龙公司极其艰难的创业之路，当时这个仅有几个人的小厂，硬是用手工敲打的原始方式，呕心沥血，殚精竭虑，终于敲出了第一台冰箱，但由于没有生产许可证，产品就不能上市，只得四处奔波……经过十几年异常艰苦的奋斗，终于获得了超常规的发展，取得了极大的成功，其拳头产品科龙冰箱成为市场畅销不衰的名牌产品，并且从当初的单一产品向系列化发展，品牌延伸战略获得了预期的胜利，现已成为中国最大的家电生产基地之一。

特别需要指出的是，在文案的后一部分，作者还着力突出了科龙公司反潮流的勇气和可贵的民族主义精神，其典型情节就是在国内很多著名企业让外商控股，著名品牌销声匿迹的局势下，国际著名工业巨头纷纷到科龙公司寻求合作，企图控股，然而都碰壁而归。因为科龙人决心要凭自己的实力和智慧，使自己的产品成为国际著名品牌，不需要借助外国品牌就可以达到自己的目标。

这篇报告文学式广告文案刊出后，在社会上激起了强烈反响，人们不仅全面把握了科龙公司的企业理念、奋斗历史和辉煌业绩，而且更重要的是为科龙人的铮铮硬骨和雄心壮志而感到自豪，表明广告为科龙公司树立了良好的企业形象，同时也为其系列电器产品源源不断地售出提供了坚实的基础和强大的动力。

至于纯报告文学的内容却与上面所说的基本不同，它们一般不涉及广告信息方面的内容，其题材领域较报告文学式广告文案宽广得多，它广泛地涉及社会生活的一切领域，如人性、教育、科学、工农业生产、文化艺术、爱情婚姻、军事外交，等等，而且其主题也更加丰富多样。在艺术形式上，两者差别不甚明显，在塑造形象、安排结构等方面十分相似，差别主要表现在语言意味上，纯报告文学的语言没有商业化的功利色彩，而报告文学式文案总是或显或隐地指向企业的经济效益方面，如市场占有率的提高和产品销售额的增加等。

四、诗歌体

在各种不同媒体发布的文学型广告文案中，诗歌体所占的比例是相当大的。应该说，这与诗歌所具有的音乐美感有着极为密切的关系。诗歌体文案作为一个大类，其具体的表现方式又是十分复杂的，如自由诗、古典诗（包括古诗和格律诗）、词等。

（一）自由诗体

自由体诗歌文案在各种不同的诗歌形式中运用得最为普遍，这是因为它没有古典诗词所要求的严格的格律，句子可长可短，表现形式上拘束较少，自由较多，符合消费者的阅读和欣赏要求，因而受到他们的欢迎和厚爱。试看下面的例子：

> 标题：留一盏灯，给不夜的星星
> 正文：向所有的人道过晚安
> 　　　灯火就沉沉入睡了
> 　　　独留落单的星星
> 　　　遍寻不着共游的灯火……

且点一盏灯

点上无尽的诚挚和期待

邀约不夜的星星聆赏

黎明的早天

飞利浦自然色日光灯

为不夜的星星点上一盏知心的灯

飞利浦自然色日光灯广告文案不仅分行押韵，更重要的在于它采用的是现代白话文，精练、优美但却表现得很潇洒自如，毫无拘束，是一首意境深邃、温馨亲切的优秀自由诗文案，取得了极好的传播效果。

（二）古典诗体

古典诗体是指作者借鉴中国古代诗歌的表现方法，如文言句式、平仄、对仗、起承转合的结构等而创作出来的广告文案。古典诗歌体广告文案又可分为古诗体和格律诗体两种不同的类型。试看下面的例子：

慨当以慷，忧思难忘。

何以解忧，唯有杜康。

——河南杜康酒广告

久旱逢甘霖，他乡遇故知。

洞房花烛夜，金榜题名时。

——中国台湾远东百货公司广告

湖笔争传一品王，

书来墨迹助堂堂。

蓼滩碧浪流新韵，

空谷幽兰送远香。

垂统以还二百二，

求精当作强中强。

宏文今日超秦汉，

妙手千家写文章。

——湖笔王笔店"王一品斋"广告

河南杜康酒厂的广告诗系从曹操的著名诗作《短歌行》中摘录而成。杜康是传说中的酿酒大师，曹孟德诗中的"杜康"用的是一种借代手法，以酿酒大师之名泛指酒类。而河南杜康酒厂却用杜康来为自己的酒命名，并摘引曹公名诗来作广告文案，其巧借大师、巧借名著的创意，相当高明，对广告文案创作有着十分重要的启示意义。

与杜康酒这一古体诗广告文案不计平仄、不用对偶相比，下面的两个文案则是按固定的对仗、平仄格式创作出来的。湖笔王笔店"王一品斋"的广告诗，原系郭沫若 1961 年为祝贺我国最早经营湖笔的名店"王一品斋"创建 220 周年而作，因郭沫若是当代文化名人，因此，生产厂商将此七言律诗用来作广告文案，从而大大提高了该店的知名度和美誉度，销售额也获得了大幅度增长。

（三）词体

词作为中国文学史上最受读者喜爱的文学体裁之一，萌芽于盛唐，至晚唐五代其形式已趋成熟，两宋时则名家辈出，臻于极盛，成为中国文学史上又一个不可企及的高峰，并因此而被誉为宋代文学的代表性文体。

词在句式上有长有短，故又称长短句。但这种长短句又是高度规范化的，如同律诗一样在各个方面都有极严格的规定，其规定性以词牌的形式体现出来。词牌规定了该词总的句数，每一句的字数多少，每一字的平仄以及押韵要求。词人就按这种创制的词牌规定进行创作。与格律诗一样，创作主体只要掌握了词的规律，尽管体制森严，照样可以笔走龙蛇，自由挥洒。

词以其长短不齐的句式，创造出了参差错落、别具一格的或雄奇豪放或婉约温馨的艺术美，至今仍令无数读者激赏不已，有着永恒的艺术魅力。所以，即使在西方形形色色的文化形式充斥各种媒体的今天，赋诗填词仍然成为人们托物言志的一种高雅之举。这样，广告文案中运用它来感动消费者以促销产品，也就毫不奇怪了。

几十年前，著名剧作家吴祖光先生创作的话剧《风雪夜归人》即将演出之际，撰稿人为它精心创作了一首意境优美的词来作广告，取得了极佳的效果。几十年后，同在上海，又有文案撰稿人为申花电器集团创作了一篇热情洋溢的词广告：

金缕曲·贺新春

又到除夕夜，

欢声喧团圆饭桌，

春满人间。

最是味美肴佳处，

儿女情愫难遣。

望神州同此丰宴。

欲把"申花"比暖锅，

煮一腔热情诚奉献。

> 枉有涯，
>
> 意无限。
>
> 来年风物胜今岁，
>
> 犹记取闻鸡起舞，
>
> 发愤自勉。
>
> 前路春风正浩荡，
>
> 知否雄心未减？
>
> 幸有赖诸君相连。
>
> 市场经济火融融，
>
> 巧制作还把珍馐添。
>
> 齐抖擞，
>
> 再领先。

可以看出，作者按照《金缕曲》这一词牌的特殊规定，如句子数目、句的字数、平仄和押韵规律等，结合申花电器的广告信息要素，创作出了一篇成功的词体广告文案。因为它不仅让消费者读来别有一番雅兴，从中获得一种和谐的美感享受，而且更重要的是让人们领悟到它的主题意念——申花人决心发扬祖逖闻鸡起舞、自强不息的拼搏精神，要在新的一年里为广大消费者作出更大的奉献。

总之，申花电器巧妙地利用最受消费者喜爱的文学体裁之一的词来创作广告文案，又巧妙地利用"天时"即中国人最重视的传统的新春佳节，来向消费者致以美好、诚挚的祝愿，为其树立良好的企业形象。

五、戏剧体

在文学体裁的"四分法"中，戏剧文学是与小说、散文、诗歌比肩而立的一种重要文学形式。戏剧文学又称剧本，是一种以人物台词为基本表现手段，集中反映矛盾冲突的文学体裁，其种类繁多，如按表演形式分类，可分为话剧、歌剧、戏曲等；如按场次和篇幅分类，可分为独幕剧与多幕剧；如按剧中内容分类，可分为悲剧、喜剧和正剧；如按媒体分类，则可分为电视剧、广播剧与舞台剧等。

在广告中，创作者不仅善于利用小说、散文、诗歌等样式，还经常借鉴戏剧文学体裁撰写文案。戏剧文学体裁文案与戏剧文学有同有异，其相同之处在于：二者都是一种代言体，主要通过台词来展开戏剧冲突，刻画人物性格和展示主题。不同之处则在于：第一，戏剧文学体裁文案一般不用悲剧形式（除极少数恐怖广告外），因其以推销商品为基本目标，故必须以颂扬、欢乐为基调；第二，戏剧体广告文案大多出现在广播电视媒体广告中，一般不在平面广告中出现；第三，戏剧体文案篇幅短小，既不能与独幕剧比，更不能与多幕剧比；第四，戏剧体文案都要或显或隐地传达广告信息（产品、服务或企业形象等方面），而纯戏剧文学则与此无缘；第五，戏剧体文案中所表现的矛盾冲突、张力式样都较戏剧文学弱得多。

（一）话剧体（广播剧式）

话剧文学是近代从西方引进的戏剧艺术样式，它主要靠人物语言和括号中的舞台提示来展开情节和戏剧冲突，以表达创作主体对社会生活的审美思考。话剧被引进广告文案，主要用在广播广告中，常以广播剧的形式出现在消费者面前。与一般话剧相比，广播剧中解说（旁白）用得较多，这和它只有有声语言而没有视觉形象，而有些东西又无法用台词表达出来有关，因而必须借助于旁白来介绍、补充、提示某些重要的广告信息，例如：

　　人物：

　　　　蒋加伦：中国海洋生物学家。

　　　　彼德·沙拉文：医生。

　　　　司呆儿：物理学家，蒋加伦的朋友。

　　　　伯克：澳大利亚生物学家。

　　解说：狂风巨浪……（音乐）

　　　　伯克：船要翻了，加伦，你看怎么办？

　　　　加伦：快！扣紧救生衣，快跳海！

（狂风巨浪声、跳海声、游水声）

　　解说：（直升机声）这是一个真实的故事。1983 年 2 月 3 日，国家海洋局第二海洋研究所助理研究员蒋加伦和澳大利亚生物学家伯克，驾驶一只小艇，在南极爱丽丝海峡考察，不幸遇难落水。

（混播：飞机飞行员的呼号：戴维斯站，发现伯克和蒋加伦先生！发现伯克和蒋加伦先生，请指示，请指示！）

　　地面：马上救人！马上救人！

　　他们冒着狂风在-15℃的水中搏斗了半个小时才爬上岸，他们在冰天雪地中等候了 5 个小时，才被直升机搭救到戴维斯站医务室。

　　伦：（声音微弱）我的手和脚都没有知觉了。

　　医生：你的手和脚全发黑了！严重冻伤！要作好截肢的思想准备！

　　伦：（自语）怎么办？难道只有截去手指和脚趾这一条路吗？不！不！不能！我不能将我的手指和脚趾留在南极！哎，我出国前在杭州买了一瓶孔凤春珍珠霜。它的说明书上写着：能生肌润肤，促进皮肤的新陈代谢！

　　解说："蒋加伦每天坚持三次涂搽孔凤春珍珠霜。不久，他的手和脚有知觉了，皮肤也红润起来了。严重冻伤的手脚奇迹般地得到了恢复，这真乐坏了这些在冰雪世界上孜孜追求事业的人们！

医生：奇迹！奇迹！没有想到杭州孔凤春珍珠霜有这么大的作用！

伦：我也没想到孔凤春珍珠霜能使我的手脚起死回生。以后我们再来南极，要多带些杭州孔凤春珍珠霜！

从上面的案例中可以看出，要写好话剧体广告文案，应该注意下列几个问题：第一，要列出剧中人物表，其中包括姓名和身份、职业等。第二，要抓住基本的戏剧冲突，如上例中人与自然的对抗：南极爱丽丝海峡的狂风巨浪将中澳联合科学考察团的小艇掀翻了，半小时的水中挣扎和五个多小时的营救，使蒋加伦手脚失去知觉，他面临着截肢的巨大痛苦。这种紧张冲突就产生了吸引消费者高度关注文案的艺术魅力。第三，要恰到好处地运用旁白来补充交代台词不易表达的某些信息，如本文案故事发生的背景：1983 年 2 月 3 日，中国海洋研究专家蒋加伦与他的澳大利亚同伴，驾驶一只小艇去南极爱丽丝海峡考察，不幸落水……这就把故事发生的经过、来龙去脉交代得一清二楚，让消费者对该文案的梗概有一个全面的了解。第四，要把情节与文案的主题结合起来，即杭州孔凤春珍珠霜具有极好的舒经活血、生肌润肤功能，乃至于使蒋加伦准备截肢、濒临坏死的手脚起死回生。广告产品有如此神奇的功效，必然使消费者对它分外关注，广告的优异效果也就不难产生了。

（二）戏曲体

中国传统戏曲是世界戏剧领域中一种极具独特性的种类，它把唱、做、念、打有机地结合起来，注重表演的程式化和虚拟性，即戏剧动作表演的规范化，独特的不同于日常口语的念白方式，成套路的唱词、唱腔，以京胡、二胡为主要伴奏乐器；它也没有话剧式的仿现实的舞台布景，其情境是通过表演虚拟出来的，如一支桨的摇动就意味着河流的存在，这就是所谓虚拟性的基本含义。另外，它的脸谱、服饰、化妆等也是西方戏剧中所没有的。总之，中国戏曲在本质上是一种具有浓厚民族特色的歌舞剧戏剧形式，但又不同于西方歌舞剧，如它的唱腔和舞蹈就与西方歌舞剧中的唱段和舞蹈迥然相异。

正因为中国传统戏曲有着浓郁的民族特色，故即使在西方文化艺术铺天盖地的今天，它仍然为众多的中老年消费者所喜闻乐见。这样，如果是以他们为诉求对象的产品，创作出优秀的戏曲文学式广告文案，也是很有效果的。例如：

（探子上场锣鼓）

探马：报——启丞相，司马懿十五万大军离西城四十里安营扎寨。

诸葛亮：再探——

哎呀，想我西城乃是一座空城，这便如何是好？噢噢噢，有了，想我诸葛一生从不弄险，唯有设下空城之计，方可骗过司马懿，来——

　　老军：丞相有何吩咐？

　　诸葛亮：命尔等速备琴棋设于城楼之上。

　　老军：是——

　　诸葛亮：再取羊羔美酒，摆设西城之外，准备犒赏司马大军。

　　老军：这羊羔美酒可上哪儿去弄呀？

　　诸葛亮：老夫听说，成都彭县羊羔美酒厂已经酿制出这一传统美酒。前
　　　　　　日，老夫已命人采购回来，后营搬取。

　　老军：是，后营搬取成都彭县羊羔美酒啊！

　　　　[锣鼓]

　　从这篇戏曲体广告文案里，我们可以看出：第一，基本的戏剧情节，可取自现成的戏曲剧本（也可自编），但必须将广告产品融合进去，而且要妥帖自然、天衣无缝。如本案例所借用的京剧《空城计》里，原本就有诸葛亮命人抬酒上城的情节，作者在这里巧妙地将广告产品羊羔美酒嵌进去（让诸葛亮命人抬羊羔美酒上城楼），就显得毫不牵强，自然天成。第二，在语言运用上，一定要合乎传统戏曲半文半白的特点，如本案例就用得相当成功，"这便如何是好""尔等""老夫"之类的语词就明显属于文言句式或文言词，它们与白话文交织起来，其文白夹杂就有着浓郁的传统戏曲韵味。

六、曲艺文学体

　　曲艺文学又称说唱文学，是曲艺演出的底本。它一般通过说白、唱词或说唱结合的形式叙述故事、刻画人物，表达作者对社会生活的审美思考。

　　与小说、诗歌、散文、戏剧文学相比，曲艺文学有着显著的特征：第一，民间性。曲艺文学的历史相当久远，但在新文学革命之前一直在民间流传，被认为是不能登大雅之堂的东西。真正受到重视还是近几十年的事。即使这样，它至今仍然表现出相当浓厚的民间性、大众化色彩，为普通老百姓所喜闻乐见。第二，非代言性。曲艺历来是以说唱故事为主、代言为辅的。评书、大鼓、快板、相声等一般都是用很少的演员来讲述、演唱一个故事，不像戏剧那样一人演一个角色，而是一人演多个角色。第三，曲艺文学一般不标出角色的名字，而是以"男、女""甲、乙"名之。与此相反，戏剧文学则要标出人物姓名。

　　由于曲艺文学以其通俗性、生动性深受大众喜爱，故不少文案撰稿人经常运用它来创作广告，而且业绩十分突出，值得我们高度重视。

（一）快板书

　　戏曲有全国性戏曲和地方性戏曲之分，如京剧属前者，而越剧、黄梅戏等就属后者。曲艺也是如此，相声、快板书等是全国性的曲艺形式，而苏州评弹、湖北渔

鼓等则是地方性曲艺，因为它的流行区域较小，若超出了一定范围，受众就欣赏不了。

快板书作为全国性的重要曲艺形式之一，在广大消费者中有着深远的影响。正因为如此，它才经常被广告撰稿人用来创作文案。试看下面的例子：

药到病除"盖胃平"

说有个同志他姓冯，
三天两头犯胃疼，
有时他"哇哇"地吐酸水，
有时他紧皱双眉脸色青。
这一天，老冯又犯胃疼病，
捂着肚子直哼哼：
"哎哟！哎哟！哎哟哟！"
看样子病得还不轻哪！
这时候，来了他的朋友"活广告"，
这人的商品信息特别灵：
"老冯，你这是怎么了？
咦，不用说你又犯胃疼了！
正好我身上带着一种药，
你试试这药品行不行？
来来来，给你四片含在嘴，
再倒杯热水把药冲。"
说着话，
老冯把这药吞进肚，
就觉得胃口发热不再疼啦。
老冯忙问："这是什么药哇？"
"它是力生制药厂的产品——盖胃平"。

创作快板书广告文案，下列几个问题值得我们注意：其一，它的语言节奏较快，句式较短，以七言句最为多见，三言句、五言句相对用得较少。其二，要做到合辙押韵，可以从头至尾一韵到底，也可以换韵，以求创造出变化错综的形式美。其三，它的内容必须有效地显示出广告主题。

（二）相声体

从某种意义上说，相声的艺术效果较快板书更强一些，在消费者中的影响也更为深远，当然这是有条件的、相对的，即具体的相声必须是优秀之作。总的说来，作为一门重要的喜剧性曲艺形式，相声受到了人们的广泛喜爱，这也是它经常被用来撰写广告文案的基本原因之所在。例如：

她为什么年轻？

甲 今天咱俩研究个问题。

乙 什么问题？

甲 比方说，两位女同志站在一起，一位显得年轻，一位显得老些，这是为什么？

乙 这问题简单呀，一位八十来岁，一位十几岁，两人显得就不一样了。

甲 不！我说这两位女同志年龄差不多。就说你爱人和我爱人吧，今年都三十六岁，对不对？

乙 对，都是属猪的。

甲 可是我爱人看着就不像三十六的。

乙 像多少？

甲 二十六。

乙 年轻十岁。我爱人呢？

甲 也不像三十六。

乙 那像多少。

甲 六十六。

乙 啊？六十六的是我妈？

甲 跟你妈差不多。

乙 这像话嘛？

甲 我说话有根据。

乙 还有根据？

甲 当然有。谁不说我爱人越长越年轻？

乙 这倒是。因为你爱人是搞文艺工作的。

甲 这不是主要的。重要的是她交了一个好朋友。

乙 啊？交的谁？

甲 "老蜜"。

乙 你不生气？

甲 我非常支持。"老蜜"使得我爱人年轻漂亮了，我能生气吗？

乙 好嘛！这位老蜜是谁？

甲 老蜜，郁美净西林蜜。

乙 化妆品呀？

甲 你以为呢？

乙　我以为她又新搞一个了。

甲　去你的吧！郁美净西林蜜是一种高级美容珍品。西林是一种奶素，是由鲜牛奶所提炼，其中含有蛋白质、多种维生素和皮肤不可缺少的无机微量元素等营养成分。经常使用可以延缓皮肤衰老，增加弹性。你看我爱人打乒乓球都不用球拍。

乙　用什么？

甲　手，弹性大，跟红双喜反贴胶粒球拍差不多。球来了，"当"弹回去了。

乙　这可方便，手能随身携带。

甲　你爱人就不行了。打乒乓球，对方一记重扣，你爱人来个海底捞月，姿势倒不错，可麻烦了。

乙　怎么呢？

甲　乒乓球把你爱人的手砸个坑儿。

乙　啊！

甲　没弹性啊，跟发面糕似的。

乙　这可玄了，其实我爱人也经常使用。

甲　西林蜜？

乙　蛤蜊油。

甲　好嘛，也太惨点啦！

乙　不是惨，因为我爱人是清洁工，每日风吹日晒的，使用什么也不行。

甲　谁说的？你爱人可以使用郁美净多效硅酮霜。她保证满意。

乙　是吗？

甲　这是一种最新的多功能护肤美容佳品。可以在清晨和晚上敷搽面部、手部，能使皮肤表面形成超级的防护薄膜，延缓老化。还可以增强皮肤美感，使其洁白细嫩，有效地防止寒风烈日病菌对皮肤的侵袭，还可防止出现皱纹。

乙　这好。我爱人脸上的皱纹跟门帘子似的。

甲　不但如此，而且对清洁皮肤、防裂、防尘、防工业湿疹和抗紫外线光对皮肤的辐射都具有良好的效果。

甲　不过你爱人最好别用。

乙　为什么？

甲　她经常使用，模样变了，我担心她会不会把你淘汰。

乙　去你的吧！这两种化妆品是哪儿生产的？

甲　天津第二日用化学厂生产的。

乙　好。我也想使用，行吗？

甲　太可以了。比如你刮胡子以后，搽点郁美净硅酮霜，皮肤感到滋润、滑爽、柔软、舒适。

　　乙　好，我两天就得刮一次胡子，如果我也想年轻几岁，把肉皮变嫩点儿，使用什么化妆品好呢？

　　甲　就您这尊容？一脸的疙瘩，跟橘子皮似的。别说，还真有一种适合您搽的美容佳品。

　　乙　哪种？

　　甲　脚气灵。

　　乙　嗐！

　　上引案例启示我们，创作相声体广告文案应当遵循下列要点：第一，要把广告产品功效与相声中有关生活内容巧妙地融合在一起，以突出广告主题为主要任务。第二，要遵照相声艺术的客观规律，通过曲解、打岔、强词夺理、不懂装懂、双关谐音等方法来设置"包袱"和抖"包袱"，让消费者发出轻松的笑，在获得美感享受的过程中牢牢记住广告产品及其功效。第三，要懂得相声的结构模式，即由垫话、正话、收底三部分组成。垫话即开头部分，正话就是主要部分，收底则是尾声。垫话要巧妙地引出话题，为正文打下坚实的基础，正话主要是通过曲解等技巧设置"包袱"，收底则要向观众抖出包袱，交代悬念，引发笑声。

第二节　说理型文案体裁类型

　　从数量上看，说理型文案在整个广告文案中占绝大多数，这不能不引起我们对它的高度重视。说理型文案大体上可分为两大类，其一是说明型，其二是论说型，而每类之下又可分若干小类。

一、说明型

　　说明型文案的质的规定性就在于它是用一种概括性较强，没有什么情感色彩的语言来阐述产品的性状、特征、结构、功能等要素。常见的有下列几种：

　　（一）诠释体

　　所谓诠释体，是指将产品的性质、功能、结构、配方等向消费者予以解释，使他们对广告产品形成一个完整的印象。试看下面的例子：

　　　　粉黛佳人口服液的独特配方，精选十余种天然植物，运用现代科学方法提炼和生物技术合成，产生出富含被人体直接吸收的 SOD 和多种生理活性物质。依据传统的食养文化，从人的整体机能调节入手，治本为主，以内养外，有效抑制色素沉着，全面退隐面部各种斑块，渐显肌肤白净、细腻、润泽、富有弹性、不含激素，无副作用。

粉黛佳人口服液的独特配方中含有的其他成分还能有效清除脂肪代谢障碍，使极低密度脂蛋白和低密度脂蛋白下降，加速人体内多余脂肪分解，并转化成能滋养肌肤的营养成分，清除臃肿，避免人体发胖，渐显美丽身姿。

这是深圳市杰治保健品有限公司发布的一篇广告文案，对自己的产品粉黛佳人口服液的有关情况作了简明的阐释，如它是从十余种天然植物中提炼出来的精华，可使肌肤白净、消除臃肿，凸显美丽身姿。由于该文案深入地概括了广告产品独特的营养成分结构和重要美化功能，因而使广大消费者对产品形成了统一、完整的深刻印象，为销售额的增长打下了一个坚实的基础。

（二）数据体

顾名思义，数据体说明型文案就是大量运用可靠的系列数据来说明广告产品的优质或优价。例如：

技术领先　均已鉴定　提供原料

包出产品　现场培训　食用醋精、烧碱生产技术

食用醋精系酸性食品添加剂，酸变是食醋的 17～28 倍，每公斤醋精加水 17～28 公斤即成食醋。每公斤成本 8 分，质量超过传统食醋，经质量检测部门测定，各项理化指标均符合国家卫生标准。四季均可产销，永不变质。生产醋精利用民房 3 间，投资 500 元即可生产。办厂规模可大可小，每瓶成本 6 角，市场销价 1.5～2.1 元。三人日产 800 瓶，减去工资、税收等开支，日利最少 500 元。近几年醋精将占领整个食醋市场，而目前我国生产醋精的厂不足 10 家，产品供不应求。本部即日开始培训，保证学员亲手操作，制出合格产品，并提供原料、设备、销路。技术培训费：单位 800 元，个人 600 元。

烧碱是国内外十分重要的化工原料，广泛应用于造纸、印染、肥皂、石油等行业，价格由原来的每吨 1 200 元上涨至 2 400 元，且供不应求，缺口极大。预计近几年内市场不能缓和，所以乡镇企业、联合体生产烧碱前景非常可观。采用本技术生产烧碱投资少（3 000～5 000 元）、见效快（当月可收回全部投资）、设备（大锅、池等）简单，原料（纯碱或土碱、石灰）易购。厂地 80m²，8～10 人日产 1 吨，成本 1 400 元左右，无三废污染，质量达工业标准，年产 200 吨，年利 8 万～10 万元。培训费：单位 1 000 元，个人 700 元。上述两项均备有鉴定书、分析报告，汇 10 元即寄。要求去人办厂费用面议。

上述文案中提供了大量数据，说明食用醋精和烧碱的价值，进一步展示其主题，那就是参加两种产品的生产技术方面的培训，将给学员带来巨大的利益，对消

费者产生的说服力是相当强的。

撰写此类文案要注意以下两点：一是文案中所列数据必须准确可靠，不能随意夸大，否则会导致广告管理部门的惩处。二是运用数据要服从于广告主题表达的需要，切忌滥用，因为与主题无关的数据堆集，即使十分准确，也只会引起消费者的反感。

（三）比较体

在说明型文案中，有一种通过将两种不同产品进行对比阐述，以表明广告产品的特殊优异性能的，称为比较体。例如：

独辟蹊径的"龙牡壮骨冲剂"

夜啼、多汗、不长个……说起自己缺钙的宝贝孩子，年轻父母谁不心急如焚？治缺钙传统的方法是服用钙片和维生素 D。可这种方法有很多副作用：服用钙片往往引起消化不良。反过来，消化不良又影响钙的吸收；维生素 D 主要从鱼肝油中摄取，可鱼肝油中 10 倍于维生素 D 的维生素 A，易引起中毒；多晒太阳可使人体自然产生维生素 D，可寒冬腊月又难以做到。

真是难死人！

就是为了这"难死人"，武汉健民制药厂和几家医院联合研制了龙牡壮骨冲剂。这种药好在以中药为主，毒副作用小，也没有维生素 A 中毒之嫌。独辟蹊径的是，这种药不仅补钙补维生素 D，还调节脾、肾功能，促进小儿对钙等的吸收。专家估计，我国 2 亿多儿童中，约有 3 000 万人严重缺钙。为了我们民族整体强健，龙牡壮骨冲剂可是做了件大好事。

文案创作者在这里将以前传统的儿童补钙方法与广告产品龙牡壮骨冲剂作了对比：传统方法是使儿童患者服用钙片和维生素 D，使用后易引起消化不良和维生素 A 中毒；而"龙牡壮骨冲剂"却没有上述毒副作用，还能调节脾胃，促进缺钙儿童对钙的吸收。"有比较才能有鉴别""不怕不识货，就怕货比货"，这样一比，广告产品的独特优异功能就更加鲜明地凸显在广大消费者的面前，让他们心悦诚服地去购买"龙牡壮骨冲剂"，使自己的孩子健康地成长起来。

二、论说型

在说理型文案中，除了上面提到的说明型之外，还有一类颇似篇幅较长的论文，它们采用撰写论文的方式，或是提出论点，然后将论据用归纳、演绎、类比等逻辑方式组合起来证明论点的可靠性；或是先将与自己相对立的观点摆出，再予以层层反驳，以论证自己观点的正确性。前一种被称为立论型，后一种则被称为驳论型。

在具体的广告实践中，文案撰稿人经常碰到论文作者面临的问题：或是需要正面论证某种产品的功效，或是需要驳斥社会上某种不利于广告产品销售的错误论点，如果不能将它驳得体无完肤，就无法让广告产品销售额得到较大幅度的增加。因此，论说型文案中也就必然会产生立论型和驳论型两种不同的论说式广告文案。

（一）立论型

所谓立论型广告文案，就是用理论、事实、数据等确凿无疑的论据，从正面论证某种观点的正确性。请看下面的例子：

标题：以台式机的价钱 获得真正服务器的功能

正文：一般中小型公司，为了节省开支，以台式微机作为服务器，但使用后才发现诸多不便，后悔莫及。现在康柏为体恤客户，解决这项难题，特别推出低价位的 ProSignia VS，让您以台式机的价钱，轻易购得一部真正的服务器。

超卓过人的效率：顾名思义，个人电脑只供个人使用，速度慢且扩展能力有限，但 ProSignia VS 都是特别为提供网络服务而设计，它的 32 bit EISA 扩展总线及 Fast-SCSI-2 局部总线在数据传达上要比一般台式电脑的 16 bit EISA 总线及 IDE 控制器更加快速敏捷，难怪一般台式电脑要俯首称臣。

超级智慧型容错及防错处理：一般台式电脑若出现故障，只能束手待毙坐等外援，但 ProSignia VS 特有内置运行记录及 ASR 自动快速复原功能，就在电脑出现故障后，将服务器自动启动，找寻记录档案，分析问题所在，然后做出修正。ProSignia VS 还具有一般台式电脑没有的防错功能，秘密在于特选的 Insight Manager 21 网络管理软件，Proliant 储存系统及能支持 RAID Levels 0，1，4，5 的 SMART SCSI 陈列控制器。

聪明简易的安装程序：特设 Smart Start 智能型安装程序，让您轻易地设置硬件及安装网络操作系统，使您在网络管理中，轻松踏出成功的第一步。

超强记忆容量：ProSignia VS 还配备高达 128 MB 的内存容量，更可选配 256KB 的高速缓冲，应付任何复杂软件，依然绰绰有余。

可以看出，这篇文案先提出了一个论点，即 ProSignia VS 电脑相当于台式机的价格，但却具有高档次的服务器的功能。然后，作者从四个方面进行论证，即 ProSignia VS 具有超卓过人的效率、超级智慧型容错及防错处理、聪明简易的安装程序、超强记忆容量。由于论据翔实，条理清楚，因而使论点具有无可辩驳的正确性，并使消费者心服口服。

（二）驳论型

与前面立论型广告文案不同的是，驳论型文案侧重于驳斥某种错误观点以证明自己所持见解的正确性。如果说立论型是一种直接论证的话，那么驳论型则是一种间接论证。试以下面的文案为例：

买对的，不是买贵的

买麦粉时，多花一点钱值得吗？其实这正是厂商利用消费者"贵的就是好的"的错误心理，故意抬高价格的做法，谋取更大的利润……贵的东西未必就一定好，花钱要有代价，否则，多花钱也是冤枉。

这是中国台湾爱力牌麦粉发布的一篇驳论型广告文章。作者通过反驳"贵的就是好的"这一观点，来证明"贵的东西未必一定好"这一见解的正确性，并进一步落脚到爱力牌麦粉价格不贵但质量却很好这一广告主题上去，收到了显著的传播效果。

思考题

1. 撰写"微型小说体"文案应当注意哪几个问题？
2. 广告文案报告文学体与纯文学报告文学在内容上有何差异？
3. 戏曲体广告文案的特点。
4. 曲艺体广告文案与曲艺文学有何联系？
5. 为某产品写一篇文案，使其具有"驳论式"特征。

第十章 广告文案的标题与广告语

广告文案的标题与新闻导语相类似，是一种揭示主题、激发联想、引起注意并放在突出位置的精练文句。

在平面广告中，标题对于广告效果有着直接的重要作用。美国著名广告专家约翰·加普斯曾经指出："在广告文案写作实践的 56 年间得到的 50 条教训中的第一条，就是标题在广告中是最最重要的因素。"在他看来，广告标题之所以是"最最重要的因素"，就在于它有着巨大的功能。

日本著名广告学家植条则夫先生曾经指出："标题的功能大致可分为四类：（1）吸引读者注意。（2）诱导读者阅读正文。（3）锁定潜在顾客。（4）直接招揽顾客。"应该说，植条则夫的这种论述是相当精辟的，对于我们认识广告标题的重要性有着很大的启示性意义。

第一节 广告标题的基本特征

广告标题作为广告文案中一种具有特殊重要功能的构成要素，与广告语、正文、附文等构成要素有着明显的不同，正是这种不同造就了广告标题的独特性质。它主要体现在下列几个方面：

一、醒目性

在平面广告中，广告标题都是用较大的字排在最引人注目的位置上，而正文、附文、广告语等要素则是用较小的字排印出来的。广告标题的醒目性，由此可见一斑。

第二，点睛性。在广告文案中标题往往是点睛之笔，因为它总是或明或暗地显示广告的诉求重点。

先看第一类：明确地揭示广告主题。例如：

> 是你想回的家。
>
> ——三井房产公司广告

有好口味，但不会有大腰围。

——美国酿酒公司雷布黑啤酒

进入社会要读日本经济新闻，进入社会要选三菱银行。

——三菱银行

为你塑造最迷人的线条。

——凯伯牌紧急胸衣

上述案例表明，它们都鲜明地将该广告的主题揭示出来了，如"是你想回的家"这一广告标题就清晰地表明了三井房产公司开发出来的房产是深受消费者喜爱的。至于"有好口味，但不会有大腰围"，显然明确地告诉人们，雷布黑啤酒味美可口，但绝不会让顾客产生发胖的后果。

再看第二类：含蓄地暗示广告主题。例如：

秋天的夕阳染红了故乡的街道。

——某柿子广告

第一封信的回忆……

——手摘新荣广告

当晚霞消失的时候……

——美国大都会保险公司广告

要是男人能怀孕就好了。

——日本某公司广告

不要告诉我做什么才是对的。

——马丁大夫鞋广告

以上几则广告标题，与第一类存在着明显的不同之处：

第一，它是用文学手段创作出来的，因而具有较强的暗示性。如"秋天的夕阳染红了故乡的街道"，就不是直奔广告主题，而是让消费者读后产生丰富的联想和想象：在秋高气爽的美好季节里，夕阳的余晖染红了故乡的小巷，这就唤起了人们潜意识中的"思乡"情结，并产生品尝一下来自乡间的柿子以慰藉思乡之情的动机，而这正是广告主题之所在。与前面第一类标题不同的是，它的主题蕴藏得较深，需要消费者通过联想和想象才能领悟出来。而根据心理学原理，受众积极参与下得到的理解比不费心得到的，其印象要深刻得多，由此可以见出这类标题的特殊功能。

二、精练性

广告标题是文案的核心，要求让消费者牢牢记住，因而必须尽量简洁，达到"以少胜多""以一当十"的境界。例如：

　　　　　　"闲"妻良母。

　　　　　　　　　　——台湾地区某洗衣机广告

　　　　　　绅士的象征。

　　　　　　　　　　——克提萨克威士忌酒广告

　　　　　　我有四年没玩了。

　　　　　　　　　　——朝日计算机学校广告

　　　　　　得意非凡，三星海霸。

　　　　　　　　　　——三星海霸豪华型面包车广告

　　　　　　芬必得止疼痛，一天都轻松。

　　　　　　　　　　——天津芬必得镇痛药公司

上面的广告标题，不仅字数少，而且简洁有力。由于主信息突出，又易于被消费者记住，所以取得了良好的广告效果。

三、独创性

它是指广告标题要做到发人所未发，言人所未言，新颖异常。心理学指出，只有那些新颖的异乎寻常的事物或现象才能引起人们的注意。唐代有一著名学者曾经指出："夫意新则异于常，异于常则怪矣；词高则出于众，出于众则奇矣。虎豹之文不得不炳于犬羊，鸾凤之音不得不锵于鸟鹊，金玉之光不得不炫于瓦石。"不难看出，"虎豹之文""鸾凤之音""金玉之光"之所以能引起人们的关注（相对说来，犬羊、鸟鹊、瓦石就不容易引人注意了），就在于它们新颖奇特，不同凡响。与此类似，广告标题也必须做到意新词高，独辟蹊径，才能具备独创性的品格，才能引起消费者的高度注意。试看下面的例子：

就我一个是美人就好了。

——日本西武百货广告

人设置了国境，但拆去了国境的也是人。

——KDD 电话公司广告

实不相瞒，本电扇的名气是吹出来的。

——菊花电扇广告

你带着四吨炸药，而人们正朝你射击。

——美国麦道飞机公司广告

不要在我制造的桥上纠缠不休。

——日本大成建设公司广告

上引案例确实具有很高的独创性，如日本大成建设公司发布的文案标题"不要在我制造的桥上纠缠不休"，就有"看似寻常最奇崛"之妙，表面看来似乎是提醒人们不要在"大成建设"修建的桥梁上逗留过长的时间，实际上却是说他们建造的桥梁使行人流连忘返，其产品之精美绝伦也就昭然若揭了。可以说，凡是读过此广告标题的，很少有人会忘记它，其优异的广告效果也就不言自明了。

第二节　广告标题的存在形态

广告标题具体的存在形态相当复杂，有的以单一形态出现在文案中，有的则以复杂形态发生作用。这种存在状态的差异，主要取决于广告信息传达的需要，而不是一种主观随意的行为。

一、单一形态

所谓单一形态，是指广告文案只有一个标题，而没有引题和副题。例如：

味道好得忍不住舔手指。

——肯德基家乡鸡餐厅广告

如果女人失去了魅力，人类将会变得怎样？

——Pola 时装广告

像北美大陆一样稳固。

——北美保险公司

从这个站出发，赶得上大阪九点钟的会议。

——日本 JR 希望号

我们知道一两件关于惊人的美国人的事情，每天他们当中有90 622人走过我们的门口。

——美国克莱斯勒公司广告

单一形态的标题在广告文案中所占比例很大。之所以如此，是因为在很多场合，创作者考虑到只用一个标题就足以传达出所构想的广告信息，无需画蛇添足地加上引题或副题，否则就会由于累赘而导致效果不佳。

二、复合形态

在一篇广告文案中，如果有两种或两种以上不同类型的标题，就称为复合形态标题。

从功能的视角审视，广告标题有三种不同的类型：其一为引题，它位于主标题之前，起引起话题、交代背景、渲染气氛等特殊作用，通常不含核心广告信息。其二为主标题（或称正题），它一般承载着整个文案中的主要信息，对广告主题予以揭示。其三为副题，它对主标题起一种补充说明的作用，如购买某产品会给消费者带来的利益，等等。其组合一般有三种不同的形式：

（1）正题+副题。例如：

正题： 冬雪寒梅入暖房
副题： 选挂迪卡墙画，炉边看雪，画上吟梅，何乐而不为？

——广州迪卡彩印有限公司广告

不难看出，"冬雪寒梅入暖房"这一主标题，系用文学手法创作而成，意义含蓄而不明晰，因为人们凭表层意义会产生疑问：冬雪怎么可能入暖房呢？那对人有益吗？作者想到了这一问题，于是就考虑到有撰写副题的需要，一方面对正题予以解释，表明"冬雪寒梅"并非实物，而是指墙面上的艺术形象；另一方面又对正题信息予以补充，强调购买广告产品会给消费者带来无限的审美乐趣。这样一来，其所表达之意就显得清晰而完整了，从而对消费者构成一种较强的冲击力。

（2）引题+正题。例如：

引题： 哇——
　　　　他们为什么要惊叫？
正题： 全新 64 位数据库服务器

　　　　　　　　　　——DEC 电脑中国公司

这个案例中的正题不是完整的句子，而是一个不含褒贬之意的纯客观的词组。如果只用它做标题，那么气氛就出不来，恐怕很难引起读者的注意。但在加了"哇——他们为什么要惊叫？"这一引题之后，就将广告产品给消费者带来巨大惊喜的效果表现得十分生动，从而大大强化了对受众的信息刺激。

（3）引题+正题+副题。这是复杂形态中最完整的一种组合式标题。例如：

引题： 万科城市花园告诉您——
正题： 不要把所有的蛋都放在同一个篮子里
副题： 购买富有增值潜力的物业，您明智而深远的选择。

　　　　　　　　　　——万科房地产广告

不难看出，正题"不要把所有的蛋都放在同一个篮子里"，意思是告诉消费者投资要多元化，任何形式的固守一隅或孤注一掷，都是极端不利的和危险的。应该说，这个主题和象征式创意都是相当巧妙的，但说话的主体不明，于是作者增加了一个引题，向消费者强调了广告主名称和说话人是谁，这无疑加深了人们对广告主的印象。但还有一个问题没有解决，正题由于有象征意味，其意义处于隐显之间，是一个半透明结构，要将其明晰化就必须再增写一个副题，要求人们购买万科房产，因为它是可以增值的一种投资。这样一来，引题和主题、副题就构成了一个完整的意义系统，从而能有效地刺激起消费者的购买动机。

第三节　广告标题的表现类型

如果我们高屋建瓴地从总体上考察广告文案的标题，就不难发现，尽管广告标题的具体表现显示出异常复杂的态势，但从深层上看，它们大多是借助两种表现手段体系即各种不同文体的表达技巧（如文学、新闻、论文、说明文等）和修辞手段构成的一个较大的系统。

广告标题的表现类型主要有以下几种：

一、话语式

它是以人物（一般为广告模特、演员或消费者代表）所讲的话语来传达产品功效，多以颂赞为基调。例如：

> 宝宝说，我喜欢即食菜泥，但一定要妈妈给我拌黄油。
>
> ——法国即食菜泥广告

> "我最讨厌的事就是洗碗碟！"
>
> ——康诺弗牌洗碟机广告

> "为一支骆驼牌香烟，我宁可走上一英里！"
>
> ——雷诺德烟草公司广告

> "妈妈，我还要一片香肠！"
>
> ——H. G. 帕克斯肉制品公司广告

> "遇到重要场合我就穿它！"
>
> ——劳加戴伯服装公司

上面的案例是一种新颖而又卓有成效的标题形式，因其以消费者对广告产品亲身体验过的口吻来述说自己对它的喜爱之情，给人的感觉是既亲切又可信——耳听为虚，眼见为实，而亲自用过就更"实"了。

二、点铁成金式

这种形式的标题是将现存的诗、词、文、赋、谚语、成语或流行歌曲等予以引用或略加改动而创造出来的。

"点铁成金"是人类各民族从文学创作到其他文体的撰写中普遍运用的一种相当有效的方法，广告文案作为一种特殊文体，当然也不例外。

"点铁成金"一语，出自宋代大文学家黄庭坚之口。他说："自作语最难，老杜作诗，退之作文，无一字无来处，盖后人读书少，故谓韩杜自作此语耳。古之能为文者，真能陶冶万物，虽取古人之陈言入于翰墨，如灵丹一粒，点铁成金也。"应该指出，黄庭坚的说法无疑存在着两面性，一方面他看出了文学创作中后人对于前人的继承关系；另一方面他又把这种关系绝对化为一种模拟，完全否定了文学的发展和创新，而事实上创新较之于继承更为重要。

文学创作中的"点铁成金"一般有两种类型，即引用型和点化型，广告文案也是如此。

（一）引用型

先看下面的例子：

> 东风夜放花千树。
>
> ——江苏沙洲灯具广告

> 一毛不拔。
>
> ——梁新记牙刷广告

> 千里之行，起于足下。
>
> ——某旅游鞋广告

> 不打不相识。
>
> ——某打字机广告

> 冬天里的一把火。
>
> ——美加净滋润唇膏广告

可以看出，江苏沙洲灯具广告"东风夜放花千树"引自宋代大词人辛弃疾《青玉案·元夕》，一字未改。其余几则广告也是如此。在写作此类标题时，必须注意所引前人的诗词歌赋等应与广告产品的主要功效及相关情感联系起来，只有这样，才能突出广告主题，诱导受众付诸购买行动。如"东风夜放花千树"就将灯饰的绚丽多姿与万紫千红表达得十分恰当。

另外，还要注意它们的形式意味，让消费者从中感受到一种浓郁的潇洒风趣，如"一毛不拔"就因暗中调换了其意义而让消费者对它产生了巧妙绝伦的评价，即将原先的小气、悭吝的意义予以抹杀，而赋予一种刷毛坚固无比的意义。

（二）点化型

对现成的诗词歌赋、谚语、流行歌曲的歌词、成语等略加改动，使之更加切合产品推销的需要，这种标题就被称为点化型标题。例如：

> "闲"妻良母。
>
> ——台湾地区某洗衣机广告

　　　　此音只应天上有，人间哪得几回闻。

　　　　　　　　　　　　——宝石花牌收录机广告

　　　　路遥知马力，日久见威力。

　　　　　　　　　　　　　　——威力牌洗衣机

　　　　一日三省吾车：省油、省钱、省时。

　　　　　　　　　　　　　——某汽车火花塞广告

　　　　关心你的人是我。

　　　　　　　　　　　　　——某医学义诊广告

　　上述案例中的"'闲'妻良母"系由成语"贤妻良母"点化而来，一字之差却将广告产品的功能特点揭示得清晰明白，又饶有风趣，成为广为传诵的经典性标题。至于宝石花牌收录机广告标题——"此音只应天上有，人间哪得几回闻"是仿拟杜甫著名诗篇《赠花卿》而写成的。原诗云："锦城丝管日纷纷，半入江风半入云。此音只应天上有，人间能得几回闻。"这样就更适合广告的诉求点，强调宝石花牌收录机音质的优美动听和"难"得，从而加大了对消费者的刺激力度。至于"路遥知马力，日久见威力"，则由俗语"路遥知马力，日久见人心"改变而成，表明时间越久就越能显示出威力牌洗衣机的"威力"之所在，以突出它的优质、耐用。后面的"一日三省吾车"和"关心你的人是我"，分别由荀子的"一日三省吾身"和流行歌曲"牵挂你的人是我"点化而成，不仅构思巧妙，而且传播效果十分显著。

三、公式式

　　所谓公式式，是指运用科学论著中公式的表达方法创作而成的标题。这种标题一般要借助于公式中常用的符号，显得简洁有力、一目了然，而且易于记忆。例如：

　　　　博士伦+太阳镜=舒适的夏季。

　　　　　　　　　　　　——博士伦隐形眼镜广告

　　　　无霜+省电=上菱=金奖+A级。

　　　　　　　　　　　　　　——上菱电冰箱广告

钻石+爱心＝永恒。

——某钻石广告

丝华露清凉洗发宝＝洗发护发+保健。

——丝华露洗发宝广告

画质好＝天才加经验，减滥造乘技术，除自满。

——某电视机广告

创作这类标题应该注意下列几点：一是要构思巧妙，善于发现某种产品与其功能、消费者的反应、获奖等之间的等量关系；二是要善于运用科学公式中的符号，如运算符号等；三是要准确，万万不可牵强附会、随意乱用，否则只会适得其反。

四、悬念式

在广告文案中，那种能唤起消费者某种期待，激起他们产生寻根究底的强烈兴趣的标题就是悬念式标题。

悬念在多种艺术形式里有着广泛的运用，无论是在小说中，还是在戏剧和影视文学中，悬念都是引起受众兴趣的一种十分重要的手法。世界著名恐惧片大师希区柯克对此问题有一段精辟的论述。他说：有四个人正围着一张桌子谈论棒球，桌子下有一枚将在 5 分钟内被引爆的炸弹。如果导演事先让观众知道这一情况，就会造成强有力的戏剧悬念，它会使观众十分紧张地关心这个谈论棒球的场面。相反，如果导演事先没有告诉观众关于那枚炸弹的事，爆炸只会引起观众 10 分钟的震惊，而那个谈论棒球的场面则会变得非常沉闷。在这里，希区柯克所说的第一种情况就是真正的悬念，因为它能引起观众强烈的期待和关注。

希区柯克对悬念的论述同样适用于广告及广告文案。例如，中国台湾三阳野狼 125 摩托车的报纸广告标题：

第一天的标题

今天不要买摩托车。请您稍候六天。买摩托车你必须慎重考虑。有一部意想不到的好车，就要来了。

第二天的标题

今天不要买摩托车。请您稍候五天。买摩托车你必须慎重考虑。有一部意想不到的好车，就要来了。

第三天的标题

今天不要买摩托车，请您再稍候四天。买摩托车你必须慎重考虑。有一部意想不到的好车，就要来了。

第四天的标题

请再稍候三天。要买摩托车，您必须考虑到外形、耗油量、马力、耐用度等。有一部与众不同的好车就要来了。

第五天的标题

让您久候的这部外形、动力、耐用度、省油都能令您满意的野狼 125 机车，就要来了，烦您再稍候两天。

第六天的标题

对不起，让您久候的三阳野狼 125 摩托车，明天就要来了。

从上面可以看出，中国台湾三阳野狼 125 摩托车系列报纸广告标题，堪称悬念式标题的典范之作，它以系列广告文案的形式呈现出来，在同一媒体上连登六天，将消费者的期待逐日加强，使之急盼见到那辆"意想不到的好车""与众不同的好车"。其设置悬念的巧妙之处在于，它首先以异乎寻常的语词劝人们今天不要买车，有一部意想不到的好车就要来了，这就引起了人们的强烈兴趣和好奇心，激发了一种探究心理：广告主的口气如此之大，究竟是一部什么样的车呢？但作者欲擒故纵，并不急于回答，连续几天要人们耐心等待。越要消费者耐心，消费者就越是迫不及待，直到吊足了消费者的胃口，才在最后一天和盘托出，并由此创造出惊人的销售奇迹：第七天（从广告开始发布之日算起）的第一批货几百部摩托车一下子全部售完，并出现市场上少有的供不应求现象，不少地区的经销商只得自己派人到工厂去争着取车，以满足消费者强烈的购车愿望，甚至连该厂过去生产的其他型号摩托车与存货，也连带着俏销起来，这充分显示出优秀的悬念式广告标题所带来的巨大效益。

悬念式标题并不限于系列广告文案，单篇广告文案同样适用这种标题类型。列如：

笔的婚姻大事。

——波氏笔广告

不是药，但比药更有效。

——某品牌大米广告

您知道这黑色盒子里的秘密吗？

——国外某巧克力糖广告

> 有时候价格高的东西最便宜。
>
> ——某润滑油广告

> 你必须把吸毒成瘾的人吓得死去活来，即使他就坐在你隔壁的办公室里。
>
> ——使美国克除毒品的伙伴组织

　　单篇广告悬念式标题同样可以激发消费者的好奇心和探究欲，以引发对广告产品的密切关注。如波氏笔广告标题"笔的婚姻大事"就使消费者颇费猜测：笔有什么婚姻大事可言？这是什么意思？再细究正文，才知道它是集钢笔与圆珠笔于一身，好像异性的结合一样。

　　再看某润滑油广告标题"有时候价格高的东西最便宜"，就以悖理的方式引发了人们的疑惑，细看下去才发现原来是因为该品牌润滑油质量过硬，虽然售价是普通润滑油的2~3倍，但每年换油次数却只占别种品牌的1/5，所以全年算起来还是较其他品牌便宜。

　　以上例证告诉我们，虽然系列广告文案与单篇广告文案的悬念性标题在本质上是一样的，但在具体运用上还是存在着差异，那就是前者悬疑的解答要在若干次之后，而后者则必须在同一篇中揭出奥秘之所在，否则便会让消费者感到不知所云而使广告效果丧失殆尽。

五、祈使式

　　由于广告总是要向消费者吁求，提请他们采取购买行动，所以祈使式标题也是使用极为普遍的标题形式之一。这种标题的本质在于，它是带有强烈请求、建议、呼吁、命令等意味的一种主题十分外露的广告标题。例如：

> 加点新鲜香吉士柠檬，让冰茶闪耀阳光的风味。
>
> ——香吉士柠檬广告

> 要看世界，回家吧！
>
> ——日本 NHK 广告

> 还不快到阿尔卑斯山一游，2000年之后它就没了！
>
> ——阿尔卑斯山旅游广告

> 不要告诉我做什么才是对的。
>
> ——马丁大夫鞋广告

　　　　　　此地禁止吸烟，连皇冠牌也不例外。

　　　　　　　　　　　　　　　　　　　　——皇冠香烟广告

　　祈使式标题与其他标题比较起来有着明显的不同：第一，它在创意方面相对说来比较简单，只需将建议、吁求、命令等说出即可，无需雕饰和苦思。例如，"登月前请到瑞士一游"，就直接请求人们到瑞士旅游，在创意方面显得朴实无华、简明清晰。第二，它是一种类似于文学中直抒胸臆的标题形式，不讲究含蓄蕴藉，追求的是直白外露，因而一般不注重形象的暗示。

六、故事式

　　所谓故事式，是指标题本身就是下面正文中所详细表述的故事的一个梗概，或者是正文中的核心情节。试看下面的例子：

　　　　标题：一天少抽一包烟
　　　　　　　　半年买台洗衣机
　　　　正文：同事小王的烟瘾大得在咱们厂是出了名的，他太太为他抽烟的事没少责骂过他。

　　　　今天春节，小王决定戒烟，但是要一下子戒掉，还真不容易！小王想，只有逐渐减量，先从每天少抽一包烟做起。那么，小王每天少抽一包烟省下来的钱打算怎么花呢？他盘算着，要买一样东西，这件东西一要实用，二要实惠，还要讨太太的喜欢。

　　　　嗨！有了！买一台申花微电脑全自动洗衣机。这种洗衣机是国内价格最低的微电脑全自动洗衣机，每台零售价才 888 元，质量也不赖，它毕竟已获 1991 年国家质量银奖么？每天少抽一包烟就足够买台申花洗衣机了。

　　　　小王决心已定，他打算到今年秋天，就去买一台申花牌微电脑洗衣机送给太太，他还要我替他保密呢，小王说："我要给太太一个意外的惊喜！"

　　上述故事型文案虽然有不少细节，但"每天少抽一包烟，半年买台洗衣机"无疑是整个故事的核心或主要情节。作者将最精彩的广告信息放在标题中首先展示出来，就可以吸引消费者去阅读正文并采取购买行动。

七、警示式

　　在广告文案中，有一种给受众以前车之鉴或灾难预警式的标题，它就是警示式标题。例如：

我爱上了一个名叫 Cathy 的女孩。我杀了她。

——某公益广告

我想日本的母亲一定在何时会垮倒的。

——Heiberu Hanse 广告

不会换工作的恶性循环。

——人才招募中心广告

与上面第一个标题相适应的正文，讲的是一个喝得酩酊大醉的驾车者在失去理智后，竟将自己的恋人撞死了。作者利用这种惊心动魄的人间惨剧，警告世人万万不可酒后驾车。另外两条标题有严肃的警示意味，对消费者有相当大的刺激力，获得了显著的传播效果。

八、新闻式

恪守新闻的真实性原则，以报道的方式向消费者提供广告信息，使之看起来像一条或一组报纸标题，这就是广告的新闻式标题。例如：

隔断新贡献，抗火立大功——燃烧两小时，抗热温度 986℃。

——台湾地区环球牌石膏板广告

丽花丝宝高级洗发系列隆重上市。

——日本丽花丝宝公司广告

上海友谊商店新大楼开业。

——上海友谊商店广告

我国第一台连续水平真空带式过滤机问世。

——某过滤机广告

需要注意的是，新闻式标题在撰写时必须严格做到：第一，标题中的人物、事件、环境等广告信息，一定要符合新闻的"五 W"原则，不能陈述任何虚假信息，如果随意虚构，必将受到有关管理机构的处罚。第二，在文笔、调式等方面必须类似新闻报道的标题，使人产生如同阅读新闻作品的感觉。第三，新闻式标题的表述对象即产品或服务必须具有一定的新闻价值，具有很高的独创性，是某一领域的重大突破，否则用此种形式的标题，便不会产生传播的有效性，很难让消费者采取购买行动。

九、设问式

根据产品的功能和消费者的需要进行反问或设问，以刺激他们采取购买行动。请看下面的例子：

> 为什么美国 1000 家最大企业采购微电脑时，大部分都首先考虑 Compag？
> ——康柏电脑广告

> 35 岁以上的妇女如何能显得更年轻？
> ——荷尔蒙霜广告

> 您要外形美吗？那就请喝沱茶，它可以溶解血液中的油脂。
> ——法国某商店广告

不难看出，上面所列的几个案例中前 3 个都是设问的第一种类型，也就是只提出问题而不予以回答，作者希望以此来引起消费者的注意和深思。因为调动他们思维的积极活动比被动的灌输其效果要好得多——易于引起注意，并留下深刻的印象。

至于设问的第二种类型即有问有答，从广告总体上看则比第一类要少，因为在标题中提出了疑问又马上予以解答，多半会失去吸引效果，使相当一部分消费者不愿再看下面的正文。

十、陈述式

它是指利用有说服力的事实、数据等广告信息来传达产品或服务的独特性能以及对于消费者的利益承诺。正如日本著名广告学家植条则夫所说："是把商品具有的特质和给予消费者的利益通过某种实证的方式来表现的主题。"请看下面的例子：

> 结实的杜邦塑胶能使薄型安全玻璃经冲击致碎后，仍能合在一起。
> ——杜邦塑胶广告

> 在 3 万米的高空，享受丝绸般的舒服。
> ——泰国航空公司广告

只需两周，乌发长满头。

——某生发剂广告

买上海桑塔纳新车，一年内不限里程免费质量担保。

——上海大众汽车公司广告

全国各地拥有 1 300 家服务机构，无论您走到哪里，小型飞船总在您身后。

——美国固特异轮胎公司广告

上面所列的第一个标题，就把整个文案中最重要的信息——杜邦塑胶可将破碎的玻璃粘合起来的客观事实陈述给消费者，使他们对广告产品的卓越功能感到震撼。至于上海桑塔纳轿车广告标题，则矢口不提产品质量如何，只是着力强调他们优异的售后服务将给消费者带来巨大的利益，那就是"一年内不限里程免费质量担保"的承诺。这种承诺对桑塔纳轿车的潜在顾客来说，无疑是一个极具吸引力的刺激。

第四节 广 告 语

在企业发布的广告中，集中表现企业理念、产品或服务功能并被长期重复使用的精练口号性文句，就是广告语。

不可否认的是，广告语与广告标题存在着不少共同点，但其质的差异是主要的。

一、广告语的基本特征

日本著名广告学家植条则夫曾经指出："正因为广告语长期重复使用，企业的形象和理念才能被社会公众理解和接受，所以对受众来说广告语一定要'易读'、'易听''易记'。一条成功广告语必须具备这样几个特点：简洁、明确、贴切、独创、有趣、易于记忆。"应该指出，这一精辟见解对于我们深刻认识广告语的基本特征，无疑有着极其重要的启示性意义。广告语的基本特征主要体现在下列几个方面：

（一）长期重复使用

广告语与标题最重要的区别之一，就在于同一企业所发布的广告标题一般是经常更换的，而广告语则要长期重复使用。如飞利浦电器的广告语"让我们做得更好"，宝洁公司的"宝洁公司，优质产品"，雀巢咖啡的"味道好极了"，就使用了很长的时间，而在同一时间里，它们的广告标题却不断更换。

（二）简练易记

认知心理学指出，识记材料愈少就愈易记忆。优秀的广告语正是遵循了这一规律，尽量减少识记材料，尽量删去可有可无的词句，使之既能传达作者的创意，又简明精练，易于被消费者牢牢记住。如台湾地区新宝纳多广告语"一人吃，两人补"，短短六个字，就将广告产品的生理功能和情感功能深刻地揭示出来：它滋补了孕妇，同时也滋补了胎儿；孕妇服用"新宝纳多"是对未出世孩子的无比关怀，是迈开母爱步伐的第一步……又由于语句字数少，言简意赅，所以很快就被目标对象牢牢记住，乃至于成为台湾地区流行最广泛的日常生活用语，还被《联合报》、《动脑》杂志等单位举办的第一届广告流行金句奖评为最佳金句之一。

（三）独创有趣

从丰富复杂的广告实践中，我们发现，广告语仅仅做到了简明扼要，还不一定会取得很好的传播效果，甚至想重复使用都用不下去，其原因就在于它们缺乏趣味性和独创性。这表明，一条广告语是否优秀，是否会产生优异效果，最根本的就在于它是否独创有趣。请看下面的例子：

> 甜而又酸的酸奶，有初恋的味道。
> ——日本某酸奶广告

> 爱迪达从来不自诩第一，但是其他厂牌总是说爱迪达就是世界第一。
> ——德国爱迪达运动鞋广告

> 一笔勾销。
> ——攀特牌涂改笔广告

上面第一条广告语，将酸奶说成有初恋的味道，就给消费者带来了新颖奇特的感觉，因为"酸奶"与"初恋"这两个意象"远距""异质"，在人们的生活实践中，两者的性质差别极大，但文案作者却硬将它们扭结起来，成为一种"暴力结构"，如同法国后期象征主义的代表人物兰波将飘落到海面的飞扬的雪花喻为情人亲吻一样——他写道："我梦见雪光闪耀的绿幽幽的夜／一个个亲吻在大海面前徐徐飞旋。"可以说，无论是"酸奶"与"初恋"还是"雪花"与"轻吻"，都由于"远距""异质"而引起受众新奇、有趣的美感愉悦。

"远距""异质"不等于毫无联系，只是表面上难以看出而已。例如，日本某酸奶广告语中的"酸奶"与"初恋",实际上是将初恋的甜蜜、美好与"酸奶"扭结起来,表明广告产品也像人的初恋一样幸福、愉快,令人终生难以忘怀。正是这种巧妙的隐喻,使之具有很高的独创性和趣味性,令消费者留下了长久而深刻的印象,获得了很好的促销效果。

二、广告语的基本类型

在广告文案中,广告无论在内容上还是在形式上,都具有极大的丰富性与复杂性。在这里,我们试以它们的表现方法为标准将其分为下列几种类型:

（一）写实型

以符合产品或服务的客观实际的新闻式笔调,再现广告产品的形象和性能,并以此引发消费者的密切关注,这就是写实型广告文案。例如:

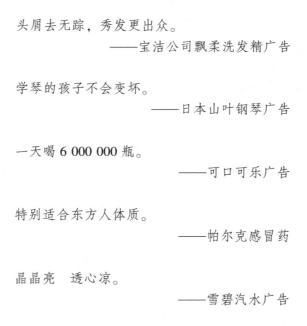

> 头屑去无踪,秀发更出众。
>
> ——宝洁公司飘柔洗发精广告
>
> 学琴的孩子不会变坏。
>
> ——日本山叶钢琴广告
>
> 一天喝 6 000 000 瓶。
>
> ——可口可乐广告
>
> 特别适合东方人体质。
>
> ——帕尔克感冒药
>
> 晶晶亮　透心凉。
>
> ——雪碧汽水广告

在上面的案例中,第一条广告语"头屑去无踪,秀发更出众",就以白描手法真实地再现了飘柔洗发精的去除头屑、创造秀发的突出效果,使消费者对广告产品产生了向往之情。其他的几个例子也与此相仿。

（二）超现实型

超现实型是指作者有意创造现实中不可能有的广告意象和艺术境界,让消费者在惊奇中产生购买动机。例如:

死后再生。

——法国铝制品雇主联合会广告

江南空调　创造第 5 季。

——江南空调广告

把太阳摘下来。

——台湾地区蓝色沸点太阳镜广告

法国铝制品雇主联合会的广告语"死后再生",从现实生活中的生命来看是不可能的,因而给人带来荒诞而离奇的艺术感觉,但仔细一想,却又觉其颇有理性——它实际是说废弃的铝制品虽然像有生命的物质死去了一样,但经过人的创造性加工,它又可以变得像新铝一样有益于社会。所以,表层意义的荒诞和非理性中蕴藏着理性的睿智和机敏,体现出一种反讽式的卓有成效的传播艺术。

(三) 抒情型

抒情型是一种通过文案创作者直抒胸臆的直接抒情或通过形象间接抒情的方式来达到以情感人、以情促销的广告语。例如:

威力洗衣机,献给母亲的爱。

——威力牌洗衣机广告

一股浓香,一缕温暖。

——南方黑芝麻糊广告

微笑的可口可乐。

——美国可口可乐广告

母亲的恩惠,天然矿泉水。

——Viteru 矿泉水广告

以情感人是文学型文案获得广告效果的重要手段。广告语作为文学型文案最重要的构成部分,当然也会重视情感的力量。如南方黑芝麻糊广告语"一股浓香,一缕温暖"就是如此。黑芝麻糊冒出的浓浓香味,使人情不自禁地怀念起往日那美好的岁月,内心深处顿时涌出一股暖流……广告正文的"怀旧"情绪又引起不同消费者不同的"怀旧"之情。但不论何种"怀旧",总会生出一股珍爱、一种感动,进而对感动之源——南方黑芝麻糊广告语及产品留下了难以磨灭的记忆。至于"威力洗衣机,献给母亲的爱"所体现出的一种血浓于水的爱,"微笑的可口可乐"所显示出的欢快愉悦之情,都会让消费者动心,去购买广告产品以表达某种特定的情感。

(四)议论型

在广告文案中,有一种广告语不是表达情感,而是对广告产品、服务或企业理念等进行评论、说理,力求做到以理服人,这就是议论型广告语。例如:

> 改变汽车主流的转缸式的马自达。
>
> ——日本马自达汽车广告
>
> 把自然和健康科学化的津村。
>
> ——日本津村广告
>
> 南方,南方,国产之光。
>
> ——南方汽车广告
>
> 货真不怕比——法国东钢盘 500 型不输其他轮胎。
> ——法国东钢盘 500 型轮胎广告
>
> 口渴与清凉之间的最近距离——可口可乐。
> ——美国可口可乐广告

上述广告语都是对广告产品所进行的画龙点睛式的精彩点评或言简意赅的说理。如日本马自达汽车广告语"改变汽车主流的转缸式的马自达",无疑是对新型的马自达汽车的简要评论,指出转缸式马自达改变了汽车主流,也就意味着马自达是新的汽车潮流的领导者,具有划时代的重大意义。至于美国可口可乐广告语"口渴与清凉之间的最近距离——可口可乐",则显然是在讲一个道理,意味着可口可乐是解决口渴问题最快捷、最方便的途径。消费者明白了这个道理,当然就会心悦诚服地去购买该广告产品了。

思考题

1. 广告文案标题有何特点?

2. 为某产品写一复合式标题（引+主+副）。

3. "引用型"标题与"点化型"标题的异同分析。

4. 为某产品写一"悬念式"标题。

5. 广告语有什么特征？

6. 为某产品写一"超现实型"广告语。

第十一章　广告文案的正文和附文

从某种意义上说，广告标题只是引导消费者阅读正文的中介结构。读者对广告标题的关注，引发了进一步阅读正文的浓厚兴味。在他们读了正文中对广告产品或服务的详细陈述之后，对广告产品的性质、功能等有了全面而深刻的把握，就极有可能产生购买欲望，可见广告正文成了广告文案取得效果的主要因素。因此，所谓广告正文，是指文案中承载着主要广告信息并且居于中心地位的语言文字部分。

至于附文，其地位虽然不及正文那么重要，但也是整个广告文案中不可缺少的有机构成部分。一般来说，如果缺少附文，广告的效果也就难以产生了。

第一节　广告正文的基本类型

如同广告标题、广告语可以从多种不同的视角进行类型分析一样，广告正文也可以依据不同的分类标准作出迥然相异的类型划分。如果以正文中产品类别的内容为标准，可将它分成生产资料型、日常用品型；如果以受益面为标准，可将它分成商业型和公益型；如果以广告媒体为标准，可将它分成小众媒体型、大众媒体型、高科技媒体型；如果以表达方式为标准，则可将它分成新闻型、文学型、论述型、说明型等。下面我们就以最后一种分类标准，来对广告正文作出较为详细的类型分析。

一、新闻型

内容没有任何虚构，合乎客观实际，并采用新闻体裁和语言写出，这就是新闻型正文。常见的有报道、通讯、报告文学等形式。试看下面的例子：

标题：La2—xBaxCuO4

它始于瑞士苏黎世的 IBM 实验室，谁知它会止于何方？

正文：1986 年 1 月，IBM 的两位科学家 J. 乔治·毕诺兹（J. Geog Bednorz）和 K. 亚历克斯·穆勒（K. Alex Muller）结束了长期的探索，他们发现了一种全新的超导材料，其公式如上。

在大多数科学家感到无望而决定放弃的科学领域中，他们的突破激起了巨大的反响。

　　现在，IBM 以及全世界的研究人员正在扩大两位科学家最早发现的成果。

　　虽然还无人能肯定超导研究最后将导致什么结果，但是它肯定会推动从计算机直至医学等各个领域的发展。

　　事隔 21 个月之后，也就是 1987 年 10 月，毕诺兹和穆勒荣获了诺贝尔物理奖。

　　我们为两位科学家感到自豪，就如同我们自己就是获得诺贝尔物理奖的两名科学家。

　　IBM 公司十分重视为科研人员提供一个多出科研成果的环境，因为这类重大突破毕竟不是纯属于 IBM 公司本身，而是对世界的重大贡献。

　　上面的广告正文，其材料都是真实的，没有任何虚构的成分，并且采用新闻报道的形式，介绍了 IBM 的两位杰出科学家乔治·毕诺兹和亚历克斯·穆勒发现一种超导新材料的过程及其巨大的科学意义，尤其突出了 IBM 对两位科学家的关心，给他们提供了一个可以多出科研成果的环境，这就为 IBM 公司树立了良好的企业形象。

二、文学型

　　用文学创作形象、抒情言志的方法写出的正文就称为文学型。常用的体裁有诗歌、散文、戏剧文学等。例如：

> 每一天，当我驾车飞驰此地
> 快车道上行人匆匆
> 和穿梭的车辆，进行一场
> 输不起的赌博
>
> 昨天，当我漫步走过
> 见她无助的伫立路口
> 默默等待
> 不知何时轮到
> 属于老年人过街的时刻
> 有一天，当我不再年轻
> 或许也将徘徊此处
> 望着随风而逝的巨兽
> 缓缓叹息

　　或是暗自垂泪

　　明日，当我驾车飞驰此地
　　我想，应该停车
　　让她慢慢走过

　　上引案例系美国福特汽车公司发布的一首公益广告诗。作者写出了一个汽车司机曲折的思想变化历程：一开始时驾车飞驰，完全不顾匆匆的行人。当他看到一位老太太伫立路口多时仍无法通过时，突然想到自己以后老了遇到此事怎么办，于是良心发现，决心以后遇到此类情况时要先停车让老人慢慢走过。通过这些形象化的细节描写，意在表明：行车应当以礼让为先，特别要倡导尊重老人的良好社会风气。

　　文案以生动的细节、真挚的情感展现具有普遍性意义的重大社会问题，所取得的成效远远超过了一般性的、枯燥无味的直说。

三、论述型

　　在广告文案中，有一种正文是用逻辑论证的方式和抽象的语言，来证明产品或服务的优异性能、企业形象的良好，被称为论述型正文。

　　标题：得"芯"应手
　　正文：一部高效率的超级个人电脑，必须具备一片高性能的快速处理器，才能得"芯"应手地将各种软件功能全面发挥出来。Intel 现率先为您展示这项科技成就，隆重推出跨时代的奔腾处理器。它的运算速度是旧型处理器的 8 倍，能全面缩减等候时间，大大增加您的工作效率。

　　除此之外，它能与市面上各种电脑软件全面兼容，从最简单的文字处理器到复杂的 CD-ROM 多媒体技术应用，它均可将这些软件的工作效率发挥得淋漓尽致，而它的售价却物超所值。若想弹指之间完成工作，您的选择必然是奔腾处理器。

　　英特尔奔腾处理器，给电脑一颗奔驰的"芯"！

　　不难看出，这篇正文实际上预先拟设了一个论点，即英特尔奔腾处理器具有高性能的快速处理特点，能让消费者在弹指之间完成工作。为了证明这个论点的正确性，作者提出了两个论据：第一，英特尔奔腾处理器的运算速度是旧型处理器的 8 倍，能全面缩短等候时间；第二，它的兼容性能使各种软件的工作效率发挥得淋漓尽致。通过论证，作者的论点不仅凸显出来，为消费者所理解，而且以论据的翔实和论证的严密而具有不可辩驳的力量，从而使读者口服心服，产生了跃跃欲试的购买欲望。

在论述型正文中，还有一种从反面立论的驳论或正文，如前面所列举的"爱力牌"麦粉正文中对"贵的就是好的"这一消费观念的批驳，从而证明广告产品价格不贵但质量却很好的论点。

四、说明型

在广告正文的撰写中，根据产品的特点和主题的要求，需要对广告产品进行外部形态、内部构成、性能功效等作出简明扼要的介绍和解释，于是就形成了一种类似于说明文的说明型正文。试以下面的文案为例：

《中学生学习报》是一份辅导中学生学好各科知识的综合性业务报。它将帮助中学生打好基础，发展智力，培养能力；引导中学生走向社会，走向自然。它以初中学生为主要读者对象，兼顾高中学生需要。1982 年 10 月创刊，每周一期，每期四开纸一张。

现将《中学生学习报》有关栏目内容介绍于下：

一、课程辅导：重点放在各科课程的学生成绩"分化点"上，放在那些多数学生难以掌握的章节和小栏目。本栏文章旨在帮助学生树立攻关的信心，掌握攻关的方法，引导学生顺利解决这些难点。本栏之下还将开设"攻关""师生问答""小诊所""周周练"等小栏目。

二、我最入迷的：本栏着眼于培养学生学习各种课程的兴趣，用入迷者的经验谈，引发其他学生学习某科或某科的某些章节及对某类问题的兴趣。

三、趣闻、趣谈：寓知识于故事，给知识以趣味。本栏包括"语言修辞趣谈""逻辑妙用""语录奇趣录""游踪""史海趣闻"等小栏目。

四、学习卡片：包括精当的提要，珍贵的资料，一得之见、思想火花等。

五、良师益友：本栏旨在沟通学生之间、师生之间、专家学者与学生之间的联系，包括经验交流、问题讨论、方法介绍、希望勉励等。

六、复习指导：重点在于提出要求，找出规律，点拨方法，举一反三。

七、中外古今：旨在开阔学生的视野，指导课外阅读和课外活动。本栏包括"书林探宝""人物故事""智力世界"等小栏目。

八、文科十万个为什么：这是一个固定的连续性专栏，针对学生中普遍存在的问题，深入浅出地讲解文科知识。

九、中学生园地：刊载各校推荐的学生的好作业、好文章。

广告正文将《中学生学习报》9 个栏目的主要内容作出了概括性的简要说明，

使读者对其面貌有一个全面的认知。

正文首先从总体上对《中学生学习报》的性质作出了判断：它是一份辅导中学生学好各科知识的综合性业务报。接着又对它的主要功能予以简洁的说明：可以帮助中学生打好坚实的基础，发展智力，培养发现问题、解决问题的能力，并能积极有效地引导中学生走向广阔的社会和美丽的大自然，为他们的成才创造良好的条件。但这只是该杂志总的指导思想和理想目标，其具体措施如何呢？作者从9个栏目的设置、内容等方面，对这个问题逐个予以解答和说明，使读者对其产生了完整而深刻的印象，从而刺激起订阅的动机。

第二节　广告正文的撰写原则

正文作为广告文案最重要的组成部分，承载着作品基本信息传播的使命。因此，正文的创作必须引起我们高度的重视。

一、集中性

在正文的撰写中，突出主诉求点是第一要务。正如日本著名广告学者植条则夫所说："就文稿来说，把标题、副标题、正文统一在有序的一贯性的基础上是相当重要的。不这样的话，读者从广告文稿中接受的信息不能被集中到一个广告目标上。"他还特举日本名牌产品麒麟啤酒的正文紧紧围绕"麒麟尝试出货新鲜"这一概念（主诉求点），把焦点集中在"新鲜"二字，即在啤酒工厂刚酿好就出货的新鲜生啤上，对消费者加大刺激力度，从而大大增强了正文的说服力，引起了消费者的高度重视。

二、具体性

正文是对标题的承接，而承接就意味着沿着标题的方向继续向前推进，引向深入，对产品或服务的性质、功能、外部造型等方面进行细致的、详尽的描述、说明或论证，使消费者对广告产品把握得更深刻、更完整，这就是广告正文撰写中具体化原则的本质含义。请看下面的两个例子：

上帝·彩票·音乐师

常在广场演奏手风琴的音乐师

轻易穿过交错的街道，来到咖啡馆

他对咖啡馆的熟悉，超出我的想象

邻桌一位好奇的客人向侍者打听音乐师的来历

"27岁那年，随马戏团走各地的他

同往常一样

在表演走钢丝前没有忘了向上帝祷告

在众人的注目下，才跨出一步

他便从钢索上落下……"

侍者转头看着音乐师

压低声音："就这样失明了!"

侍者突然拿起一份晨报

快步地朝音乐师走去

音乐师从呢帽中取出几张彩票给侍者

侍者翻开晨报，熟练地为他兑起奖来

经过一阵小声交谈

音乐师慎重地收起彩票，露出笑容

侍者为他披上大衣，点了根烟给他

没多久后他拿起手风琴

奏起快板的布雷舞曲

喜滋滋地步出咖啡馆

和进来时一样，没有碰到任何桌椅

侍者回到好奇的客人桌前

继续未完的话题

"那次意外后，他开始买彩票

而且一买就是 30 年

30 年来他未曾中过一张彩票

今天也不例外。但，他始终乐观

因为他总说……'上帝欠我一次'。"

附文：

左岸咖啡馆

飞向健康的 21 世纪

统一企业公司

标题： 只需两人驾驶

但需要 24 万人的劳动才能使它腾飞

正文： 制造一架喷气式飞机不光需要技术，更需要人。就拿我们商用飞机部来说，就有 6 万名员工，另外还得到公司内部其他部门好几千人的援助。

波音公司在世界各地有 4 000 多个供应厂商，每一个波音职工至少有 3 个供应厂商的人员和他合作。

　　这些承包商为波音公司的大量产品提供部件、元器件、材料及子系统等，更不用说日常营业所需的其他东西，小到文件夹，大到精密机床，形形色色。

　　你该明白一架喷气式飞机不仅仅是技术的纪念碑，更是人类合作的纪念碑。

　　尽管坐在驾驶舱里的可能只有两人，而在他们的背后却有 24 万人！

　　上引案例中的第一个，系中国台湾统一企业为其饮料"左岸咖啡馆"所做的品牌形象广告。其标题为"上帝·彩票·音乐师"，正文第一句"常在广场演奏手风琴的音乐师"就紧承标题，接下来对标题所揭示的概括性内容向具体化的方向拓展，通过侍者的口陈述了音乐师失明的经历，以及虽然从未中奖但仍 30 年如一日地购买彩票，而且坚信中奖的一天终会到来，因为"上帝欠我一次"。这就把失明和购彩票两件事与上帝连接起来，使标题得到具体、细致而深入的展开和阐述。同时，这种无与伦比的执著追求正是"左岸咖啡馆"品牌形象的绝好象征，因此该正文也是文案主题的集中显示。

　　至于第二个案例的正文，其功能也与第一个相似。它的标题是"只需两人驾驶，但需要 24 万人的劳动才能使它腾飞"，正文就提供确凿的证据，来具体而细致地阐述 24 万人的来历，如商用飞机部就有 6 万人，公司内部几千人帮助他们，还有世界上的 4 000 多个供应厂商等，累计起来就达到了 24 万人之多。当然，更重要的则在于凸显了广告主题，那就是波音飞机是无数员工辛勤劳动的结晶，是加强国际合作，促进人类社会不断进步的象征，从而达到了为波音飞机公司在全世界树立良好企业形象的广告目标。

三、刺激性

　　这里所说的刺激性，并非仅限于文学型广告正文，而是就一切类型的广告正文而言的，如新闻型、说明型、论述型等广告正文都应对消费者具有较大的刺激性。

　　所谓刺激性，是指广告正文应当针对某一消费群体的心理和需要，以生动有力的表述，加大对消费者的逻辑冲击力和情感冲击力，使之对广告诉求重点产生难以磨灭的深刻印象。只有这样的正文，才是当之无愧的优秀之作。例如：

　　标题：我们添加的唯一的东西就是盐

　　正文：我们公司的鲑鱼没有必要添加油料以增其汁味。因为它们都是特别肥大的鲑鱼。这些健康的鲑鱼，每年溯游到菩提山之北的长长河川。如果我们在蓝碧河选不出理想的鲑鱼怎么办呢？我们会耐心地等到明年。为什么？因为如果不是完美的，不会被 S&W 装入罐头。

作为全球最著名的广告公司之一的美国 DDB 广告公司，在 20 世纪 60 年代曾为 S&W 罐头创作了一系列堪称世界一流水平的广告作品。上引文案即为其中的一篇。它的正文并没有堆砌什么华丽的文词，但对消费者构成的冲击力之大却是罕见的。其表现的中心是强调他们选用的鲑鱼必须肥大，因为肥大就意味着油层深厚，味美可口。但文案真正的精彩之处还不在这里，而在于强调他们如果在蓝碧河捕不到理想的鱼，也绝不滥竽充数，而宁可等到明年。这才是真正的点睛之笔，因为这一极具典型性的细节，将他们选料之严、产品之优，尤其是他们对消费者的诚挚之情，揭示得真可谓"入木三分"，令每一个读者终生难以忘怀，其后所产生的巨大经济效益就是可想而知的了。

第三节　广告附文的特征和类型

事实上，广告文案中包含着两种不同性质的语言文字部分，一类是承载主导信息的，如传达产品或服务的性质、功效，企业的经营理念，企业的历史和业绩，被赋予的情感，等等；另一类则是负载附加信息的，我们称它为附文。所谓附文，是文案中表示广告主名称、企业名称、购买地址、联系方式（如电话号码、E-mail、网址等）以及购买方法的文句，它一般处于文案的结尾部分。

附文所传播的虽然只是一些附加信息，但绝不是可有可无的，而是整个广告文案中一个不可缺少的有机构成部分。

一、广告附文的基本特征

在广告文案这一有机整体中，作为主导部分的标题、正文和广告语，无论是在内容还是在形式上都与非主导部分的附文迥然相异，并由此决定了广告附文的基本特征。这种特征主要体现在下列几个方面：

第一，附加性。它是指广告附文不负载广告主题表现这一中心使命，只是提供一些有关购买方面的相对次要的信息。这些次要信息就构成广告附文的基本内容：向消费者陈述企业和广告产品品牌的名称，权威机构的认证，联系购买的方式，如电话号码、E-mail、网址等，条签式表格（用于促销抽奖和调查信息反馈等活动），有关促销信息，如竞赛奖励赠品、品尝、折价等优惠……所有这些信息都不是传达广告产品或服务本身的性质、功效以及情感类型，而主要是回答"如何购买"等一系列问题，而这正是广告附文的附加性特征的实质之所在。

第二，敦促性。即是说广告附文的基本目标就在于进一步促使消费者迅速采取购买广告产品的行动。这种敦促有两种不同的表现方式：

其一为直接敦促。主要是请消费者看了广告以后迅速前来购物。例如：

　　本公司为庆祝父亲节，以最优惠价提供精工石英表。

　　欢迎子女陪同父亲前来购买，给父亲一份意外的惊喜。

　　这是日本精工表在中国台湾地区发布的广告中的附文。他们在父亲节这个不平常的特定日子里，以如此富于亲情的口吻要求子女们前来购表，借此表达对父亲恩情的回报。实践证明，它确实产生了立竿见影之效。

　　其二为间接敦促。附文表面上虽未发出要求消费者马上购物的呼吁，但所提供的企业或经销商地址、联系人、电话号码、E-mail、网址等，显然暗含着一种购物吁请。例如：

　　"城市面孔录音带"，中国广播音响出版社最新推出，别忘了我们的地址：北京复兴门外大街 2 号中国广播音响出版社，邮政编码 100866，邮购每盘 10 元整，电话 8032293。

　　不难看出，中国广播音响出版社的这一广告附文，并没有像日本精工表那样直接要求消费者迅速前来购买，而只是提供了广告主的地址、邮政编码、邮购价格、联系电话等附加信息，但其中隐含着的敦促购买之意，每一个读者都是可以心领神会的，尤其是"别忘了"三字，更是敦促购买的点睛之笔。

二、广告附文的类型划分

　　广告附文的具体表现形式相当多样，从不同的视角出发，就可以作出不同的类型划分。在这里，我们根据广告附文表现形式的简繁状况，将其分为两大门类。

　　第一，简单型。广告附文如果只在文案结尾部分列出一些最不可缺少的附加购买信息，如企业、产品品牌名称、联系人、电话号码等，文字数量少，不加吁请购买之语，就称为简单型附文。例如，丽尔科研制剂厂所发布的广告《一分钟即可杀毒的"克琳"》，其附文就是如此：

　　欲购者可与丽尔科研制剂厂办事处（定福街 23 号）联系

　　联系电话：6739529—2411

　　上述案例只是简单地列出了购买"克琳"杀毒剂的联系地址和电话号码，没有其他较为复杂的内容，可谓简单型附文的典型之作。

　　第二，复杂型。它是一种附加信息量较大，篇幅较长，表现也较复杂的广告附文。它有着较长的附言、促销举措等。例如：

本品分左旋和右旋，两枚为一副。每包装 400 枚（200 副）为 230 元（包含邮费），备有现货，银行或邮局汇款均可。欢迎来人来函洽购。

（下面为联系地址、电话号码、联系人等。）

上引案例是河南汝州市少林飞镖的广告附文。其所包含的附加信息相当丰富，既有产品包装、价格、汇款等情况，还有敦促购买的热情吁请，以及企业地址、联系电话等，篇幅也较长，无疑属于复杂型附文。

思考题

1. 谈谈正文和标题的关系。
2. 为某产品写一"说明型"正文。
3. 举例说明广告正文撰写原则之一"具体性"的要求。
4. 略述广告文案附文的价值。
5. 为某产品写一"复杂型"附文。

第十二章　报刊广告文案

在传统的大众传播媒体中，报纸杂志的历史最为悠久，其所发布的广告也同样如此。即使在今天，作为广告媒体的报刊仍然保持着旺盛的活力，表现出经久不衰的强劲势头。因此，报刊广告应当引起我们的高度重视。

在报刊广告中，文案的功能和效果大于图形，因为据美国权威机构调查，广告50%~75%的效果来自于文案。这是就多种媒体广告效果的平均值而言的，但在报刊广告的效果中，文案所占百分比高于平均值则是毫无疑义的。因为从总体上看，报刊广告效果的获得，更多地倚重于文案部分，当然其中的图形也不可轻视。所以，对报刊广告文案进行深入研究，努力发现它们的创作规律和传播规律，无论是对于广告文案创作水平的提高，还是强化报刊广告的效果，无疑都有着十分重要的意义。

第一节　报刊广告文案的基本特征

在大众传播媒体中，由于各媒体所使用的传播符号、传播方式不同，就使得媒体刊播的多种作品存在很大的差异。报刊广告文案作为这些作品中的一种重要类型，与广播、电视广告文案以及其他类型的作品有着相当大的区别。报刊广告文案的基本特征主要体现在下列几个方面：

一、重视标题

一般来说，广播、电视广告文案是不用标题的，而报纸和杂志广告则十分重视标题的创作。大卫·奥格威曾经指出："标题是大多数平面广告最重要的部分，它是决定读者是不是读正文的关键所在。"标题对于报刊广告的重要意义，由此可见一斑。

如果我们将阿米茄手表电视广告与报纸广告作一番比较，上述特征就可以显示得更为鲜明。20世纪60年代初，美国"阿波罗计划"获得巨大成功，三位宇航员登上月球，这在人类历史上还是第一次，在探索宇宙奥秘方面无疑具有划时代的伟大意义。敏感的企业家迅速抓住这一难得的历史机遇，纷纷以此为题材大做广告。阿米茄手表生产厂商就是其中突出的一家，他们发布了一个电视广告，表明登月英雄所戴手表正是阿米茄表，并向三位英雄致以衷心的祝贺与敬意。然而这个著名的电视广告并没有标题，因为它没有这个需要，对于厂商来说，只要有突出的、生动的感性画面就可以保证它的成功了。

但阿米茄的报纸广告却与此不同，他们呕心沥血，殚精竭虑，终于构想出一个十分醒目、十分有力的大标题："阿米茄——高贵的象征"。这一标题无疑在消费者心目中树立了阿米茄崇高的品牌形象，暗示它性能卓越出众，是表中英雄，而表中英雄为人间登月英雄所佩戴，就更有力地显示出阿米茄表不同凡响的高贵气质，从而对社会成功人士产生了巨大的吸引力，为佩戴此表而深感自豪。

可见，采用精心锻造的具有高度浓缩性的标题，可以引起消费者的注意，并激发购买广告产品的浓厚兴趣而导致广告效果的最佳化出现。而这正是报刊广告文案区别于广播、电视媒体广告文案的基本特征之一。

二、可有很长的文案

广播媒体由于没有画面，其有声语言、音响、音乐稍纵即逝。在具有逼真的动态画面，兼具有声语言、文字、音乐、音响的电视媒体的强大冲击下，其处境日见窘迫，加上长盛不衰的报纸媒体的猛烈夹击，导致其影响力日渐削弱。所以，广播媒体不能播发很长的广告文案，否则不仅广告没有人收听，而且其受众会呈进一步衰减之势。

至于电视媒体，当前虽有很大的传播优势，但它的广告只能比广播更短，因为正由于它的优势才导致广告播出费用昂贵，又因其费用昂贵而使电视广告愈趋短小，目前30秒广告已成为主流，因此电视媒体广告就更不可能出现长文案了。

但报纸媒体却不一样，随着新闻竞争、广告竞争的加剧，报纸的版面越来越多，又由于广告主的日益成熟，除了追求及时、短期广告效果外，他们还将注意力放到企业形象广告上，不惜重金购买报纸的整版或半版版面，刊布全文字性的长文案，以求得在社会上树立良好的企业形象，而这正是企业获得长期广告效应，源源不断地取得巨额经济回报的重要手段。

从上面的比较分析中可以看出，在传统的四大媒体中，广播电视媒体一般不可能发布长文案，唯有报纸（或杂志）可能刊播，可见报纸广告中有长文案的存在，正是报纸文案的又一重要特征。试看下面的例子：

科学/视野

休斯飞机公司采用先进的蒸汽注入法帮助解决了工业碳氢化合物对土壤和地下水造成污染的问题。采用这种方法，不必挖掘土壤就可以处理掉碳氢化合物。其方法是，先把蒸汽注入地下……这种补救方法是休斯公司采用现有技术解决环境污染的众多实例之一。

现在，一旦遇到自然灾害，即使最偏僻的边远地区，也能直接进入公众电话网，这是因为有了休斯公司制造的便携式卫星地面站……休斯公司设计的网路有 99.5% 的可靠性和可用度，是替代常规通讯系统的理想手段……

无污染车辆即将投入批量生产。通用汽车公司生产的电动游览车，就是采用了休斯公司制造的高可靠性、低成本的功率变换器和充电系统来供电的。这种变换器将直流电转换为交流电来启动汽车、改变汽车的速度。休斯公司的工作涉及许多与环境有关的领域，从开发无污染的汽车到研究无污染的生产工艺。为通用生产的游览车提供配件只是众多实例中的一个而已。

研究音质的人们现在可以采用休斯公司 3D 音响增强系统。这是一种独立的高保真元件，到现在为止，获得专利的这种声音回响系统仅用在部分 SONY 和 GE/RCA 的电视机中……新的激光器可以帮助美国陆军检测和识别战场上的化学剂。休斯公司生产的激光器应用于固定地点、车辆和飞机上……除了军事上的应用，激光技术还可运用到环境保护中，如监测工业上的化学辐射和市区污染等。

上引案例系美国著名的 FICB 广告公司为休斯飞机公司撰写的一篇长文案，发布时没有配任何画面。休斯飞机公司刊发这一长文案，其目的在于向广大消费者澄清一种误会，表明休斯飞机公司虽然名称上冠有"飞机"二字，其实并不生产飞机，而是从事高科技的研究开发工作，比如新式激光器、3D 音响增强系统、便携式卫星地面站等。由于休斯飞机公司不惜以巨资刊登介绍自己研究开发的高科技新产品，让广大消费者对该公司及广告产品获得了深刻的认知度和美誉度，从而为公司的可持续发展提供了极为有利的条件。

总之，类似休斯飞机公司《科学/视野》这样的长文案，一般只能由报纸、杂志媒体来发布，可见发布长文案也是报纸、杂志媒体的基本特征之一。

三、文图互补

除了小块的分类广告外，报刊广告文案较少以独立的形态存在，一般要与静态图形（手绘、电脑绘画、摄影图片等）配合使用，以达到相互补充、相得益彰的强化效果，这就是文图互补的真正本质之所在。

奥美广告公司的经验告诉我们，"如何创作具有销售效果的广告"，其中很重要的一点就是将"一张照片附说明以销售产品"，因为"阅读照片说明的人，比阅读广告正文的人，平均多出两倍"。美国著名广告专家路克·苏利文曾在《广告人的路克福音》一文中指出："让图像说话，文案尽可能简洁，我认为人们不喜欢看长篇大论，同样的，别把你的主要卖点埋在文案中，仅是为了提出一个好标题。在机场翻杂志的读者平均 2 秒钟要翻一页，如果你能让他们停下来注意你的标题或画面，你的广告就成功了。"这表明，报刊广告万万不可忽视图像的作用，要让它与文案巧妙配合，才能实现优势互补、吸引消费者注意广告产品并付诸购买行动的基本目的。

日本某电冰箱广告就是一个典型的成功案例，它的图形部分是一冷藏室门敞开的豪华气派的电冰箱，冷藏室上、下层分别陈置着一块露出红瓤的西瓜、一条鲜鱼。如果仅仅只有这张图片，消费者还是不能明白广告的主题之所在，但将旁边八个大字的标题"西瓜与鱼，和平共处"浏览之后，才真正理解了它的诉求重点：广告产品在冷藏食物时，可以互不串味，鱼不会使西瓜变腥，反过来，西瓜也不会使鱼变甜。

在这里，我们看到图形中的西瓜与鱼的直观形象加深了消费者的印象，因为直观形象刺激力较强，易于记忆，但仅靠它们是无法表现广告主题的，于是写出"西瓜与鱼和平共处"，对图像进行补充说明，让消费者能从中领悟到广告的诉求重点。由此可以发现图与文之间的互补关系，如果有图无文，消费者一般难以领会广告的主题意义；如果有文无图，消费者虽可以理解广告的诉求重点，但由于缺乏直观形象，对文案形成注意就比较困难。如果两者和谐地结合在一起，则是珠联璧合，使广告效果大大增强。

将报刊广告文案的上述特征与广播、电视媒体广告比较一下，我们就不难发现：广播广告无图可言，电视广告一般是以动态形象的连续运动构成一个完整的境界来表现主题的，不像报刊广告那样以静态图形与静态文字对应陈列，相互补充，相互强化。所以，我们认为，文案与静态图片的对应互补，乃是报刊广告文案又一重要特征。

第二节　报刊系列广告文案

我们如果稍加留意，就可以发现报纸、杂志经常为同一企业发布既有相似之处又存在着差别的成套广告。成套广告又称系列广告，见之于广播、电视媒体的很少，一般都刊登在报纸、杂志上。

一、系列文案的基本特征

某一广告可能在特定时期内为同一产品连续发布若干广告，但它只是单幅广告的叠加，而不能称为系列广告。

那么，究竟什么才是系列广告呢？我们认为，所谓系列广告，是指为了贯彻集中力量突出某一创意理念的广告策略，在较短时期内连续发布既有一定联系又不乏某种变化的自成体系的一组广告。由此我们可以看出系列广告文案具有创意策划的统一性。

　　企业在某一时期为同一产品所做的若干单幅广告的叠加之所以不能称为系列广告，最主要的就在于那些单幅广告没有统一的创意策划理念。而系列广告文案则是同一创意理念或统一策划的结果。例如：

耐克（NIKE）运动鞋系列文案

（一）

标题： 女人为了男人穿鞋

　　　　男人教女人走路

正文： 为了用婀娜多姿讨好他

　　　　你穿上了高跟鞋

　　　　你含蓄地用欢迎鉴赏的态度在他目光可及之处来回游走

　　　　慢慢慢慢慢慢地走

　　　　走成了习惯、走成了行为、走成了思想

　　　　因为在你穿上高跟鞋的时候，就收起了双脚

　　　　走路成了一件陌生的事

　　　　所以，走不出路来的女人

　　　　只好安分守己地等着

　　　　男人教女人走路

（二）

标题： 你决定自己穿什么

正文： 找出你的双脚，穿上它们

　　　　跑跑看，跳一跳……用你喜欢的方式走路

　　　　你会发现所有的空间都是你的领域

　　　　没有任何事物能阻止你独占蓝天

　　　　意外吗？你的双脚竟能改变你的世界

　　　　没错，因为走路是你的事

　　　　怎么走由你决定

　　　　当然，也由

　　　　你决定自己穿什么

（三）

标题： 男人决定女人的曲线

正文： 你有没有发现

　　　　当男人对你的身体说话时，你也不经意地开始用身体回答

　　　　甚至你要求自己以最奇怪的礼貌回答——

　　　　　　用男人喜欢的数字

所以，你开始忙着装潢你的身体直到你可以用标准过度的曲线，优

　　雅地招摇着，而男人也很合作地用视线封你为王

为了独享臣民的眼光，你执著于那三个数字

于是，你有了一个合成的身体

瞧！女人就是这样失去了自己的身体

因为女人让

男人决定女人的曲线

（四）

标题： 三围只是买衣服时的尺寸罢了

正文： "标准三围"是男人窥视女人的借口

36、24、36 则是男人虚荣程度的量化

男人就是这样用女人的身材布下陷阱

然后光明正大地骚扰你

别赞助男人好色

把男人的观点从女人的曲线上驱逐干净

因为，对女人而言

三围只是买衣服的尺寸罢了

　　耐克运动鞋系列广告由四篇文案组合而成，它们中的每一篇都可以说是同一创意理念（即女性应该独立于男性而取得自由）的感性显现或具体化，是统一的创意策划的必然产物。

　　系列文案创意策划的统一性，一方面使各篇文案的内容相关联（如主题一致），进而成为一个完整的有机体；另一方面由于一致性主题或有关联的主题的反复强调，易于为消费者牢牢记住。

　　（一）统一中的差异性

　　系列广告文案的强大效果不仅来自于上面所说的统一性，而且也与各篇之间的差异性有着密切的关系。

　　系列广告文案各篇之间的差异性主要有三种表现：第一，主题相同，但各篇所用题材不同；第二，内容有关联，但每一单篇的主题不同；第三，整个系列广告文案有一个主题，每一单篇只是整个故事中的一个部分，有中心情节但没有独立主题，差异就体现在各单篇故事情节的不同。

　　（二）风格的一致性

　　在表现风格上，报刊系列广告文案各单篇基本上是一致的，如语言风格的或幽默或典雅或素朴或华丽等，甚至在文案结构、句式等方面也基本上是一样的。试看下面的例子：

马汀大夫鞋系列广告文案

（一）

标题： 没有什么比这种感觉更好

正文： 我单身

我收集沙子

我看弗洛伊德

我穿 Dr. Martens……

广告语： 自信、固执、永不妥协

（二）

标题： 不要告诉我做什么才是好的

正文： 我逛二手店

我吃棒棒糖

我看 NBA

我穿 Dr. Martens……

广告语： 自信、固执、永不妥协

（三）

标题： 只有你清楚你自己想要什么

正文： 我走路

我听 Underground

我喝白开水

我穿 Dr. Martens……

广告语： 自信、固执、永不妥协

从马汀大夫鞋系列广告文案中，我们可以发现：第一，各篇的语言风格基本上是一样的，即都显示出一种刚健、幽默的语言风格，这与广告语所概括的文案中主体的性格——自信、固执、妥协取得了和谐的统一；第二，虽然三个单篇中"我"的行为的具体内容不同，但句子的模式却是一样的，即"我做什么"，用公式表示就是 A→B→C，句式简短有力，没有任何修饰成分。

（三）发布的集中性

报刊系列广告文案的发布，有着特殊的规律：一是各单篇之间相距的时间不能太长，要在较短的时期内连续刊出；二是要发布在同一报纸或杂志上。只有这样，才能在消费者头脑中造成一种累积、强化效应，也就是使他们产生较单篇广告更大的兴趣和更深的记忆，获得更突出的广告效果。

二、系列文案的基本类型

报刊系列广告文案的具体表现形式相当丰富多样，如果我们根据各篇之间究竟是一种空间关系还是一种时间关系，可将它们分为共时型和历时型两种系列广告文案。

（一）共时型

报刊系列广告文案中，如果各单篇主题相同而题材不同或主题不同但却有着密切关联，就体现出一种横向空间上的关系（非时间的、非纵向的），可以称之为共时型系列文案。请看下面的例子：

（一）

乘坐布兰尼夫飞往芝加哥的航班
从芝加哥为你的妻子带回来的最好礼物是什么？
选波兰香肠还是爱尔兰香肠？

徜在米克拉杰西克香肠店中，
你会馋得直流口水。
别犹豫了，买两磅真正的、味道一点都没有改变的、地道的香肠。
它味道浓郁，充满香草和其他香料的芳香。
它是香肠世界带给你的永远的乐事。
真太好了！在哪能找到它？
直接去迪汉夫人的爱尔兰进口食品店，
要爱尔兰香肠。
把它们带回家。
风干了，吃掉。
还想吃？那就再去芝加哥买。
你在任何别的地方都买不到它。
布兰尼夫必须对你的选择保持中立。
我们所知的就是芝加哥是世界上最迷人的城市。
很高兴我们布兰尼夫有到那儿的航班。
色彩丰富的布兰尼夫班机会带你到世界上任何一个激动人心的地方。
乘飞机旅行应该是桩乐事，所以我们把它变成了乐事。
我们有穿着"普奇"牌制服的空中小姐，
我们有你在其他航班公司的班机上都享用不到的饮品——波斯科白兰地和玛格丽塔葡萄酒。
还有像烧肉排和基辅鸡这样充满想象力的美食

有很多办法可让旅行变得愉快，我们都做到了。

所以，永远问你的旅行代理商：布兰尼夫有到那儿的航班吗？给我订它们的机票。

因为今年布兰尼夫蒸蒸日上。

今年布兰尼夫蒸蒸日上！每天 6 个航班直飞芝加哥（我们也可以带你飞跃美国，去墨西哥、夏威夷或者南美洲）。

（二）

我们布兰尼夫的班机送你到西雅图后
你最愿意看到哪一样让你充满惊奇的景物？
选人工的摩天针还是华盛顿山美丽的天然常绿树林

西雅图世界知名的美景中
最吸引人的一个就是摩天针。
你会很高兴看到它依旧安然无恙。
高高的、细细的塔身顶部 607 米高处，就是摩天针餐厅。
你就餐时，它慢慢地旋转。
美食令你口水直流，而美景则让你屏住呼吸。
在连绵的华盛顿山上，
一望无际的树林在风中私语，
它们把高速公路变得像大教堂一样宁静，
在阳光的照射下形成的无数形态不同的阴影，
构成了野餐的胜地。
布兰尼夫必须对你的选择保持中立。
我们所知的就是西雅图和塔科马是世界上最美丽的地方。
很高兴我们布兰尼夫有到那儿的航班（经由达拉斯）……

今年布兰尼夫蒸蒸日上！每天 2 个航班飞往西雅图和塔科马（我们也可以带你飞跃美国，去墨西哥、夏威夷或者南美洲）。

（三）

乘布兰尼夫的航班去圣安东尼奥买双靴子都很值得！选靴匠托尼·拉马的
还是选靴匠萨姆·路克齐斯的？

拉尼·拉马是个兴高采烈的人，
他制作的充满活力的靴子正反映了他的个性。
靴子上漂亮的图案都是用丝线一针一针缝出来的，这非常非常难。
去任何一家托尼拉马西部商店，

选一双让你感觉良好的靴子，

然后四处转转，

（认明你买的靴子是托尼制作的，）

萨姆·路克奇斯是个天才，这只靴子就是他的杰作。

它叫"斗牛士"，是用两片德国小牛皮做成的。

脚踝部分没有接缝，

不可思议地合脚。

路克奇斯先生会为你也做一双，

合适得其他任何人都穿不上。

布兰尼夫必须对你的选择保持中立。

我们所知的就是圣安东尼奥是世界上最迷人的城市，

很高兴我们布兰尼夫有到那儿的航班……

今年布兰尼夫蒸蒸日上！每天直飞圣安东尼奥（我们也可以带你飞跃美国，去墨西哥、夏威夷或者南美洲）。

　　布兰尼夫航空公司系列广告由三篇文案构成了一个完整的有机体。其中每一个广告担负着宣传一个航线的任务，并且打破了一般航空公司广告着力表现本公司服务热情周到、乘坐舒适的思维定势，而别出心裁地陈述该航班终点城市对乘客特有的巨大吸引力：芝加哥可以买到其他任何地方买不到的有着特殊风味的波兰香肠和爱尔兰香肠，西雅图则可以看到神奇壮观的摩天针和华盛顿山上一望无际的在风中私语的树林，圣安东尼奥则可以买到天才的靴匠托尼·拉马和萨姆·路克奇斯手工制作的无与伦比的靴子。

　　从表层看来，上述三篇文案似乎没有共同之处，但如果从抽象层面上予以审视，则可以发现它们的共性，那就是三条航线的终点城市无一不有迷人的魅力。所以，这三篇文案实际上是在一个共同的创意概念指导之下创作出来的，它们既存在着密切的联系，又具有相对的独立性，它们之间的关系实际上是一种在空间上并存的横向并列关系，而没有隶属性和时间上的纵向连续性。

　　（二）历时型

　　与上述共时型系列广告文案不同的是，历时型系列广告文案中的各篇存在着一种时间上的先后承续和故事情节的纵向因果连接关系，我们称它们为历时型系列文案。试以下面的广告为例：

台湾地区玛莉化工厂 G—11 药皂系列文案

（一）

标题：玛莉 G—11 征求受害人

副标题：我们愿负道义责任

正文：凡在台湾居住 6 个月以上，过去使用玛莉—G11 药皂，有不良反应，经公立医院医生证实，并有 1975 年 7 月 1 日以前之医师检验报告书者，不论症状轻重，经复核确实，每一受害人，得赔偿新台币 50 万元以下。

（二）

标题：玛莉 G—11 征求受害人，应征人"0"

副标题：截至目前，无人应征受害人

（三）

标题：征求受害人　　应征人 2

正文：有一位×××消费者，提出医师检验报告书应征，谓左上腿部发生红疹现象，现已指定医师进行复检中。另一位消费者，因未能提出医师检验报告书，与应征咨询不合，未予受理。

（四）

标题：谁是受害人？

正文：经医师复检证明，×××消费者的红疹现象，是食用海鲜所致皮肤过敏现象，与 G—11 药皂无关。这位消费者已自由撤回应征函件。

这是应征的最后一日，逾期概不受理。

（五）

标题：我是受害人

副标题：未经法院审判的死刑

正文：遍寻世界各地病例，G—11 药皂并无致病前例。三年前台湾地区有关 G—11 药皂为害的报道与传说，均查无实例。G—11 药皂在此情形下被若干专家擅自宣判死刑，实属不幸。世界各地，包括台湾地区，从未禁用 G—11 药皂，而且还制定使用标准。兹特将真相，公诸大众，以正视听。

上引玛莉化工厂发布的系列广告，旨在澄清有关 G—11 药皂使消费者致病的报道和传闻。为此，他们的创意策略就围绕着征求玛莉 G—11 药皂受害人来进行。在具体的实施过程中，创作者紧紧抓住征求受害人的纵向发展过程，将其中的情况按时间顺序和事件发展的因果逻辑，逐篇予以公布，第一篇叙述应征条件；第二篇说明无人应征；第三篇来了个"急转弯"：有两人称自己有致病经历，其中一人与应征资格不符，另一人则被送去复检，等候结论；第四篇公布复检结果，应征人出现的病症不是 G—11 药皂所致，系食用海鲜引起皮肤过敏；第五篇则以世界各地均无 G—11 药皂致病先例为证，表明玛莉 G—11 药皂对消费者是完全无害的，至此事实真相已大白于天下。

可以看出，上述案件中的 5 篇广告，从头至尾反映了征求玛莉 G—11 药皂受

害人的全过程，后面的一篇是前一篇所述事件的进一步发展和结果，前一篇则为后一篇的原因和动力，显示出多篇文案之间既是时间上的纵向连续，又是事情发展过程所形成的因果链的形象反映，所以我们认为该广告属于一种历时型系列广告文案。

第三节　系列广告文案的撰写方法

广告主之所以要发布系列广告，其目的就在于利用它所特有的一致——变化性，以此来加深消费者对文案本身和广告产品的记忆，产生一种累积、强化效应，并最终实现促进产品销售额增加的广告目标。

根据前面论及的系列广告文案的重要特征和基本类型，我们认为，系列广告文案的撰写主要应注意以下两点：

一、整体关联性

系列广告文案与单篇广告叠加的根本区别，就在于前者具有整体关联性而后者则没有，所以，创作系列文案的核心原则就在于要让各单篇形成一个整体，加强相互之间的关联。

要达到整体关联性，可以采用下列具体方法：

第一，确立统一的创意理念。要使各单篇形成一个整体，历时型系列广告文案是比较容易做到的，因为它本身就是一个完整的故事或事件，各单篇就是整个链条中的一个环节，如同电视连续剧中的某一集。共时型系列广告文案中有一种比较容易做到，如各单篇主题相同、题材不同的一类，主题就像一根红线，把那些散置的珍珠串成完整的项链；困难之处就在于共时型的第二种，即主题不同、各单篇又要有联系的一类，这时就必须确立一个超越于各单篇主题之上的具有某种"形而上质"意味的创意理念。如前面所引布兰尼夫航空公司系列文案，其三个单篇的主题就是不一样的，第一篇强调的是到芝加哥可买到给你妻子的最好礼物——其他地方买不到的波兰香肠或爱尔兰香肠；第二篇突出的是西雅图可让乘客看到充满惊奇的景物——高耸入云的摩天针和有天然常绿树林的华盛顿山；第三篇则侧重于表现圣安东尼奥有着天才的靴匠托尼·拉马和萨姆·路克奇斯用手工制作的无与伦比的靴子供你选择。

虽然布兰尼夫航空公司系列广告的三个单篇主题各不相同，但却有一个凌驾于其上的创意理念，即"布兰尼夫三个航班的终点城市都有赏心乐事等待着乘客"，将三个单篇连接起来，每一单篇的主题都是这一共同的创意理念衍生的结果或具体化。创意理念不能等同于单篇文案的主题，但单篇文案主题却都是它的具体表现，其关系类似于柏拉图的"理式"、黑格尔的"理念"同宇宙万物之间的关系。

总体来看，共时型系列广告文案的第二种类型，在撰写时要为各单篇确立一个具有形而上意味的创意理念，就可将各篇统一成一个完善的整体。

第二，可用广告语、一致的风格、相同或相近的句式来加强各篇之间的关联。试以下面的文案为例：

台湾地区"黑松"汽水"灵药篇"系列文案
（一）

标题：爱情灵药

正文：温柔心一颗

倾听二钱

敬重三分

谅解四味

不生气五两

以汽水服送之

不分次数，多多益善

广告语：用心让明天更新

（二）

标题：工作灵药

正文：热心一片

谦虚二钱

努力三分

学习四味

沟通五两

以汽水服送

遇困境加倍用之

广告语：用心让明天更新

（三）

标题：生活灵药

正文：水一杯

糖二三分

气泡随意

以欢喜心喝之

不拘时候，老少皆宜

广告语：用心让明天更新

在我们撰写系列广告文案时，台湾地区"黑松"汽水"灵药篇"为我们提供了加强系列文案各单篇之间关联性的有益经验：其一，以广告语"用心让明天更新"将各篇联结起来；其二，从标题到正文的句式，各篇基本相同，如"爱情灵药""工作灵药""生活灵药"就是如此，再如一片、二钱、三分等数量词的运用，就贯串各篇；其三，从风格上看，各篇都是仿拟中医所开处方的风格创作出来的，因而表现出风格上的一致性。

二、多样变化性

系列广告文案不是单篇文案的重复刊出，它必须在整体统一的基础上追求变化的多样性，只有这样才能使广大消费者产生强烈的兴趣，才能对广告产品产生深刻的记忆。

系列广告文案寻求统一中的多样变化的方法有很多，其中重要的有下列几种：

第一，主题不变题材变。如 Land Rover-Discovery 汽车系列广告文案由三篇单幅广告组成，每篇的主题都是一样的，即强调广告产品有着出类拔萃的特殊功能，但表现主题的题材却有所变化。正是凭着这种变化，才使得消费者对广告文案产生一种新颖有趣的感觉，并连带对 Land Rover-Discovery 汽车产生了注意。

第二，正文不变标题变。如瑞泰人寿保险公司的系列广告文案：

（一）

标题：寻人

决心要在台湾地区扎根的瑞泰人寿，寻觅择善固执、坚持到底的伙伴

正文：如果，正在看报的你

对自己及这片土地的一切充满信心

不玩股票

没有省籍情结

自负而谦虚，热情却冷静

能分辨幻想与理想

经常化心动为行动

那么，欢迎你加入瑞泰人寿的行列

请尽快给我们

一通电话

一封信函

也许，我们和你

能共创一个终生不悔的未来

我们欢迎有心从事保险事业的各级业务主管与专业人员，我们不苛求你的学历与经验，都非常珍惜每一份愿意共享成长、共创未来的机缘。你可以直接与总经理×××先生联络。

广告语：来自瑞泰，温暖人世

（二）

标题：征人

决心要在台湾地区扎根的瑞泰人寿，征求努力冲刺、不断向前的伙伴。

（本篇及下面第三篇、第四篇的文案正文与第一篇完全相同）

（三）

标题：要人

决心要在台湾地区扎根的瑞泰人寿，需要同舟共济、共创未来的伙伴。

（四）

标题：找人

决心要在台湾地区扎根的瑞泰人寿，只找同挑重担、共享成长的伙伴。

台湾地区瑞泰人寿保险公司发布的这一系列广告文案，在保持正文相同的基础上，将标题内容作出了变化，如将第一篇的"寻人"分别改成"征人""要人""找人"，将"择善固执、坚持到底"分别改为"努力冲刺、不断向前""同舟共济、共创未来""同挑重担、共享成长"，在变化中逐步加强语气，表现出求贤若渴的诚意。

第三，句式不变内涵变。例如：

并非所有的人都懂得它所代表的含义
并非所有的新生事物在它诞生过程中就能成为万众瞩目的焦点
并非所有的人都能亲自体会成功的荣耀
并非所有的人都能赢得这样的热烈欢呼
并非所有的新车在它刚刚面世的时候就能赢得如此的万众瞩目
不是所有的豪华车都能恰如其分地称得上豪华
不是每一部豪华车都让你觉得物超所值

上海大众汽车有限公司桑塔纳 2000 豪华型轿车上市时，发布了系列广告，其标题采用了非正面的诉求"并非……""不是……"这样充满强调语气而句幅较长的广告标题。在这里，我们可以看到，桑塔纳 2000 豪华型轿车系列广告文案所用标题，其句式基本保持不变，即都用"并非……"这样的非正面诉求句式，但每一标题的内容和文字都发生了很大变化。

第四，风格不变内容变。如马汀大夫鞋系列广告由三个单篇组成，其整体风格是刚劲、简洁、有力，但表现其风格的内容每篇却不一样，如第二篇的内容是"我逛二手店，我吃棒棒糖，我看 NBA"，第三篇的内容换成了"我走路，我听 Underground，我喝白开水"。

总之，我们在撰写系列广告文案时，一定要紧紧抓住"整体关联性"和"多样变化性"这两个最重要的原则。如果我们能自由地运用，就一定能创作出具有良好广告效果的优秀系列文案。

思考题

1. 文案在报刊广告中的地位。
2. 为什么说"可有很长的文案"是报刊广告的特点？
3. 广告主为什么要刊发系列广告文案？
4. 报刊系列广告文案有何特征？
5. "共时型"系列文案与"历时型"系列文案有何异同？
6. 为某产品写一系列文案（要有标题、正文、广告语）。

第十三章 广播广告文案

作为传统的四大媒体之一的广播电台，虽然它由于传播手段的限制（运用有声语言等声音形式而没有听觉画面），其影响力不及电视、报纸和杂志，但其重要性仍然是不可低估的，因为它毕竟属于电子媒体，具有传播信息快速及时、覆盖面宽、声情并茂等优点，因而拥有某些特定的收听群体。如果产品恰好针对这些特殊群体，那么广告效果也会相当显著。

第一节　广播广告文案的基本特征

广播广告缺乏视觉画面，完全诉诸消费者的视觉，因此有声语言就成了广播广告最主要的传播手段（其次是音乐和音响）。这种直接诉诸消费者听觉的特殊传播方式，决定了广播广告文案具有不同于报刊广告文案、电视广告文案的基本特征。

一、言语的悦耳性

广播广告文案一开始是写在纸上的，但最终还得用有声语言作为传播的基本手段，这就决定了广播广告文案一般只用"言语"，而"语言"则相对使用得较少。

结构主义语言学大师索绪尔曾经指出："语言和言语活动不能混为一谈，它只是言语活动的一个确定的部分，而且当然是一个主要的部分。它既是言语机能的社会产物，又是社会集团为了使个人有可能行使这机能所采用的一整套必不可少的规约。整个看来，同时跨着物理、生理和心理几个领域，它还属于个人的领域和社会的领域，我们没法把它归入任何一个人文事实的范畴。相反，语言本身就是一个整体，一个分类的原则。"在他看来，语言虽然是言语的工具，又是言语的产物，但两者之间质的差别却是不容忽视的。语言具有普遍性、抽象性和既定性特征，而言语则是个别、具体和独创性的东西。

现象学哲学—美学的重要代表人物米盖尔·杜夫海纳则从艺术的视角对此作了进一步的探讨，他指出："另一端是超语言学领域，在这个领域里，系统是超意义的，它们能使我们传达信息，但没有代码，或者说代码越是不严格，信息就越是模糊不清，意义于是成为表现。在我们看来，艺术似乎是超语言的最佳代表。"杜夫海纳在这里所说的超语言，就是与语言相对的"言语"，而语言艺术所使用的物质媒介就是"言语"而不是"语言"。广播广告（或者说大部分广播广告）作为一种实用艺术，也不可避免地会以使用"言语"为主，即使用自然语言、日常语言和个性语言，这就决定了广播广告文案必然存在着悦耳动听、形象易懂的特征。例如：

SUNDAY 电讯广播广告"母子篇"

甲：喂，妈，最近还好吗？波士顿天气冷了，小心身体。

乙：我很好。但是你爸爸又去见那个女人，几天没回家了，呜……你要乖一点呀，阿明。

甲：阿明？我是阿强呀！妈，你别吓唬我，自己儿子的名字也忘了！

乙：阿强？我的儿子叫阿明，你不是我儿子？

甲：什么？我不是你儿子?!莫非我是那个女人生的？你养育我这么多年，让我三十几岁才知道自己的身世，你不觉得很残忍吗？啊，怪不得移民也剩下我在香港！

乙：我儿子才二十岁，你究竟是谁？

甲：噢，我又拨错号码了……（人声渐弱）

男旁白：Sunday 1622，每逢 Sunday 免费拨去美加，拨错号码也没有损失。查询请电：21138000

香港 Sunday 电讯的这则广播广告文案，人物所说的话类似于日常口语，生动鲜明，自然浅显，让消费者不仅听得懂，而且觉得鲜活有趣，乐于接受广告的诉求主题，效果相当不错。如"呜……你要乖一点呀，阿明"等语，就用高度口语化的腔调，把一个既怨恨丈夫又离不开丈夫的弱女人的形象表现得惟妙惟肖，一下子就抓住了消费者的注意力。

二、广阔的体裁域

广播广告文案既可以运用报刊广告文案、电视广告文案的一般体裁，如说明型、论述型、文学型（诗歌、散文、小小说、戏剧等），而且能大量运用报刊、电视媒体广告中出现频率较少的曲艺文学样式来创作文案，全国性的曲艺形式如快板书、相声、评书等，地方性说唱文学如苏州评弹、河南坠子之类。报纸、杂志是无声媒体，刊登曲艺文学式广告文案，效果出不来，故一般不用此类体裁；电视因其为视听综合性媒体，所以有时用一点，但数量很少，这是由于电视广告收费昂贵，时间短了（30秒、15秒等）讲不完，时间长了费用太高又不划算，而且效果也不比其他样式好。但广播广告收费低，制作简便，即使较长的快板广告也不需要很多广告费，并且又为某些消费者群体所喜闻乐见，故经常被广播广告创作人员选用。总之，广播广告文案由于可以兼收并蓄，又有自己独有的体裁，所以它的体裁范围较之报刊、电视媒体要宽广得多。

三、声文并茂

广播广告文案一般要与音响、音乐结合起来，扬长避短，以多元的艺术境界来强化它对广大消费者的吸引力，使他们对广告产品高度关注，最终实现促进产品销售额大幅度增长的广告目标。试看下面的例子：

可口可乐公司雪碧汽水广播广告

（蝉鸣起伏……）

男孩子：渴，渴……

（闪烁的音响）

女孩声：晶晶亮，透心凉……

（喝一口，吸干声，如清凉的水淋头）

男孩子：哇！

男声：哦！雪碧，当今生活，无论是宴会、旅游、运动……到处有你清凉的奉献！

（孩子笑声，青年欢乐声，摩托艇驶过，一个海浪，又一个海浪）

女声：雪碧（飘过）。

美国可口可乐公司为其雪碧汽水发布的这则广播广告文案，运用多种音响与有声语言相配合：首先是自然音响即自然界事物发出的声音，如开始时起时伏的蝉鸣，与男孩子发出的"渴，渴"相呼应，不仅渲染了骄阳酷暑带来的令人干渴难忍的艺术氛围，而且为下面雪碧的出现作了一个极好的铺垫。其次为人为音响，如吸干饮料的声音、喝了雪碧之后欢乐的笑声等，就将雪碧汽水清凉解渴的效果暗示出来，再与有声语言"晶晶亮，透心凉"等配合起来，使广告主题得到了有力的表现，从而创造出一个极具感染力的艺术境界。

广播广告文案还经常与音乐结合起来，共同完成塑造形象、渲染气氛、增强美感愉悦功能、强化广告诉求力量的艰巨任务。这种音乐包括选用古典名曲、现代名曲，如帕格尼尼、巴赫、海顿、勃拉姆斯、肖邦等人创作的经典作品，还有专门为该广告创作的器乐曲或歌曲，如舒尔美席梦思广播广告，作者在文中描述了它的优良品质，又创作了一首歌曲来进一步突出广告诉求重点，由于有声语言与音乐和谐配合，因而取得了相当显著的促销效果。

第二节 广播广告文案的基本类型

广播广告文案的具体表现形态十分丰富多样，这和上面所说的体裁范围的广阔有着密切的关系。从体裁及其相关的表现形式的角度，我们可以将广播广告文案分为下列几种类型：

一、日记式

日记式一般是借虚构的广告产品使用者所写的日记，来表达自己在生活中使用某产品产生美好的切身体验。例如：

台湾地区 PUMA（彪马）运动鞋广播广告文案

（男声）

我是个庸庸碌碌的上班族，不过在平淡的生活中，我倒有一样法宝——PUMA。

星期一，我喜欢走仁爱林阴道来公司，借以平和我的"星期一忧郁症"。

星期二，故意挑公司后的小巷道，多绕些路，只为了听听附近住家起床号的声音。

星期三，我会从小学旁经过，看看年轻的生命活力，顺便感怀一下我自己消逝的天真童年。

星期四，我索性来一段慢跑。

（口白渐弱）

广告语：快乐的走路族——PUMA——彪马运动鞋。

台湾地区 PUMA 运动鞋广告，表现一个平凡的男性上班族，用日记方式叙述自己一周里穿着 PUMA 运动鞋上班的所思、所见、所闻，将平淡的生活变得饶有情趣：从家里到公司的两点之间，他有意选择不同的路线，以平和"星期一忧郁症"，听听住家起床号的声音，感怀一下已逝的天真童年……从而暗示 PUMA 运动鞋会伴随你度过一个又一个美好的时光。

二、直播式

用直述的语气将广告信息简明扼要地写出来，由播音员或 CM 演员在录音间朗读而成，被称为直播式广播文案。例如：

汉弥顿手表广播广告

汉弥顿手表是美丽的象征，汉弥顿手表带给你高雅的气质。

您要买世上最薄的自动手表吗？

您要买防水最好的游泳表吗？

请选购汉弥顿！

有的直接式文案还要写上所配的音响或音乐。例如：

台湾地区 YAMAHA 三叶机车广播广告

嘶——（马嘶声）

YAMAHA，野马，三叶机车有野马般的劲力，气派十足，威风八面。三叶机车独创双自动滑润的引擎及完全防水防尘的刹车系统，绝对安全。三叶机车车型豪华美观，平稳又舒适，欢迎比较。

三叶机车，YAMAHA！

直播式广播文案，一般都从正面切入，直接说明或描述产品的性能、款式、造型、色彩、价格、售后服务等状况，要求篇幅较短，行文简洁，开门见山地将广告主题揭示出来。它在广播广告文案中数量最大。

三、对话式

由两个或两个以上的人物，以生活中常见的交谈方式、问答方式、向消费者介绍产品的特有性能、利益承诺以及消费者的反应、获奖情况，等等。试看下面的例子：

"蓝吉利"刀片广播广告文案

男：太太，我刮胡子的刀片呢？

女：丢掉了！

男：为什么？

女：昨天，隔壁何太太告诉我，姚先生每天都用蓝吉利刀片来刮胡子，剃得又光滑又舒服，而且蓝吉利刀片经济耐用，所以呀，我也买了一包蓝吉利刀片给你，试试看！

男：蓝吉利刀片真好！

女：唔，看起来好神气哟！

男：以后，我也要天天用蓝吉利刀片！蓝吉利刀片！

与前面的直播式广播文案相比，对话式文案仿佛是日常生活中的一段小插曲，一段朋友间（或夫妻间、情侣间）的倾心交谈，所以往往显得比前者更自然，更亲切，更具生活气息，更能引发消费者对广告及广告产品的好感。

四、广播节目式

广播广告如果以广播媒体某一节目形式出现，就称为广播节目式文案。试看下面的例子：

日本寿司饭店 SANTORY 威士忌酒广播广告

解说：各位晚安，"百人音乐会"这个节目由制造洋酒具有 60 年历史的寿司饭店向您提供，欢迎收听。

音乐：肖邦作品，溪流，鸟鸣。

解说：人生短暂，艺术长久，优秀的作品经得起悠久岁月的考验。同样，发挥杰出创造力而生产的优秀威士忌，也经得起岁月的检验。具有 60 年传统的世界名酒 SANTORY，是日本最适宜酿造洋酒的地方山崎出品的。在木桶内无声透明的东西夜以继日地沉睡着，10 年、20 年、30 年，随着时间的流逝越陈越香。

音响：清脆的开木樽声。

解说：朋友们，酒桶已经打开了，满室都飘荡着一股 SANTORY 的芳香。看！一滴滴像琥珀一样发出光芒。陈年的好酒，正像是古典音乐的馥郁。

音乐："咕咕"斟酒声，冰块落入杯中的"叮当"撞击声。带着田园色彩的舒缓乐曲轻轻飘荡。

解说：您现在最好的伴侣是一杯放一块冰的世界名酒 SANTORY 和一首世界名曲，让自己完全沉浸在美妙的境界里。

日本寿司饭店 SANTORY 威士忌酒广播广告，是以"百人音乐会"的节目形式，向广大消费者描述广告产品悠久的历史、馥郁的芳香，尤其是把带着田园色彩的舒缓乐曲、百鸟啼鸣、溪水叮咚与世界名酒连为一个整体，更增添了诗情画意般的迷人魅力。

五、现场新闻式

所谓现场新闻式，就是利用新闻现场报道的方式，将新闻事件与传播广告信息十分自然地结合在一起，使广告具有较高的可信度和说服力。试看下面的例子：

辽宁人民广播电台，听众朋友们，现在我们在沈阳市人民体育场内向您转播辽营队同东宝队的足球比赛的实况。

现在比赛已经进入了关键时刻，辽营队 18 号断球，带球突破，过了一队员，又过了一个队员，第三名队员上来阻截。东宝队 9 号队员倒地铲球。不好，18 号队员摔倒了，看样子摔得不轻呵！

（旁白）不要着急，我们有部优产品——沈阳红药！

辽宁人民广播电台为"沈阳红药"制作的这一广播广告，将他们对辽营队与东宝队进行足球比赛的实况转播录音进行了剪辑，选用了与广告产品有关的片段，如 18 号运动员受伤不轻，需要及时治疗，于是巧妙地加上一段旁白，将广告产品"沈阳红药"自然而然地推了出来。由于现场转播具有无可怀疑的真实性，使消费者对广告产品充满了由衷的信任感。

六、广播剧式

广播剧式是一种以话剧为基础，配上相适应的音乐、音响或旁白而形成的一种广播广告文案。例如：

美国《时代》周刊广播广告

——对不起，先生，半夜三更你在这儿干什么？

——看见你太高兴了，警官先生。

——我问你在这儿干什么？

——我住得不远，那边，第四幢楼……

——先生，别废话了，请回答我，你在这儿干什么？

——哎，别提了，我本来已经上床睡觉了，可是突然想起来白天忘了买本《时代》周刊杂志看了。

——你穿的是什么？

——衣服？睡衣呀！哎哟？走的时候太慌张了，我老婆的睡衣，很可笑吧？

——上车吧，我送你回去。

——不行，没有《时代》周刊，我睡不着觉，躺在床上看看"电影评论"、"现代生活掠影"，这些栏目……

——好了，好了！快点吧，先生！

——我试着看过其他杂志，但都不合胃口，您知道《时代》杂志发行量一直在上升吗？

——不知道，我知道罪案发生的情况。（汽车发动声）

——像我这样的《时代》杂志读者多得很，比如说温斯顿·丘吉尔，你呢？快快，不好了，快停车，你总不能看着我穿我老婆的睡衣就这样去警察局吧？

　　——你到家了，下车吧！（停车声）

美国著名杂志《时代》周刊发布的这一广播剧式文案，值得我们认真借鉴：第一，广播剧既是一种戏剧形式，当然就得设置戏剧冲突，上引文案表明，要写出优秀的影视广告，首先必须设计出尖锐的戏剧冲突，否则就不能吸引消费者。第二，要将渲染气氛的音响、音乐写在括号中，便于制作，更重要的则在于可以强化广告传播效果。第三，要通过上述两点突出广告的主要诉求点，如上述文案就通过痴迷读者之口对《时代》周刊极尽颂赞之能事，将广告主题揭示得清楚明白、十分有力。

七、歌曲式

将表现广告产品或服务的优异性能、品牌名称、情绪情感等方面的内容写成广告歌词，就是歌曲式广播文案。例如：

三洋电器广播广告

一二三来三二一，
三洋产品有名气。
电冰箱呀电视机，
产品样样得第一。
电锅电扇洗衣机，
立体收音电唱机。
三洋家庭真福气，
又快乐，又便利，
全家人，笑嘻嘻。
技术最好，
服务第一，
三洋和您在一起。

三洋电器广告歌词，有着简洁顺口、清晰明白的艺术特征，如"一二三来三二一，三洋产品有名气"，就很富于口语化，有着易唱易记的良好效果。

广播媒体放送的广告歌，一般可分为吟咏型、冲击型、产品印象型、强化气氛型等不同的种类。但不论何种类型，都存在着不少共同之处。

台湾地区著名广告学家樊志育先生认为，广告歌的共同特性主要体现在下列几个方面：

第一，感化性，也可以说是诱惑性，是"药丸"上的"糖衣"。

第二，煽动性，这是音乐旋律感应人类身心的必然性。

第三，传播性，这是指简单明了具有娱乐性的歌曲。

第四，反复性，话说多了会引起反感，像啰唆的卖狗皮膏药，而歌唱有旋律美，是愈听愈顺耳。

第五，诉求对象的广泛性，只要有听觉的，不分男女老少，识字与否，都会唱，会唱就有印象，而且间接在受众中有了广告作用。

第六，塑造印象性，由于"熟知现象"及知觉的联合，是重复视听，是旧经验与新印象联合的结果，如钟声与寺庙、圣歌与教堂的联想。

第七，购买时点的再生性，时点就是购买东西的时间、地点，再生就是把过去记忆重新唤起的意识，意识是可以支配行动的，因此购买时点的再生，就是消费者在商店里指名的要素。

应该指出，樊志育先生的见解相当精辟地概括了广告歌曲的性质和功能，加深了我们对广播广告歌曲形式重要性的认识，对于我们努力创作出具有较大艺术感染力，又具有较强推销力的广告歌曲，无疑有着重要的启示。

第三节　广播广告文案的撰写原则

广播媒体在传播广告信息时，所使用的手段仅限于诉诸听觉的符号（如有声语言、音乐、音响），这就决定了我们在撰写广播广告文案时，必须充分考虑到它的符号特征，努力扬长避短，才能创作出真正有推销力的优秀作品。

一、亲切性原则

日本著名心理学家斋藤定良先生曾经指出："根据测定各式各样 CM 的印象，来研究 CM 的效果，得到几个有趣的结论。根据常识，通常认为有效的 CM 一定要有趣，但经过实际研究结果，有趣有印象的 CM，未必能刺激购买欲，甚至有人批评有趣的 CM 是一种游戏。当然，'有趣'这个形容词，其含义因人之解释而异，但有趣的 CM 常会离开本题却是事实。再者，新奇的 CM 欠缺亲近感，甚而给人不良印象，可是具有亲近感的 CM 却能带来印象，对购买者意欲有强烈的作用，进而产生好感，有助于激发的功用。亲近感、好感的程度愈高，CM 反复的次数就愈多，那么被强化的兴趣也愈深。最后，以 CM 的形式观之，有歌唱形式、背景音乐形式、对话形式、直接形式等，经客观测验结果，歌唱及背景音乐形式是柔和、亲近、令人好感的 CM，其他各种形式各有其不同的感受。一般消费者则喜好健全、温柔、明朗的 CM，此一结论，已成定则。"应该指出，斋藤定良先生的上述论断，具有明显的二重性：一方面，他的见解是不无偏颇之处的，比如他认为有趣的、新奇的 CM 缺乏推销力，就失之于武断，因为没有趣味的、陈腔滥调的、平庸无奇的广告（包括广播广告文案），不可能引起消费者的注意，当然也就不会有任何广告效果。反过来，如果广告新奇而又妙趣横生，就会吸引消费者对它产生极为深刻的印象，从而取得出色的促销效益。另一方面，他对亲近感的重视，又确实很有价值，尤其是对于广播广告文案的创作来说，更有不容忽视的意义。请看下面的例子：

台湾地区森永皇冠奶粉广播广告

　　今天上午，十点三十分，居住在台北市中山区新生路二段 54 号的一对夫妇——田园因、王美娟生下了一个白胖的小宝贝。森永公司特送森永皇冠奶粉一罐，表示贺意。您想养育聪明伶俐的婴儿吗？请大家不要忘记森永皇冠奶粉。

森永公司在广播媒体上发布的这一现场式广告，对台北一普通家庭当天诞生的小宝贝，特送一罐森永皇冠奶粉以示祝贺。广告主在其中所表现出的至诚之意，令人感到无比亲切，因为它有着如上引斋藤定良先生所说的"柔和、亲近、令人好感"，而这正是广播广告文案"亲切感原则"的本质含义。

二、动听性原则

广播广告无画面、无文字，完全靠诉诸听觉的符号传达产品或服务信息，所以它必须有最动听的听觉符号，才能抓住消费者的注意力，实现促销效果。请看下面的例子：

台湾地区水莲山庄广播广告
莲 花 篇

您一定看过莲花开放，但是您听过莲花开放的声音吗？
这是清晨六点的金龙湖畔，请您侧身倾听。
没错，这是一群早起的蜜蜂，正照着莲花，叫她快开门。和信水莲山庄，愈早起床，人愈健康。

水莲山庄广播广告"莲花篇"，在"动听"上做得十分出色：一方面，在内容上突出莲花开放的声音，"请您侧身倾听"；另一方面，又将优美的有声语言与音响结合起来，让读者在获得听觉的美感愉悦过程中，体验到水莲山庄宁静优雅的自然之韵。

由此可见，广播广告文案撰写的"动听性原则"，指的就是要善于选择那些音感优美而又强烈的语汇，将它与动人的音响、音乐有机融合，给消费者造成一种强烈的听觉美感。

思考题

1. 广播广告文案有何特征？

2. 广播剧式文案的写作要点有哪些？

3. 为某产品写一"直播式"文案（要有音响、音乐配置）。

4. 试评斋藤定良先生对"新奇广告"的看法。

5. 广播广告文案为什么要做到"动听性"？

第十四章　电视广告文案

电视作为 20 世纪 30 年代末期出现的一种新型大众传播媒体，几十年来尤其是卫星传播技术的发明，使它迅速走进了全球亿万家庭。迄今为止，没有哪一种媒体的受众能够超过电视。可以说，电视从根本上改变了人类社会的生活方式和交流方式，无愧为人类历史上最伟大的科学发现之一。

随着电视的出现，电视广告也应运而生，并且以异乎寻常的态势高速发展。目前，无论是在广告营业额还是在受众数量方面，电视都稳居各大媒体之首。这种现象的出现绝不是偶然的，它同电视广告的传播符号和特殊的创作手段等有着必然的关系。而所有这些又都以电视广告文案为基础。因此，电视广告文案实际上是电视广告的根本，如果没有它，一切东西都成了无源之水、无本之木。

第一节　电视广告文案的基本特征

电视广告文案受到电视媒体特殊的传播方式和表现方式的制约，因而与报刊、广播媒体广告文案有着诸多不同的特性。

一、画面性

由于电视广告制作和播出费用十分昂贵，因而电视广告越来越短就成为一种大势所趋了。现在，超过 30 秒钟的电视广告已相当少见。在如此短的时间里，电视广告要能抓住消费者的注意力，就必须在画面的构图和表现上下大力气。因为电视广告虽然不排斥音乐、音响、字幕、画外音等因素，但它主要诉诸人们的视觉，则是毫无疑义的。所以，创作电视广告文案的核心就是用文字设计出一种间接性画面，然后由广告导演、CM 演员等再将它转换成直接性的视觉画面。试看下面的例子：

南方 125 摩托车电视广告文案
草　原　篇
一望无际的草原上传来一阵急促的马蹄声和催马扬鞭"驾"的焦急吆喝声。

地平线上跃出两位策马飞驰的牧民，他们纵马狂奔，闯进了草原医院的护栏。牧民神情紧张地边敲窗户边大声地喊着："大夫！大夫！"

一个医用救护箱挎在了医生的身上。

医生用脚发动南方 125 摩托车，手按油门。

牧民连忙打开栅栏，医生飞车冲出。

牧民跨上马，调头疾追。

摩托车、骏马奔驰在辽阔的草原上。

医生驾车冲过河溪。

牧民策马直追。

遇到沟坎，医生飞车一跃而过。

马匹却在沟边踌躇不前。

摩托车终于驰到蒙古包前。

夕阳西下，南方 125 摩托车醒目地停在蒙古包外，牧民们焦急地等待着。

忽然，一声婴儿高亢的啼哭声震动了静寂的草原。

母子平安，牧民们脸上露出兴奋而宽慰的笑容。

日落草原，南方 125 摩托车停在蒙古包外，格外醒目。

结尾字幕：有多少南方摩托车，就有多少动人的故事。

南方 125 摩托车电视广告文案"草原篇"向我们显示出这样一个突出的特点：它只提供这一故事框架、主要情节所必需的可以转化为视觉画面的具体意象，至于报刊广告、广播广告文案中大量存在的直接抒情和议论则一概省去。例如，"医生驾车冲过河溪。牧民策马直追……日落草原……"等，只把医生驾驶摩托车出诊、牧民扬鞭直追的动作，用极其简洁的文字叙述出来，没有任何的修饰，只突出可以转化成视觉画面的东西，这正是电视广告文案与报刊、广播广告文案最重要的区别之一。

二、声画互补

电视作为一种视听结合的大众传播媒体，在传播功能和效果方面，有着明显的优势。电视广告作为电视媒体整个传播内容中的一个重要组成部分，也同样如此。电视广告营业额高居各类媒体之首，就是一个明显的例证。因此，作为电视广告脚本的文案，就一定要充分发挥、有力配合电视媒体的这一视听综合优势，使声画两种因素相互补充，相互强化，以获取更优异的广告效果。不少优秀的电视广告在这方面表现得相当出色。例如：

美国贝尔电话公司电视广告

　　傍晚，一对老年夫妇正在餐厅里吃饭。此时，电话铃响了，老夫人连忙奔过去拿起话筒。一会儿，老夫人重新返回原处。

　　老先生：谁的电话？

　　老夫人：是女儿打来的。

　　老先生：有什么事？

　　老夫人：没事。

　　老先生：没事？几千里地打来电话？

　　老夫人呜咽着说：她说她爱我们。

　　（两位老人，相视无言，激动不已）

　　画外音：用电话传送你的爱吧！

　　贝尔电话公司发布的这一电视广告，其主要情节或主要画面，就是一对老年夫妇晚餐时接到几千里之外的女儿打来的问候电话，心里异常激动。受众看到这里，只是领会到一种浓浓的亲情，还不知道广告的主题究竟是什么，但画外音"用电话传递你的爱吧"一出现，他们顷刻之间就领会到了广告的诉求点之所在：我们都需要表达自己的爱心，那么，请用贝尔电话来传递吧！

　　从上面的分析可以看出，贝尔电话公司的电视广告如果仅有诉诸视觉的画面，消费者还不能确切地理解广告的主题；如果仅有画外音，消费者就不会受到感动，即使领会了广告主题也不会引起注意，广告也不会有什么效果。然而视觉画面一经与画外音相结合，就会产生一种 $1+1>2$ 的整体效应，不仅情感上受到震撼，理智上明白了广告主题，而且还会迅速付诸行动：用贝尔电话去传递自己的爱心，而这正是声画互补的真正本质之所在，那就是声音可以强化、点明画面的意义，画面则对声音直观性较弱的一方面予以补充或铺垫，两者应是一种相互作用、相得益彰的和谐关系。

　　当然，声画互补并不限于画外音与视觉画面，而且还大量表现为音响、音乐等与画面的相互作用，相互强化，其对于电视广告效果的提高，也有着不可忽视的重要意义，因而值得我们深入研究。

三、跳跃性

　　与报刊、广播广告文案中上、下句之间衔接紧密不同的是，电视广告文案的句子存在着相当大的距离和跳跃性。试以下面的文案为例：

台湾地区黑松天霖水电视广告文案

　　挑逗的水（画面为香水）

　　补充的水（画面为输液的液体）

　　冒险的水（画面为海水）

　　享乐的水（画面为酒）

　　成长的水（画面为奶瓶中的奶）

　　这是无可替代的水，满足人类基本需要。

　　发现一瓶好水，黑松天霖水。

　　黑松天霖水电视广告文案，各个句子之间存在着大量空隙，衔接极松，如"挑逗的水""补充的水"，等等，只是一个词组或意象的陈列，大量的连接句都被省略了，因而表现出很强的跳跃性，这与诗歌的句子相类似。

第二节　电视广告文案的表现类型

　　电视广告文案的具体形态十分丰富多样，如果从表现方式和方法的角度，可将它们分为内心独白型、TPO 型、画外音型、比喻型、动画型、故事型、意境型、字幕型、示范型等。

一、内心独白型

　　在电视广告中有这样一种类型，其中有人物出现，他们的交谈表面上很像对话，实际上却是一种内心独白。例如：

美国 7-ELEVEN24 小时连锁店
电话广告文案

　　年轻人：清晨 4 点，整个城市好像只有那个角落，让人觉得明亮且温暖。

　　店员：我记得那天冷冷的，还在下雨，他站在那里喝咖啡，心情好像很坏的样子。

　　年轻人：只不过喝他一杯咖啡而已，他就像老朋友一样陪我聊了好久。

　　店员：我只不过是问问他是不是工作不顺，他就好像好久没跟人说过话一样，一说就说个不停。

　　年轻人：我好像第一次跟一个陌生人讲那么多话。也在这个角落里，第一次感觉到许多人竟然可以那么单纯、那么认真地活着。

　　店员：嘿，胡子刮刮吧！

　　店员：常来喔，别忘了这个方便的好邻居喔！

　　年轻人：那个早晨，觉得自己的脸那么清新，那个角落真的特别明亮，特别温暖。

上引电视广告，讲述了一个工作到深夜的年轻职员和 7-ELEVEN24 小时连锁店一个店员之间发生在清晨 4 点的动人故事。但与通常的故事型电视广告却有着根本的差别，前者是通过人物的动作、对话和情境构成故事情节表现一定的广告主题，后者却仅仅局限于两人分别对自己内心世界的揭示。但这种揭示并不是随个人之意，而是纠结在与广告诉求点有关联的、对两人之间发生的某一事件的回忆上。其巧妙之处在于，通过两人的交叉回忆或陈述，把故事的发展过程描绘得脉络分明，头绪清楚，人物形象也有鲜明的个性，而且主要诉求点表达得十分突出。

二、TPO 型

TPO 型是一种新颖而富于独创性的电视广告形式。它是指创作者将时间、场所、事件联系起来，利用节目编排艺术，在特定时间里，巧妙地安排同一产品或服务广告，以连续性和变化性抓住受众的注意力。例如：

美国可口可乐公司 TPO 电视广告

清晨。7：30，早晨新闻节目前，向上班前的公务人员传播这样的信息：紧张繁忙的一天已经开始，出门前喝一杯可口可乐，将会使你的工作节奏更流畅，精神更饱满。

上午。9：30，《家庭百事》节目前，一曲清新明快的乐曲奏完，女节目主持人笑容可掬，手持一罐可乐上场，提醒正在家里操持家务的主妇们，别忘了把可口可乐放在冰箱里，晚上你的先生和孩子回家，如果喝上一杯冰镇可乐，既冲掉他们一天工作学习带来的疲乏，又适时体现出你对家人的温柔爱心。

午间。12：20，气象预报节目刚播完，电视屏幕里又不失时机地劝告在公司午餐的公务人员：今天天气酷热，午饭后喝一杯可乐，解渴消暑，身心愉快，积聚充沛的精力，井井有条地去处理下午的大堆事务吧！

晚间。22：10，一场精彩的棒球比赛休息时间，看台上人头攒动。突然，镜头推近一看客昏厥状。这时，观众十分熟悉的两个男女电影明星出现，对观众开始讲话：今天可热得够呛！你们看，刚才那位女士可能中暑了。据气象报告，明后几天气温还要升高。可乐的饮用也会更多，请打电话到可口可乐零售商店去，通知他们迅速多送几箱新鲜可乐，储存起来，以供不时之需。零售商店的电话号码是……

美国芝加哥电视台为可口可乐公司发布的这种 TPO 式广告，与其他电视广告相比较，显示出下列显著特征：

第一，它更贴近消费者的日常生活，如早上上班前的广告，要公务人员出门前喝一杯可口可乐，可以精神饱满地投入到工作之中，取得更大的成绩。这让消费者产生一种其他广告所没有的亲切感，从而有效地排除了人们对广告的抗拒心理。

第二，它跟电视节目密切交融，尤其是跟那些观众喜爱的、收视率很高的节目前后相连，如午间 12：20 天气预报后，马上接着播放可口可乐公司的广告，而且广告内容与天气密切相关：今天气温很高，希望大家午饭后喝一杯可乐，以解渴消暑，保持身心愉快。由于与电视节目相连，往往会提高广告的收视率，并引起对广告产品的注意。

第三，虽然它会依时间、地点、事件的不同而变更电视广告的内容和形式，甚至诉求对象也在变，但由于是同一电视媒体播出，就不可避免地存在着其中几个不同的广告被同一群体所收看，因而使可口可乐的广告产生了一种类似于系列广告的累积、强化效应，使广告效果得到提高。

三、画外音型

有这样一种电视广告，它没有情节和故事，也没有人物，主要依靠画外音来表达产品、服务或企业形象方面的信息，我们可以将它称为画外音型电视广告。例如：

杜老爷雪糕电视广告文案

最新鲜的水果在果园里

好吃的雪糕在 HERE

LOOK！100％的果汁

和浓浓的 ICE CREAM

还有新鲜的水果在里面

哇！这是哪一国的雪糕啊

杜老爷果园心情雪糕

好吃的雪糕在果园里

可以看出，画外音型电视广告有着别具一格的表现特征：它传达信息不以动态画面为主，而是依赖旁白式的有声语言。如果放在广播广告中，人们就不以为奇，而在电视这种语境中，它就给人一反常态的感觉，正是这种感觉导致消费者对广告及广告产品格外注意。

四、比喻型

在电视广告中，还存在着一种在叙述故事中以彼意象喻此意象，以达到烘托、突出主意象和广告诉求重点的类型，我们称之为比喻型电视广告。例如：

耐克"专业的体育精神"系列电视广告

乒 乓 球 篇

撼人的音乐，蓝白调的背景，一个蒙着眼睛的运动员用手指转动篮球，走向一露天篮球架。接着，在清脆的音响效果下，我们看到两只手飞速控球，令人眼花缭乱，笨大的篮球仿佛轻盈的乒乓球在运动员手中翻飞。但我们还是看不清运动员的脸。

字幕："除了乒乓球得心应手，中国人还有篮球"出现之后，我们才看到这个球员，拉开蒙眼头带，原来是中国篮球运动员。

最后字幕：阿的江。

五 指 山 篇

蓝白黄调的背景，一只黑色的手，朝镜头压下，耳边听到的是怪兽发出的背景音效。接着，我们看到这只手重重盖帽，一次接着一次，如大山压顶，这只手也成了人们所说的"五指山"，而篮球在如此重压下终于变成碎片。

字幕："令人望而生畏的，不只是中国的珠穆朗玛峰。"这时，特写镜头，手慢慢移开，原来是中国篮球运动员。

最后字幕：王治郅。

神 射 手 篇

黑白的背景，一双脚，一个空荡荡的篮球馆，耳边听到子弹上膛的声音。接着，音效逐渐紧张，镜头迅速接近篮球架，一个个篮球应声入网，运动员好像神枪手，弹无虚发，当最后一个球入网，我们可以听到明显的枪声。

字幕："美国西部之外，中国也有神射手"。这时，特写镜头，脸渐渐清晰，原来是中国篮球运动员。

最后字幕：胡卫东

上引耐克运动鞋所做的系列电视广告，每一篇的内容里都运用了比喻，而且每一篇的比喻都是通过两种方式表现出来的：第一为视觉意象，如以乒乓球比篮球，以五指山比运动员有力的大手，等等；第二为中间的字幕，如"美国西部之外，中国也有神射手"，就是将中国篮球运动员比做神射手，投球百发百中。

之所以要采用比喻式，其目的显然是为了使本体形象更鲜明、更生动，从而进一步让消费者牢记耐克公司"专业的体育精神"所显示出的卓越品牌形象。

五、动画型

用制作动画电影、电视片的方式创作出来的电视广告，可以称之为动画型电视广告。其具体运用途径大致有三种，即迪士尼式卡通动画、木偶动画和电脑动画。请看下面的卡通广告：

> 银幕上出现两只用黑线条画出来的漫画蚊子，造型简单，表情夸张。右面的蚊子手里拿着手枪，恶狠狠威逼左面的蚊子，逼得它胆战心惊，一副窝囊相。右面的蚊子更加得寸进尺，逼上前去；突然，左面的蚊子拿起一只 DDT 瓶子，冷不防向右面的蚊子喷去，只见右面的蚊子立即直挺挺地倒下了。于是，左面的蚊子神气活现地向观众介绍 DDT 如何如何好，各大药店均有出售之类的话。介绍完毕，它下意识地向自己也"哧"地喷了一下，于是也直挺挺地倒了下去。

卡通型电视广告片以及电脑动画，往往具有异乎寻常的神奇想象，如上引案例中的蚊子用枪，另一只蚊子则用 DDT 进行反击，结果不仅击毙了持枪者，而且在推销 DDT 时以身殉职。这种神话、童话式的幻想和想象，对消费者尤其是青少年群体有很大的吸引力，故经常用在以他们为诉求目标的产品广告中。

卡通动画、电脑动画经常借用卡通影视片中的成名角色，如巴格斯·本尼（兔子乔丹）、米老鼠、蓝精灵、唐老鸭等就是这样。

六、故事型

在电视广告中，叙述一个有发生、发展和结局的情节链，以表达某种产品、服务或企业形象方面的诉求，就是故事型。它在整个电视广告中所占比例最大，因而是电视广告最常见的一种创作方式。例如：

美国杜邦公司化学宝库电视广告

（镜头渐显）

1. 中长距离拍摄：一扇坚固的橡木大门，摄影机移近后，大门自行开启，相机把我们的视线引入大门。这里是杜邦公司的标本室。我们看到一排排各种形态的瓶瓶罐罐。不同明度的光能照射在瓶子上面造成一种戏剧性的效果。这时摄影机推向一个标本台。

（音乐减弱）

解说员：这是个了不起的屋子，简称标本屋——位于杜邦化学公司的杰克逊实验室里。这里储放着大量的化学药品。这些药品用毕之后都存放在这里。但经验表明，终有一天还将启用它们——也许是为人类谋取惊人的福利。

（音乐减弱）

镜头移向一药瓶上的标签，上面清楚地写着"亚氨基苯磺胺"。

解说员：（继续）现在让我们对一件药品做个单独的介绍。——就是这个。

（音乐由强变弱）（溶入）

2. 约翰·霍普金斯医院里的佩林·H. 朗格医生正在自己的办公室里（显然是间医生办公室）通过电话向自己的秘书作指示。

解说员：这是从 1936 年的约翰·霍普金斯医院的佩林·朗格医院里的办公室里开始的。

朗格医生：（对着话筒谈话）好了，谢谢你，鲍伯（挂上电话，转向自己的秘书）。

噢，刚才说到哪了？

秘书：（一面照读刚才所写下的笔记）

德拉瓦·威明敦·杜邦公司：

亲爱的先生们，我们用点亚氨基苯磺胺，对白鼠的溶血性链球菌感染进行实验研究……

（扭头看看朗格医生）您刚才就说到这儿，朗格医生。

（镜头移近朗格医生）

朗格医生：好了，我们有证据表明，这种药对于治疗人体的这种疾病，可能也有价值。你们手头有这种药吗？

3. 实验室助理员正在翻阅档案。

（溶入）

解说员：（继续）这种药品最初是研究用做染料的，后来发现别的染料更好……

4. 插入：固定拍摄药品架，一只手从架子上拿起了磺胺药瓶，离开了背景。

解说员：自那时起，这药品还没有派过其他用场，一直储存到今天才拿给了朗格医生。

（音乐开始又减弱）

5. 近距离拍摄朗格医生，还有另一个人在查看图表。背景是个典型的生物实验室，那个人停止观察图表，若有所思地拿起了一只空罐。

解说员：对白鼠链球菌的实验结果非常成功。朗格医生决定扩大到人体实验。可惜，杜邦公司送来的全部药品都已用完。他正在打电话要求再送一些药品……

6. 实验室助理员和另一个人——一位杜邦公司负责人正在办公室里。

实验室助理员：（表示不同意）可这样一来咱们就得停止其他工作了……

负责人：是的……可这是救人性命的大事啊！咱们还是满足他的安排吧，

怎样？

　　　　（音乐戏剧性地奏起）

　　　　（缓慢溶入）

　　7. 朗格医生正和另一位医生在自己的办公室里观看医学图表。

　　朗格医生：（激动地）效果简直是惊人的！它在治疗腹膜炎、血液中毒、猩红热和耳溃疡方面简直是创造了奇迹。

　　　　（把图表交给了另一位医生）

　　　　（那个医生也望着图表点了点头）

　　　　（音乐奏起又减弱）

　　解说员：这一新发现的奇妙药品，能够对折磨人类多年的感染性疾病发动攻击并将其消灭。

　　　　（溶入）

　　8. 标本室内，摄影机固定拍摄架上的一只药瓶，瓶里装的是磺胺。

　　解说员：如今你知道这种药品的简称。

　　　　（抹掉后再现瓶上的标签）

　　9. 只有两个字，就是"磺胺"。

　　解说员：磺胺！

　　　　（音乐起伏）

　　10. 从"磺胺"这个字开始，摄影机从药瓶撤离，并向后撤出屋子。

　　解说员：磺胺的制造业终于由医药公司所接收，然而，这件事再次表明了杜邦公司保护其研究成果这一政策和长远威力。

　　　　（标本室的门慢慢关闭）

　　解说员：（继续）因为，谁能说今天封存起来的东西，明天不会发生不可预料的功效呢？

　　11. 椭圆形的杜邦公司标记。

　　解说员：通过化学，为创造美好的生活而产生美好的东西。

　　　　（音乐达到高潮）

　　美国杜邦公司播出的这一广告，叙述了磺胺这一具有重大科学意义的药物被发现的过程：早在 1929 年，磺胺就作为一种染料而被研制出来，但由于不够理想而被另一种染料所替代。杜邦公司并没有抛弃它，而是把它保护、储存起来，因为他们认为，说不定什么时候磺胺会发挥作用。这种机会终于来了。1936 年，约翰·霍普金斯医院的佩林·H. 朗格医生认为，磺胺对溶血性链球菌感染可能有疗效。于是向杜邦公司提出需要药品的请求。第一阶段，通过白鼠实验，证明疗效十分显著；第二阶段，朗格医生决定扩大到人体实验，但药品已用完了，于是又向杜邦公司提出一磅药物的请求，可他们的标本室里连 1 克也没有，负责人决定停止其他工作，满足朗格医生的需要，终于使人体实验获得巨大成功，对折磨、危害人类多年的腹膜炎、血液中毒、猩红热等病症发动攻击并予以消灭，创造了人类医学史上又一伟大奇迹。

由上可以看出，杜邦公司这一广告，其情节的起始、发展和结局，构成了一个完整的故事，并在故事的发展过程中巧妙地突现了广告主题，即磺胺作为一种治疗病菌感染的突破性新药，在科学发展史上有着里程碑式的意义，同时还特别暗示了杜邦公司停下别的工作把救人性命放在高于一切地位的人道主义精神，从而为树立杜邦公司的良好企业形象作出了显著贡献。

七、意境型

在电视广告中，不是去陈述产品的性能或编撰故事情节，而是致力于通过电视画面托物言志，咏景抒怀，为消费者营造出一个优美动人的艺术境界，试图使他们在美感愉悦中牢牢记住广告产品。在这方面，日产公司的"无限"（Infiniti）轿车在美国发布的电视广告就是一个极好的例证。

1989 年，日产公司研制、生产出了一种高级豪华轿车，并将它命名为 Infiniti（无限）。公司策划将它打入美国市场，具体事宜委托希尔·荷里德广告公司代理。该公司的文案撰稿人比尔·希德、艺术指导丹·伊斯顿决心打破传统的汽车广告模式，制作一个没有汽车出现的汽车广告。他们确定以自然景观为题材，创造出一种"天人合一"的艺术境界：朦朦胧胧的垂柳，细细的雨丝斜飘进池塘，池塘里漂浮着几片树叶，一阵微风吹来，水面顿时泛起小小的涟漪……此时，画外音恰到好处地响起来了："豪华到底是什么？豪华的价值何在？"

可以看出，这一电视广告没有像通常的汽车广告那样，去展示豪华汽车雍容华贵的不凡气派，甚至始终没让汽车的身影出现，只有柳丝、细雨、池塘、薄雾等审美意象缓缓推出，构成了一个秀雅、柔和充满了诗情画意的艺术境界，给消费者带来强烈的美感愉悦。

但它并没有完全离开广告产品，如通过画外音对"豪华"的叩问，就让消费者将它与附文中出现的 Infiniti 联系起来，从而在对广告所创造的优雅意境的美感愉乐中对广告产品产生了高度关注，并取得了异乎寻常的广告效果：许许多多消费者纷纷涌向 Infiniti 美国销售处停车场，以一睹该车"芳容"为快。在广告播出后，该广告一方面引来好评如潮，另一方面也引起了激烈争议，当然更多的还是让消费者产生了强烈的兴趣，如电视画面中出现的三块大黑石，就被他们认为"有禅一般的神秘感"。

第三节　电视广告文案的撰写方法

从文本的视角看，电视广告文案主要有三种不同的表现方式：其一为电影文学（包括电视文学）剧本型；其二为综合说明＋文字式分镜头脚本型；其三为表格式分镜头脚本型。如果我们领会了这三种不同形式的电视广告文案的创作规范，我们就可以说，我们在电视广告文案的撰写方面基本上取得了自由。

一、电影文学剧本型

这种形式的电视广告文案在表现方法上与电影文学、电视文学剧本基本上相似。例如：

美国稳妥保险公司电视广告文案
活着需要保险赔偿（作品）

我的心脏（题目）

男人声音：当我在图书馆的台阶上初次见到萨拉时，我发誓我的心脏漏跳了一拍。

在世界系列大赛极好的一局中，当唐拉尔森投了一个坏球时，我的心脏几乎完全停止跳动。

在 1963 年那庄重的一天，

我感到心跑到了我的胸口。

并且，在那惊人的一瞬间，当人们都随着跨出"人类巨大的一步"时，我的心几乎因自豪而爆炸。

但是去年，当医生告诉我的心脏衰竭了，如果……

不做心脏移植，我就活不到 6 个月了，那时我的心脏卡进我的喉咙。

播音员的声音：一年以前，Prodential 创造了"活着需要保险赔偿"，现在晚期病人能……

在仍然活着的时间内，领取他们的死亡赔偿费，并且按照他们的意愿来使用。

男人的声音：现在我活得很好，我想到了移植器官提供者，我想到了他的家庭。

……很自然，我的心走出去和他们在一起了。

播音员的声音：要想得到信息，请打电话给 1-800-654-ROCK。

广告语：活着需要保险赔偿。

美国稳妥保险公司的这一电视广告，在撰写方式上有几个特点：第一，它没有划分镜头，也没有拍摄方法的提示语，如镜头的推拉移动、景别（全景、中景、特写等），只是给导演提供了一个电影文学、电视文学剧本式的作品。第二，它叙事简洁，存在着较大的跳跃性。第三，它紧紧围绕着广告主题，大力突出诉求重点，即该公司创造了"活着需要保险赔偿"的理念，投保者在仍然活着的时候可以领取他们的死亡赔偿费，按照他们的意愿来使用。这一电视广告还使用了广告语，这又与一般的影视文学剧本相区别。

二、综合说明+文字式分镜头脚本型

这种电视广告文案由两大部分构成一个完整的机体：第一部分是综合说明，包括产品名称、广告客户、广告长度、产品说明、拍摄要求、广告构思等；第二部分则提供一个细致、具体、可供直接拍摄使用的文字式分镜头脚本。例如：

"莎丽雅"电视广告文案

产品名称："莎丽雅"护肤系列用品

广告客户：广州白云山制药厂

广告长度：30秒

产品说明："莎丽雅"护肤系列是日本著名化妆品生产企业日星株式会社与中国著名制药企业广州白云山制药总厂共同合资生产经营的，产品设计高雅独特，质量上乘。在使用上，有与众不同的护肤三部曲，即"洁肤、爽肤、润肤"。因而，该产品系列包括了洁肤水、爽肤露和润肤乳三种。

这则30秒的"莎丽雅"护肤品电视广告，用来配合在上海市的金光灿烂"莎丽雅"皮肤护理知识有奖问答的活动，广告片不能仅停留于介绍护肤三部曲，更要进一步强调"莎丽雅"给予观众心理上的满足。所以电视广告围绕金光灿烂"莎丽雅"护肤保芳华这一主题，采用一个充满活力的纯情少女，体现"莎丽雅"赋予人们光彩照人的心理感受。

广告构思：广告片表现一个少女使用"沙丽雅"后，变得更加清丽无比，引人注目。整片没有明显的情节，通过一系列富有美感的镜头的连接、叠化，达到目不暇接、一气呵成的效果。此外，光影的设计始终烘托一种光辉灿烂的气氛，形成强烈的视觉冲击力，令观众难以忘怀。

拍摄要求：光影设计，主要采用逆光拍摄，镜头对准人物时，可以适当充光。色调以暖色调为主。镜头连接力求自然、平稳。室外拍摄追求自然逆光效果，室内逆光模仿阳光从窗外射入的效果。

每个镜头时间在 2 秒左右，主要用叠化连接，造成一种快中有慢、错落有致的节奏。

演员要求：

女、男演员各一名。

女演员要求清丽脱俗，表演自然。

男演员要求风流洒脱，但要避免轻浮。

音乐：以萨克斯管或钢琴为主，旋律悠扬，中速偏慢，带有一点单一的节奏。

场地：一间带有梳妆台的房间，窗户与梳妆台形成一个便于拍摄的角度。室外，一片处于树林边缘的开阔平整的草地。

分镜头脚本：

镜头一：一束君子兰的特写，花束微微颤动。同时镜头右移。

镜头二：边移边叠化镜头二，从右边伸入的玉手马上旋开化妆瓶的盖子。

镜头三：镜头切换一个女子把"莎丽雅"护肤品抹在脸上。侧面拍摄，逆光，并有少量光晕出现。

镜头四：镜头从侧面移到女子的正面，光线从斜后方射来。女子继续按摩脸部，此时窗的位置正好在女子后方。

镜头五：镜头越过女子头部推向窗外。窗外是阳光下的一片草地，有一片树林。

镜头六：（化入）在树林边侧的草坪正在进行着一次野餐会。人们身着盛装谈着天，喝着饮料，有个小型的乐队在伴奏。

镜头七：这女子在聚会上出现，她的俏丽容貌引起人们的注目。

镜头八：一位男子正在跟其他人谈论着什么，但他的目光却不由自主地投向那女子。

镜头九：聚会气氛热烈，镜头对着一把吉他的上半部，吉他在吉他手的拨弄下颤动。背景人影晃动，焦距模糊。

镜头十：同一画面对准了人，俏丽女子正在跟一个男子说话。前面的吉他由清楚变得模糊。那女子感到有人看他，便跟男子打个招呼走开了。

镜头十一：图八中男子仍执著地凝视着这个女子，被她深深地打动。（男子脸部特写）

镜头十二：红葡萄酒倒入杯中。切换图十一的镜头。

镜头十三：这女子端了一杯酒转过身来，正好与男子碰个正面。这时女子在灯光下，产生轮廓光，格外清秀飘逸。再切换图十一镜头。

镜头十四：女子脸部特写。她含情脉脉。逆光中出现点点光晕。同时女子口中默念："莎丽雅！"

镜头十五："莎丽雅"产品特写。

镜头十六：用特技从产品正中不断扩大，出现手拿君子兰的女子（前面出现的）。

画外音：护肤保芳华　全凭"莎丽雅"。

日本日星株式会社与广州白云山制药总厂合资生产的"莎丽雅"系列化妆品电视广告文案，在第一部分对有关情况作出了概括性的综合说明，其中重点介绍了产品（由洁肤、爽肤、润肤三部曲构成一个颇有特色的系列）和广告构思（表现一个少女使用"莎丽雅"后变得更加清丽无比，引人注目），便于导演掌握全局，提高广告制作水平。第二部分则是直接向导演提供一个基础较好，可以很快投入拍摄的电视广告分镜头脚本，其内容主要包括镜号和视觉画面的设计，音乐、音响的配合，镜头运动的技法，等等。

三、表格式分镜头脚本型

与前面两种不同类型的电视广告文案比较起来，表格式分镜头脚本有着明显的优势（虽然各有所长，不可偏废）。这种优势主要表现在这样几点：第一，简洁清晰，一目了然，导演很快就可以全面把握，作出评价和取舍判断，或提出修改意见。第二，语言的跳跃性较前面两种更为显著。例如，"南方黑芝麻糊"电视广告以深情"怀旧"，感人至深而闻名广告界。广告产品也成为食品领域的著名品牌。从文案创作的视角看，它也留给我们诸多有益的启示：

（1）在格式上，要牢牢把握住它的基本项目，即表格式电视广告文案必须具有镜号、景别、镜头运动、画面内容、广告词（台词）和音乐、效果等内容。

（2）要善于抓住重点，也就是要在画面内容和广告词两个方面花大气力，争取达到创意新颖、表达简洁、让人难以忘怀的较高境界。

（3）"画面内容"与"广告词"似乎存在着一些有待改进之处，如将"广告词"中的对话独白移至"画面内容"里面，而将画外音、字幕单列一项，这样效果也许更好一些，因为对话、独白实际上是人的一种行为，或者说是与人的行为连在一起的，如果将其予以割裂，有时让人不明白人物语言该与哪一个画面或行为相连接，这必须引起我们的重视。

当然，电视广告文案的格式并不限于以上三种，但它们无疑是最主要的，其他均为变通之作，只要我们掌握了以上三种最基本的电视广告文案格式，就可以进一步灵活驾驭、变通创造了。因此，我们既不能忽视基本格式的掌握，又不能胶柱鼓瑟，拘于一隅，必须将这两方面巧妙地结合起来，才能将我们的广告文案创作水平不断提升到新的层次。

南方黑芝麻糊电视广告文案

镜号	景别	镜头运动	画面内容	广告词（台词）	音乐、效果
1	全	下移	卖黑芝麻糊的妇女，挑担向街巷深处走去。她的女儿跟随其后	妇女叫卖声："黑芝麻糊哎！"	音乐起↓
2	特		芝麻糊担子上的油灯有节奏地摇动	男声："小时候一听见芝麻糊的叫卖声，我就再也坐不住了。"	
3	近		男孩从门内跑出出画	妇女叫卖声："黑芝麻糊哎！"	
4	近	右摇	女孩用木棍搅动芝麻糊锅芝麻糊担子妇女从锅中舀芝麻糊盛在碗内		
		拉中	递给一位老太婆		
5	特		锅、热气		
6	特		男孩搓手、舔唇，迫不及待的样子		
7	大特	下移	勺倾，热乎乎的芝麻糊流出接碗		
8	大特		男孩喝芝麻糊		
9	特		女孩窃视		
10	近	摇	妇女接过碗	左下角叠字幕"南方黑芝麻糊"	
11	特		男孩舔碗		
12	特		女孩掩嘴善意地笑		⋮
13	近	下移	妇女给男孩又加一勺芝麻糊	叠字幕"一股浓香一缕温暖"男声："南方黑芝麻糊。"	
14	大特		男孩留恋、回味热气自右入画		音乐止
15	特		包装精美的黑芝麻糊		
16			商标、商品名、厂名		

思考题

1. 电视广告文案的基本特征有哪些？
2. TPO 式电视广告与一般电视广告的差别在哪里？
3. 略析日产"无限"豪华汽车"意境式"电视广告的特点。
4. 为某产品写一"内心独白式"电视广告文案。
5. 为某产品写一电视广告表格式分镜头脚本（不少于 8 个镜头）。

第十五章　网络广告文案

从某种意义上说，一部世界广告发展史，实际上就是新的媒体被不断开发出来的历史。作为大众传播媒体的报纸、广播和电视，每一次被广告开发与利用，无不给广告传播事业带来划时代的变化，就是有力的例证。

20 世纪 90 年代中期，随着因特网这一划时代的传播技术的成功应用，广告也同时获得了一种前所未有的新的媒体。

因特网的出现，从根本上改变了人类的生产方式、流通方式和生活方式，"它使独立的个人向单一受众及更多受众获取或传递大量信息成为可能。在这一过程中，信息的处理是数字化的，因此信息可以以前所未有的简便被复制、控制和传播"。正因为如此，全球使用互联网的用户数才以空前的速度增长，无论是发达国家还是发展中国家，都是如此。当然，欧美发达国家的发展速度无疑更快一些。

因特网所具有的传统媒体不可比拟的巨大传播优势以及上网人数的与日俱增，都使得广告界对它倍加关注，努力将其作为一个最新、最有发展前景的重要媒体，进行大力开发，并初步取得了令人瞩目的成就。

第一节　网络广告的基本特征

作为一种前所未有的新型媒体，因特网有着传统媒体所不具备的特征，这就决定了因特网上所发布的广告也必然存在着与传统媒体广告迥然相异的独有特性，因为传播媒体对广告形态有着很大的制约性。因特网广告或称网络广告的特征具体体现在下列几个方面：

一、非强迫性

电视、报纸、杂志、广播等大众媒体广告以及户外、直邮、POP 等小众媒体广告，总是殚精竭虑地致力于转移受众对其他事物的视觉和听觉，尽量将广告内容硬塞进他们的记忆里，以求引起注意并购买广告产品。这无疑是传统广告强迫性的突出表现，而消费者则往往有意无意地予以抗拒。

与此不同的是，网络广告的接受没有任何强迫性，消费者如果不主动点击 WWW 节点，隐藏在它后面的 HTML 即超文本制标语言就绝不会出现，因而这种广告纯粹是消费者主动地自由查询的，是心甘情愿地接受广告信息，表明网络广告从根本上克服了传统广告接受的强迫性和被动性的局限，而这正是网络广告区别于传统广告最重要的特征之一。

二、高交互性

传统媒体广告如电视、报刊、广播以及灯箱、直邮等广告基本上是一种单向的、一对多的传播方式，虽然它向大量消费者传播了相同的产品或服务信息，但一般都缺乏及时的反馈，表明其传播缺乏交互性，从而使信息发送者不能根据受众的具体需要、趣味、消费心理等去调整传播，并最终对广告的促销效果产生不利影响。

然而网络广告则不同，它是一种具有反馈功能的双向传播。当消费者接收到网上广告信息后，可以根据自己的需要与广告主迅速及时地开展对话，如通过 E-mail 进行交流和沟通，询问、商谈有关购物问题。如丰田汽车公司的网络广告在网上发布之后，不少消费者向其索取某种型号的汽车简介，并与之进行交流，产生了显著的促销作用——广告将与之对话者的名单与经销商手中的购车名单对照后，发现网络广告帮助他们销售出了 7 300 辆汽车，销售率达到 5%。

网络广告的交互性还有另一种含义，即众多的信息编码者和受众之间的身份不断发生转换，绝大多数人在发出广告信息的同时，也可接收到别人发出的产品、服务信息，这也是传统电视媒体广告等无法做到的。

三、便利性

在网络上发布产品信息的广告主，如果感到需要变更广告的某些内容，例如将原先的产品价格调低或调高，只需一两分钟便可完成。还有复杂一些的，如补充、删削某些广告内容，或某些表达方式（语调的运用、修辞、逻辑等）不够妥当和完善，也可以在很短的时间内进行修正，使之更具说服力和促销力。

比较起来，传统媒体广告则缺乏上述便利性，如报纸发排、印出之后，就无法修改广告了，只有等到下次重复刊登时才能予以增删润色。至于电视、广播广告，虽然改动起来较报刊容易一些，但相对于网络广告来说则又困难得多，即使是比较简单的户外广告、POP 等广告形式，修改起来也颇费周折。由此可见，网络广告的增删改动较之于传统媒体广告，有着很大的便利性。

四、丰富性

网络广告传达产品或服务信息的表现手段较之于传统广告要丰富、复杂得多，它可以运用动态影像、静态图片、表格、文字、声音、动画、三维空间、虚拟实在等多种形式，传达创作者独特的创意成果，更有力地说服、感染广大消费者采取购买行动。而所有这些，都是传统媒体中的某一种所无法企及的。

五、低廉性

网络广告制作起来较为简便，没有电视广告那么复杂。拍摄、制作电视广告，首先需要聘请模特、演员；其次要选外景、搭内景场地；再次还有音乐、音响、灯光道具、拍摄、剪辑等。即使是短短的 15 秒、30 秒钟广告，也要动用一部电影或电视剧那样的一整套人马和设施，摄制费用动辄十几万元乃至几十万元，更加上媒体播出费用昂贵，广告费付出之高，由此可见一斑。而网络广告不仅制作费较低，而且发布也很便宜。因为广告主只需通过在网站主页上购买一个包含超链接至广告主自身主页的标题，即可达到广告目的。

六、精确性

所谓精确性，是指对网络广告接收者在数量上的统计十分准确，亦即对网络广告发布后的效率测定既简单易行又精确无误。因为互联网的特殊软件可使精确统计节点访问人数成为可能，有多少消费者访问过该广告节点，可以说一无遗漏。

而对传统广告的效果测定，不论采取分层抽象的问卷调查，还是自由访问式的记录，都显得费时费力，从调查问卷的设计、印刷，到一份份发下去、再收回以及统计分析，都是极其麻烦琐碎的，而且分析结论也只是一个概率式统计，缺乏科学的精确性。所以，广告效果测定的精确性，是网络广告的又一重要特征。

然而，网络广告也不是完美无缺的，其特点决定了它的可信度较传统媒体要低。这是因为，因特网上全球各个国家、各个地区的无数网络服务器，昼夜不停地发布形形色色的广告，向用户传输产品、服务或企业形象方面的大量信息，它们没有任何"把关人"依据世界各国制定的广告法，进行约束、规范和管理，因而内容不实、夸大其辞的虚假广告，无论是在数量上还是在程度上，都比传统媒体更多也更严重。

如果将因特网广告与报纸广告等传统广告在发布方面进行一番比较，前者之所以具有可信度较低的缺点，就很容易明白了。

传统媒体如报纸、电视、广播等媒体发布的广告，无一不经过好几个"把关人"的审查，如果其中有一道关被卡住，那么该广告信息就不可能得到传播。

"把关"这一概念是由作为传播学四大先驱之一的著名学者卢因首先提出的，其含义是指大众传播中的信息并非是原生态的、完全自由的流动，而是经过"守门人"（编辑等）的筛选和过滤的。另一位著名学者怀特将它表述为一个公式：输入信息－输出信息＝把关过滤信息，即是说，大众媒体上传播出来的信息，是从接收到的大量信息中经过选择、删削得出的结果。麦克内利进一步发展了上述两种见解，提出了把关环节多重化的基本模式。麦奎尔认为这种理论"试图描述在新闻事件与最终的接受者（报纸读者等）之间存在的各种各样的中间传播者"。我们认为，麦克内利的系列把关环节模式是符合大众传播的基本实践的。

以传统的大众传播媒体广告而言，它要经过媒体广告部编辑、主任乃至分管广告的媒体上层领导的多道审查：审查广告是否违背了广告法，创意是否新颖独到，表达是否完善……经过一次次的梯级式筛选和过滤，有的广告作品（包括文案）被阻止放行，有的夸大不实之词被删改，直到合乎广告产品或服务的实际情形为止。因为媒体如果不认真"把关"，不仅会导致自身形象受损和失去消费者的信任，而且会受到广告管理部门甚至法庭的追究。唯其如此，一般媒体才不遗余力地实施"把关"策略（当然，把关不严而受到处罚的媒体也不是没有，但为数不多却也是事实），所以消费者在一般情况下对媒体及其广告还是相当信任的。

但网络上发布的广告却与此有所不同，不是网站无人把关，就是个人可以在因特网上随意发布广告信息，因而就导致网络广告的可信度在网民受众中呈下降趋势。

尽管如此，但网络广告作为一种具有划时代意义的最新媒体，其无限广阔的发展前景正日益鲜明地显示出来。至于它的不足之处，则属于前进中的问题，也是一种支流性问题。我们相信，随着网络传播技术的不断发展和网络及网络广告管理水平的不断提高，它们必将获得广大网民的高度信任，如同今天传统的四大媒体广告一样，甚至超过它们也是完全可能的。

第二节　网络广告的类型分析

1994 年 10 月 14 日，这是一个值得我们隆重纪念的日子，因为人类历史上第一幅网络广告出现在这一天美国著名的 Wired 杂志网络版上。迄今为止，它虽然仅仅走过了 14 年的艰苦岁月，但其发展势头却迅猛异常，不仅营业额大幅攀升，而且其形式也不断出新，给人以目不暇接、异彩纷呈之感。事实上，网络广告在短短十余年的超常规、跨越式发展中，无论是内容还是形式，都早已摆脱了当初的简单和幼稚而变得复杂多样。虽然如此，我们如果抓住了正确的分类标准，即网络广告是否对受众具有强制性这一特殊视角进行梳理，还是可以对它进行类型分析的。现拟将其分为下列两大类型：

一、强制型

对此类网络广告可作如下界定：网民在浏览网页时，某些网页遭到广告强迫性的覆盖，或广告图标在网页上不停地游动，迫使用户阅读其产品、服务或企业形象等方面的信息。这类广告形式多样，既有共性又有个性。其共性是强迫受众观看，而个性则是强制的表现方式与他者有不同之处。所以，这一类网络广告又包括下列几种形式：

（1）弹出式。它是指用户打开一个网站首页时，有一个含有广告图片和广告标语的较小的页面（即窗口）自动跳出，并有动画和声音相伴。此时用户如果点击它，就可以链接到相应的页面，如果不加理睬，广告窗口就一直存在于固定的地方，直到关掉它为止。由此可见，此类网络广告具有一定的强迫性，使得用户不得不看它。虽然有提高点击率之效，但如果使用过多，必定会引起用户反感，甚至因此而舍弃原本比较喜欢的网站，这就得不偿失了。

（2）悬浮式。这种网络广告在某一页面不停地游走，或上下漂移，或左右浮动，而且其游走是不请自到，只要一打开网页，用户根本不用点击，广告就会自动出来，从而表明它们不是网民意愿的产物。正因为如此，它必然会对用户的正常浏览活动造成干扰，所以与上面所说的第一种网络广告（即弹出式）有着同样的强迫性，也可能引起网民内心的不快，必须慎用。

（3）E-mail 广告。它是一种通过网络媒体将广告发到网民邮箱中的常见网络广告。其作用机制是利用电子刊物中的电子邮件列表，将广告加在每天读者所订阅的刊物中，发给邮箱所属主人。它的发送方式一般有两种：一种为直接发放；另一种为通过搭载发送。由于它是向个人发布广告，因此针对性较强，到达率也相当高，是一种效果较好的网络广告形式。但它一般是未经用户同意而发布的，因而也存在着一定的强制性。如果使用过分，必定会引起消费者对广告的排斥而导致无效。

（4）定向广告。它是指广告商利用网络追踪技术，搜集用户的年龄、性别、职业、爱好、收入、生活及地域等有关信息，记录储存用户对应的旧地址，并利用网络广告配送技术，根据广告主的要求及商品、服务性质，向不同类别的用户传播不同内容的广告。由于实现了真正的"分众"传播，故常常易于引发消费者的购买行动。然而，这种定向式网络广告也没有经过用户同意，因此同样存在强制性之嫌。

二、非强制型

与上述强制型网络广告不同，非强制型网络广告充分尊重广大用户的意愿和选择，如果他们不去主动点击，则广告不会自行出现。因此它绝不会干扰用户正常的浏览活动。此类广告主要有下列几种表现形式：

（1）按钮式。这种广告一般由广告主公司的一个标志性图案、品牌名称、广告语或一般文字构成，它比旗帜广告所占面积要小，容量不超过 2K，以按钮或小图标出现在网页中，故称按钮广告。其常用尺寸有四种，即 125×125cm，120×90cm，120×60cm，88×31cm。按钮式广告不会自动弹出，必须经浏览者主动点击，才能知悉此种广告中有关产品或服务等方面的信息，其对于网络用户强制性的摒弃，由此可见端倪。

（2）文本链接式。这种网络广告不以图片去配合文字，只是通过精练短小的语句构成某种特定的广告诉求，力图引发网民对它的高度关注，并吸引他们进一步点击，以进入下一个页面，去阅读更具体、更细致，也更深入的广告文本，从而为使消费者付诸购买行动打下良好的基础。

文本链接式网络广告在页面中的位置十分灵活，可以置于页面中任何地方，既可横排，也可直排，同时它对浏览者的干扰在所有网络广告中可以说是最小的，然而其对于产品的促销效果却十分突出，故值得我们特别重视。

（3）互动游戏式。这是利用某些网民对网络游戏特别嗜好而设计出来的一种具有很强互动性的网络广告。它可能出现在网络游戏的开始、中间或结束时，也可能是根据广告主的产品要求，为它量身定做的一个属于自己产品的互动游戏广告。在网民玩游戏时，页面会出现提示性语词，诱导他们去点击，随后链接到广告主公司的主页上，以引起他们对产品信息的注意，激发其采取购买行动。

（4）网络视频式。它是指一种能将声音、图像、文字等要素组合为一个有机整体的新型网络广告。与上述几种非强制型网络广告相比，网络视频广告采用了相关的在线视频技术，不仅使画面较前述网络广告更生动、更形象，而且具有不可比拟的视觉冲击力，可使消费者对广告信息产生更强烈的关注和更持久、更难忘的记忆。特别值得我们重视的是，它能采用相关在线视频技术，在网上播放电视广告，从而使网络媒体与作为大众传播最重要的媒体之一的电视媒介结合起来，成功地实现跨媒体运作，因而使网络视频广告具有里程碑式的重要意义。

还有一点值得注意的是，网络视频广告系由计算机完成，可通过事先或事后（刊播之前或刊播之后）的效果测定，将正确的反馈意见予以吸取，灵活地进行修改，而且能以数字化形式供其他媒体或传播渠道播出。可见，网络视频广告确实是一种具有划时代意义的新形式。

第三节　网络广告文案的基本特征

网络广告文案与作为整体的广告文案创作相比较，在特征上必然存在着共同性的一面，然而由于前者具有传统媒体（报刊、广播、电视等）所不具备的媒介特性（如互动性等），这就决定了网络广告文案又有着一般传统广告文案所没有的独特性质。

一、超文本链接：悬念和诱导策略

应该指出，超文本链接是网络广告文案区别于一般广告文案最明显、最重要、最根本的特征。这一独特之处主要取决于网络媒体自身所具有的高交互性。为此，它必须将大部分内容分成若干小部分来表达，诱导网民一层层地点击，广告信息也相应地一层层地呈现出来，这与传统媒体不需受众合作直接全部呈现在其眼前，是大相径庭的。

根据这一点，我们可对超文本链接作出如下界定：它是指在网站首页以文字标志或图标广告、网幅广告等诱导用户点击而进入新的文本页面，经过多层次的链接而最终进入某一企业的商品宣传网页。

一般来说，超文本链接是通过运用悬念、诱导等策略来完成和显现出来的。

先看悬念策略的运用。所谓悬念，是指在叙述进展的关键处，有意制造一些激发受众兴趣和紧张心情的未知数或细节，而将详情留在后面交代。就网络广告而言，设置悬念和解开悬念不是在一个平面上进行的，在两者中间有一种互动的中介环节即点击，如果用户不点击，则解开悬念的内容就不会出现。例如，一个网站在发布广告时，在首页横幅的文字中巧设悬念，出现了"22+45＝?"的数学算式，网民不知其意，纷纷予以点击，结果跳出了"中国吉通国际出口宽带扩容"的广告词句，网民这时才明白悬念之意，原来是说吉通公司的通信能力获得了大幅度提高，并希望网民光临，届时将提供比以前更便捷、更优质的服务。

再看诱导策略。它是指广告向消费者许下一种很有吸引力的利益承诺（如奖励等），引导用户进一步点击。如王老吉公司在世界杯足球比赛即将开始之时，抓住这一难逢的好时机，在网上开展"世界杯竞猜赢巨奖"活动，画面上出现了汽车图像，图标上有一只小手不断作出点击的样子。这种巨奖给网民以极大的诱惑，但他们不知竞猜到什么才可以获大奖，于是极有兴趣地进行点击，下一个页面终于告诉网民获大奖需要何种竞猜结果。这样一来，王老吉这一凉茶品牌的知名度和美誉度就得到了极大的提升。

二、标题为王

一般来说，广播、电视广告通常是不需要标题的，报纸、杂志等平面媒体对标题相当重视，但相对于网络广告文案来说，则又稍逊一筹了，因为后者对标题的倚重，简直可以说达到了"为王"的地步了。究其原因，主要是因为网络作为一种新型媒体具有传统媒体所没有的属性，那就是网络媒体的互动性特征决定了它不能像报纸、电视媒体广告那样，直接将内容全部呈现在消费者面前，而常常需要用户主动点击，广告信息方能一步一步地显露出来。因为这样的表现方式可使广告获得更好的促销效果，而诱使网民点击的重要动力很大程度上来自于网络广告标题，这是其一。其二则为网络广告不能像传统广告那样有较长的正文（用户没有耐心去看冗长的文字），这就决定了网络广告创作者常常把传达产品或服务信息的重任寄托在标题上面。以上两点表明，网络广告要取得良好的传播效果和销售促进效果，必须以"标题为王"。

那么，究竟怎样才能实现"标题为王"呢？我们认为必须注意下列两点：第一，标题必须新颖独创、别具一格，才能引发消费者的注意。如 2006 年 6 月，麦当劳发布了一则网络广告，其标题为"左右移动鼠标，把汉堡拉过来"。网民一看就觉得很新鲜，怎么能在网上用鼠标把汉堡拉过来呢？惊讶之余，把鼠标轻移，竟真的把汉堡包拉过来了，使网民在新奇的体验中对麦当劳产生了极为深刻的印象，从而使其知名度提高到一个新的水平。

第二，标题应易于引发网民的点击行为。例如，2008 年新浪网上发布了一则汽车广告，其标题为"油价高涨怎么办？东南汽车"。想买私家车的人中有相当一部分对不断上涨的油价忧心忡忡，既想得到有车一族的舒适和方便，又担心高油价的重负难以摆脱。恰好此时在网上看到了东南汽车广告的标题，觉得这种车可能较他种品牌的车省油，于是激发了兴趣，想进一步了解它究竟在单位时间里可省油多少，就满怀希望地进行点击。而点击率的提高就意味着购买该产品的网民可能较多，因而也就意味着易于引发网民点击行为的标题必然与良好的传播、促销效果密切相关。

三、号召性

所谓号召性是指网络广告文案创作者经常运用祈使性语句，要求用户注意点击。如一则关于游戏软件的网络广告，在网站主页上用动态条幅写下这样的文字："游戏爱好者请点击这里，有大奖！"再如 Harrgand Darid 广告网站，强力推出"月月鲜果"俱乐部，其文案写道，"点击此处，为您省钱 70%""点击此处，赢取百万美金"，这样一些诱导性语词，诱使网民点击相关页面，以得到更具体、更细致、更完备的信息，从而获得更好的促销效果。

应该指出，号召性的祈使句，在传统广告中并不是没有，但网络广告中号召性语句出现的频率较传统广告要高得多，而且传统广告中即使用号召性语句也绝无"点击"式字眼，而这两点正是二者在号召性语句运用上的根本差异。

四、简练性

所谓简练性是指网络广告文案的语言，无论是标题还是正文，都必须千锤百炼呕心沥血，尽量写得短小精悍，才能为网民所喜爱。其主要原因在于，用户上网的主要目的是浏览新闻、搜索需要的相关资料，或是进行艺术欣赏和游戏活动，看广告只是偶一为之，远非目的（只有少数人会有目的地接触广告）所在。处于这种情况，网民连简短的广告都不大想看，更遑论冗长之文，所以，要想网络广告文案被更多的消费者所浏览，并取得更好的促销效果，那就必须短些、更短些！

美国权威的媒体咨询机构经过周密深入的调查研究，表明互联网作为一种新型高效的互动性媒介，正以常人难以想象的发展态势实现爆炸式增长，而且对传统的大众媒介提出了挑战。作为互联网整体的一个重要有机构成部分，网络广告也同样如此。这就启示我们，对网络广告的创作必须引起高度重视，要求我们必须深入探讨网络广告文案的基本特征，科学地把握其独特的创作方法。只有这样，才能真正创作出既深受网民喜爱，又有着良好传播、促销效果的优秀网络广告文案，才能使我国互联网广告乃至整个广告业，沿着正确、健康可持续发展的方向迅猛前进。

思考题

1. 网络广告有哪些特征？
2. 谈谈你对"强迫型"网络广告的看法。
3. "非强迫型"网络广告包括哪些种类？有何特点？
4. 网络视频广告的出现对网络广告有何意义？
5. 举例说明"悬念"在网络广告文案创作中的作用。
6. 互动性在网络广告文案中的体现。

第十六章　商业广告文案与公益广告文案

在所有的广告中，商业广告无疑处于主体地位。但如果因此而忽视社会公益广告，也是完全错误的。如日本学者对广告所下的定义，即"广告是把产品或劳务向人们宣传，以说服其购买的传播技术"，就把广告完全等同于商业广告，而将社会公益广告排斥于广告之外，就是明显的例证。

第一节　商业广告文案

企业旨在谋求或直接或间接的经济利益（如产品销售额的增加、市场占有率的提高等）的文案就称为商业广告文案。它主要包括产品（或服务）广告文案、促销广告文案、企业形象广告文案等基本类型。

一、产品（或服务）广告文案

产品（或服务）广告是商业广告中数量最多、地位最为重要的一种类型。从最基本的创意策略的角度看，产品广告主要有 USP 型、品牌形象型、定位型等三种不同的存在形态。

（一）USP 型

USP（Unique Selling Proposition）即"独特的销售说辞"，是世界著名广告大师达彼斯全球集团总裁罗瑟·瑞夫斯于 1961 年在其《广告的现实》一书中第一次提出的。他认为，每一个产品都应发展一个自己独特的销售主题，并通过足量的重复传递给受众。USP 策略有三个要点：其一，销售主题需包括一个产品具体的好处或效用；其二，这一功效必须是独一无二的，没有被同类产品竞争者宣传过，甚至是其他品牌不具有的；其三，这一主题必须能够推动销售，必须是能够影响消费决策的重要承诺。

USP 策略问世之后，在广告界引起了极大反响，创造出无数辉煌的销售业绩，出现了不少成功的广告。这些广告不外乎两种形式：

第一，突出广告产品独有的功能特征。例如：

杜邦公司泰维克纸张广告文案

标题：就是这面茶招子，解决了茶掌柜的问题

正文：从前，茶掌柜的常为茶招子伤脑筋，向过往行人打招呼，又要质轻便于悬挂，特别要耐得起风吹雨打。传统的布或 PVC 等印制素材，总是无法做到。因此，尽管时代进步，茶掌柜的烦恼依然存在，直到现在。请您用手来感受这一页，试试看要用多大的力量，才能撕破它？这就是杜邦泰维克，无论印制任何海报、旗帜，挂在风雨艳阳下，始终亮丽招摇。

（小标题）当然，杜邦泰维克的优点还有很多，下页见真章……

强韧耐用，一般人的力量撕不破。

受潮或浸湿后仍能保持原有的强度。

重量轻，方便悬挂，比同样大小的牛皮纸轻一半。

印刷精美，耐久不褪色。

完全燃烧后，仅会剩下水和二氧化碳，最符合环保要求。

请带着这份纸样，告诉你的客户，杜邦泰维克好在哪里……

美国杜邦公司的这一广告，着力强调的就是杜邦泰维克纸张的极端强韧性，即使见水后也仍然撕不破，而这正是它独有的特性。一经宣传后，迅速引起了无数有此需要的客户的强烈兴趣。

第二，其他产品虽然也具有广告产品的某种功能，但其他产品从未重视并予以宣传，这一传播中的空白也可成为 USP 的材料。如约翰·霍普金斯为喜立滋啤酒所做的广告就是一个很好的例证。他的诉求中心是"喜立滋啤酒瓶是经过蒸汽消毒的"。实际上，啤酒公司一般都是这么做的，但它们从未对这一点予以宣传，因而霍普金斯强调蒸汽消毒一下子就引来了无数买主。

（二）**塑造品牌形象**

在同类产品愈来愈丰富，且同质化成为一个不可阻挡的发展趋势后，USP 策略所受到的限制越来越大，正如"品牌形象"理论的创立者大卫·奥格威所说："相互竞争的不同品牌越来越相似了。生产这些商品的人都可以采用同样的科学方法、生产技术和调研资料。"严峻的现实迫使营销者和广告家去进行新的创造，于是"品牌形象论"便应运而生了。

大卫·奥格威认为形象指的是个性，如果树立得当就能使产品在市场上畅销不衰，否则就会被市场所淘汰。品牌形象不是一种短期行为，而是一种长期的广告战略。他还指出，影响品牌形象的因素相当复杂，如名称、包装、价格、广告的风格等。因此，所谓品牌形象，实际上是指它"具有功能的、符号意义（如情感经验）的要素，它们在消费者心智与记忆中形成一个总体的集合或网络，它们之间具有相关关系而可被消费者陆陆续续地回想起来"。

广告塑造产品品牌形象的方法，主要有下列几种：一是被赋予业主或营销者自己的形象，如美国著名的波杜鸡的品牌形象就是由业主波杜亲自在电视广告中充当主角而树立起来的，他诚恳自信、严肃粗犷、严格细心，从而使波杜鸡名声大震，成为美国市场上销售量最大的著名品牌。二是借助广告模特或明星人物来创造产品品牌形象，如"万宝路"牛仔，他有美国西部牛仔那种粗犷豪放、成熟刚强、带有西部浪漫的乡土气息的显著特征，一下子就引起了广大消费者的注目，并使"万宝路"成为世界第一品牌。三是塑造商标人物，如美国通用磨粉公司甜食品的品牌形象就是由商标人物贝蒂·克洛克树立起来的。著名艺术家杰罗姆·里昂曾经对贝蒂·克洛克作了这样的描述："她是一个蓝眼睛的纯美国种女子，一个慈祥的母亲，一个烹调行家，一个无所不能的管家能手，一个关心公益、助人为乐的热心人。"

上面只是对广告创造产品品牌形象问题作了一些粗线条的概括性论述，然而要深入地掌握品牌形象的创造方法，仍然离不开微观剖析。请看下面的例子：

大卫·奥格威为英国"舒味思"
奎宁柠檬水撰写的广告文案

标题：舒味思的人来到此地

正文：引见从英国伦敦"舒味思"厂所派出的特使、制造师爱德华·惠特海。"舒味思"厂自 1874 年起即为伦敦的一大企业。制造师惠特海来到美国各州，是确查在此地所煮的每一滴"舒味思"奎宁柠檬水是否都具有本地厂所独具的口味。这种口味是长久以来由"舒味思"厂研制的全世界唯一杜松子酒及滋补品混合而成。他进口了"舒味思"所独创的虔修醇剂，而"舒味思"碳化的秘方就锁在他的小公事提箱里。这位制造师说："从头至尾具有毫厘不差道道地地的'舒味思'制法。""舒味思"历经百余年之经验，才把它的奎宁柠檬水造成现在这种半苦半甜的完美境地。但你把它和杜松子酒及冰块混合在高脚杯中都只需 30 秒钟的时间。然后，高雅的读者们，你将会赞美你读过这些文字的这一天。

附言：你如果喜爱这篇文字而没有喝过"舒味思"，请以明信片通知，我们即作适当的安排。

函寄：纽约市东 60 街 30 号，舒味思收。

与上述文案相配合的是惠特海走下飞机的大幅照片，他戴着礼帽，穿着华贵的长羊毛大衣，扎着领带，蓄着大胡子，手里拎着公文箱和长柄伞，有着典型的英国绅士风度。惠特海给人以自信、诚实、严谨的印象，加上贵宾级专机和红色地毯背景的衬托，都使广告主的形象显得严谨高贵、气派不凡，而这正是"舒味思"柠檬水的象征性形象。消费者一看到"舒味思"柠檬水，就很容易联想到惠特海走下飞机时的不凡气质，从而对产品产生很好的印象。

（三）定位型

美国著名营销学家艾·里斯和杰·特劳特在 20 世纪 70 年代初提出了影响深远的"定位"理论。他们指出："定位从产品开始，可以是一件商品，一项服务，一家公司，一个机构，甚至是一个人，也可能是你自己……定位是在我们传播信息过多的社会中，认真处理怎样使他人听到信息等种种问题之主要思考部分……定位并不是要你对产品做什么事……定位是你对未来的潜在顾客心智所下的工夫，也就是把产品定位在你未来潜在顾客的心中。"这样看来，所谓定位在本质上是指将广告产品在消费者心中定下一个与众不同的有价值的位置。

自从艾·里斯和杰·特劳特的定位理论提出以后，大批广告文案撰稿人运用它来创作产品广告，取得了突出的效果。例如：

大众金龟车广告文案

标题： 想想小的好处

正文： 我们的小车并不标新立异。许多从学院出来的家伙不屑屈身于它；加油站的小伙也不会问它的油箱在哪里；没有人注意它，甚至没人看它一眼。

其实，驾驶过它的人并不这样认为。因为它耗油低，不需防冻剂，能够用一套轮胎跑完 40 000 英里的路。

这就是为什么你一旦用上我们的产品就对它爱不释手的原因。

当你挤进一个狭小的停车场时，当你更换你的那笔少量的保险金时，当你支付那一小笔修理账单时，或者当你用你的旧大众换得一辆新大众时，请想想小的好处。

世界著名广告大师伯恩巴克为德国大众汽车公司金龟车所做的这一广告，堪称产品定位的经典之作。他看到了豪华汽车卡迪拉克以及马力强、容量大的雪佛兰和别克等充斥美国汽车市场，而大众化的金龟车却形状古怪、体积小、马力不强，在美国上市十年却一直受到冷落。但伯恩巴克却从美国家庭经济型用车的普遍现象和社会文化中存在着的反传统、反潮流、反权威的新的价值观中，找到了美国消费者心智中的一个未被占领的空隙，那就是小车自有小车的好处，从而将广告产品定位为油耗低、易于停靠、冬天无须防冻剂的经济型小车。由于它适应了当时一大批美国消费者的心理，故获得了极大的成功，使被冷落十年的金龟车销路大开，取得了非凡的销售业绩，并得到了大卫·奥格威的高度评价："就算我活到一百岁，我也写不出像福斯汽车的那种策划方案，我非常羡慕它，我认为它给广告开辟了新的门径。"

二、促销广告文案

台湾地区著名广告学家樊志育先生曾经指出："按广告活动的广告目的阶段，可分为以传达企业或商品、服务之资讯为目的，所谓'资讯标准'的广告，以及传达迫使消费者购买行为为目的，所谓'销售标准'的广告"。这里所说的"资讯标准"广告实际上是指那种非急功近利式的广告，如前面所述的产品、服务广告等；而"销售标准"广告则是追求立竿见影之效的促销广告。

在商品营销研究中，SP（Sales Promotion）即销售促进（或简称促销），极受重视，被称为与人员推销、广告推销、公关推销并列的四大营销手段之一，是构成促销组合的重要因素。

那么，究竟什么是促销呢？美国市场营销学会（AMA）认为："SP 是人员推销、广告和公关关系以外的，用以增进消费者购买和交易效益的那些促销活动，诸如陈列、展览会、展示会等不同规则的、非周期性发生的销售努力。"世界著名营销学大师 P. 科特勒却说："SP 是刺激消费者或中间商迅速或大量购买某一特定产品的促销手段，包含了多种促销的短期工具。"美国《广告时代》专栏作家 A. 罗宾逊认为，SP 是对同业（指中间商）或消费者提供短程激励的一种活动，以诱使其购买某一特定商品。他认为其中的短程激励是 SP 活动中最为关键的因素。

根据以上的论述，我们可以对 SP 广告作出这样的概括：它是一种在市场上迅速产生激励作用，刺激消费者在很短的时间里采取购买行为的立竿见影式的促销活动。

SP 广告的表现形式十分丰富，但根据它们的性质，可以归纳为如下几种类型：

（一）免费型

在广告中向消费者表明不用花钱就可以得到某种经济利益，如试用某种产品、免费品尝、购买时附赠某种商品等，以扩大广告产品的知名度和美誉度，在短期内迅速获得经济回报，可以称之为免费型促销广告。例如：

上海强生有限公司促销广告

标题：买强生护齿牙刷，送爽爽 T 恤

正文：用强生护齿牙刷，连难刷部位也感觉好干净！1996 年 8 月 17 日—9 月 29 日集满任何 3 个强生"护齿"牙刷包装，到指定商店就能免费换取护齿先生爽爽 T 恤一件。数量有限，换完就没啦！

兑换办法：12：00~20：30，每天每店限换 50 件，换完即止。

上海强生有限公司

撰写这类文案特别要注意以下两点：一是要将所赠之物的名称、数量写得准

确、清楚，否则就会贻害无穷，因为消费者实际所得赠品如果与广告所述不符，必然责备广告主缺乏诚信，造成"赔了夫人又折兵"的严重恶果；二是要将活动起止日期、开展活动的地点叙述清楚，以免造成误会。

（二）优惠型

与前述免费型促销广告相比较，优惠型则是一种不完全的馈赠，即通过剪取广告旁的减价券而获得优惠，或传达某一地区某段时间所出售的产品都予以价格折扣的，就是优惠型促销广告。例如：

实惠多，夏令商品推介派彩大酬宾

华夏百货公司悉心为您奉上满堂中外名优精品和款款全新的贴心服务，伴您度过一个舒适浪漫而又倍感实惠的清凉夏日。从 1996 年 4 月 6 日至 5 月 15 日特别为您推出：

天天特卖一小时

每天开门营业头一小时，全场货品（足金首饰、摩托车、特价商品除外）9.5 折优惠。

双双实惠派大彩

购物满 30 元，即送抽奖券一张，多买多送，有机会求得双日 5 000 元彩金，并可获赠九折购物卡。

撰写这类文案，首先要注意的是要有一定的鼓动性，争取以情感人；其次是要将优惠条件写得清楚明白，毫不含糊，力求做到情理结合，以产生较大的诱惑力。

（三）竞赛型

通过发布有关知识、产品命名、广告语征集等有奖比赛广告信息来开展促销活动，称为竞赛型促销广告。例如：

飞利浦新视霸冠军竞猜活动广告

猜中足协杯冠军　殊荣共分

飞利浦足协冠军视听产品，今天再度与你共享球坛盛事——'96 中国飞利浦足协杯。猜中'96 飞利浦中国足协杯新视霸冠军队殊荣花落谁家，即可参加抽奖，一等奖共 20 名，得飞利浦 2539 彩电一台，价值 5580 元，二等奖共 50 名，将获飞利浦中国足协杯精美纪念品一份。请即投身参与，共享冠军殊荣。

飞利浦中国足协杯

飞利浦新视霸冠军队竞猜

第二回含有奖游戏参加表格

请即回答下列两个问题，连同个人资料，把表格贴在信封背面，在 6 月

25 日前，以邮戳为准，寄回广州市东风东路 735 号飞利浦有限公司，即可参加抽奖……

1. 请列出六款飞利浦足协队视听产品名称

2. '96 飞利浦新视霸冠军队是_____
姓名_____ 电话_____ 地址_____
邮编_____ 身份证号码_____

此类文案的撰写，首先要把竞赛内容准确地表述出来，其次要将获奖程序列出，让消费者懂得它的公正性。

（四）文娱型

以文艺演出、时装表演等作为广告的主要信息，以此刺激消费者对广告产品的需求。如广州宝洁公司于 1990 年 5 月 11—13 日，连续三天出面赞助广州电视台"屏幕之友"节目，举办了"海飞丝南北歌星、笑星光耀银屏大型文艺晚会"，著名演员陈佩斯、冯巩等参加了演出。演出前，广州宝洁公司发出了广告，声称任何人士都可凭购买飘柔、海飞丝、玉兰油 30 元以上面额发票一张（并且其中一定要有白色飘柔），换取该晚会门票两张。这一促销广告及活动产生了良好的效果：1990 年宝洁公司的飘柔、海飞丝、玉兰油在广州市场的销售额比 1989 年增加了4.5 倍。

此外，不同行业的联合促销广告，如美国 MCI 与西北航空公司的联合促销等，均以广告配合促销活动，取得了骄人的业绩。还有展览会、博览会等促销广告，也是常用的促销广告的重要形式。

三、企业形象广告文案

广告旨在向消费者传达企业对社会、国家、民族重大问题的关注（如民族主义、爱国主义精神等）、企业的经营哲学、企业文化以及企业的历史和现在的辉煌，等，以期在社会上树立良好的企业形象，这就是企业形象广告。

与产品广告（或服务广告）、促销广告相比较，企业形象广告有两个显著的特征：

第一，它表面上是在谈论那些有关民族、国家的发展问题和企业的文化、业绩等，但实际上还是在努力促进企业产品销售额的增加，因为在社会上为企业树立良好的形象，其最终目的还是在于通过提高企业的知名度和美誉度来诱导广大消费者多多购买企业的产品，不过它不像产品的促销广告那样追求迅速及时的利益回报，而是追求一种虽然效果来得较为缓慢但却更为长远、持续性较强的经济效益。

第二，企业形象广告文案一般在篇幅上都比较长，因为它的信息容量较产品的促销产品大得多。

从类型的角度看，企业形象广告文案主要有两种不同的表现形式：

（一）正面型

所谓正面型，是指广告旨在通过叙述企业不平凡的历史和今天的辉煌业绩以及不断追求创新、不断向前奋斗的英雄主义气概，从正面突出企业的良好形象。例如：

美国梯莫肯公司企业广告文案

标题：我们又做了一次

正文："咬子弹"总是很不容易的，虽说你过去常这样做。数年前，当Timken公司"咬了子弹"，并投入5亿美元，用1/4世纪的时间建立了美国第一家合金钢厂，结果我们所得到的比投入的价值更多。

对你来说也是如此，因为它的报偿不仅是世界最高质量的合金钢，而且还有用这种钢制造出来的更好的轴承。

这就是为什么我们在反复考虑后决定再做一次。

但这次集中于轴承业务，并且"咬"得更厉害。

5年内将投资10亿美元以上，也包括在钢上的一些生意。

我们将如何使用这些投资？

将投入到新产品、生产设备和其他东西上，它们将在世界任何地方带给你最好的滚锥轴承和优质合金钢。

但是或许比"如何"更为重要的是"为何"要使用这笔投资。

为了将来。

为了你们的和我们的利益。

这就是为什么Timken公司曾经并且将继续把每一分钱投入到优良的产品和加工方法中去，这两方面我们都要参与竞争。

虽然我们期望最近的这10亿美元能让我们跨出更大的一步，但如果需要，我们还将去做你期望我们去做的事情。

我们将再做一次。

广告语：梯莫肯：一个新型的供应商。

（二）侧面型

所谓侧面型，是指广告文案一般不提及公司的业绩，而是通过对一种崇高精神的颂扬和倡导，或者阐述某种深刻的道理来暗示、类比该企业，以树立良好的社会形象。例如：

标题： 出人头地的代价

正文： 在人类活动的每一个领域，得了第一的人必须长期生活在世人公正无私的判决之中。无论是一个人还是一种产品，当他被授予了先进称号后，赶超和妒忌便会接踵而至。在艺术界、文学界、音乐界和工业界，酬劳与惩罚总是一样的。报酬就是得到公认，而惩罚则是遭到反对和疯狂的诋毁。当一个人的工作得到世人的一致公认时，他也同时成了个别妒忌者攻击的目标。假如他的工作很平庸，就没有什么人去理会他；如果他有了杰作，那就有人喋喋不休地议论他；嫉妒不会伸出带叉的舌头去诽谤一个只有平庸之才的画家。无论是写作、画画，还是演戏、唱歌或从事营造业，只要你的作品没有打上杰作的印记，就不会有人力图赶超你，诽谤你。在一项重大成果或一部佳作已完成后的很长一段时间里，失望和嫉妒的人仍会继续叫喊，"那是不可能的"。外界人早已将惠斯勒（Whistler）称颂为最伟大的艺术大师之后，艺术领域中仍然流言纷纷，将自己的艺术大师说成是江湖骗子；当人们成群结队到音乐殿堂 Bayreuth 向瓦格纳（Wagner）顶礼膜拜时，而一小撮被他废黜或顶替的人却气势汹汹地叫嚷，"他根本就不是音乐家"；当众人涌向河边观看轮船行驶之时，少数人仍坚持说富尔顿（Fulton）绝不可能造成轮船。杰出人物遭到非议，就是因为他是杰出者，你要是力图赶上他，只能再次证明他是出色的；由于未能赶上或超过他，那些人就设法贬低和损害他——但只能又一次证实他所努力想取代的事物的优越性。

这一切都没有什么新鲜，如同世界和人类的感情——嫉妒、恐惧、贪婪、野心以及赶超的欲望一样，历来就是如此，一切都徒劳无益。如果杰出人物确实有其先进之处，他终究是一个杰出者。杰出的诗人、著名的画家、优秀工作者，每个人都会遭到攻击，但每个人最终也会拥有荣誉。不论反对的叫喊声多响，美好的或伟大的，总会流传于世，该存在的总是存在的。

第二节　公益广告文案

在广告世界中，商业广告虽然居于主导地位，但绝不意味着与它相对应的公益广告是无足轻重的。恰恰相反，随着 21 世纪的到来，人们对各种危害人类社会进步和可持续发展的重大问题的认识也日益深化，而表达这种认识的一条重要途径就是公益广告。据调查，西方发达国家的公益广告已占广告总量的 10% 以上，表明公益广告正日益受到社会的广泛重视。

一、公益广告的基本类型

人类社会和各个民族、各个国家存在的问题越来越多，公益广告的表现形式也越来越复杂，但也不是无规律可循的。根据所需要解决问题的时间的长短和是否具体，可将其分为具体型和抽象型两大类。

（一）具体型

具体型公益广告是指有关社会机构或企业就当前发生的某一灾难性事件向全体民众呼吁，请他们引起高度重视，或迅速伸出援助之手。如1998年长江中游发生特大洪灾，有关机构就曾多次在媒体上发布广告，吁请一切有救援能力的人捐款捐物，奉献一片爱心。再如：

美国公益广告

一个死去的警察通过他家人的眼睛说话。

在一个平平常常的中午，约翰·约瑟夫·达西，一名巡警，被无缘无故地打死了。他留下了幼小的儿子，年幼的女儿和年轻的寡妇。

请公正对待警察！

你不知道什么时候需要一位警察的帮助！

这一公益性电视广告，通过一个巡警约翰·约瑟夫·达西被人无缘无故地毒打致死后，其亲人无比悲痛的情景，吁请公民不要非难警察，要正确认识警察对社会安全所起的巨大作用。该广告发布后，对反主流文化者非难警察起了很大的抑制作用，效果十分突出。

（二）抽象型

所谓抽象型公益广告，不是表现一个具体的事件，而是针对短期内难以彻底解决的问题进行剖析，从转变人们的观念入手，力求以理服人，并引起高度重视。例如：

香港地区生育计划委员会公益广告

无女又怎能成事

百年子合

无女又怎能成事

传宗拉代

"重男轻女"是中国自古以来根深蒂固的一个传统观念，也是造成无计划生育这一重大社会问题的根源。因此，要做好计划生育工作，使社会得到健全的发展，首先必须从转变"重男轻女"这一错误观念入手，向广大民众讲清道理，才能从根本上解决计划生育工作中的问题。香港地区生育计划委员会发布的这一公益广告，以巧妙的创意来阐述一个深刻的道理：如果没有女性，"百年好合"就"好"不成（成了"百年子合"），"传宗接代"就成了"传宗拉代"，成了一句空话。由此语重心长地告诫、劝导大众：没有女孩是不行的！

二、公益广告文案的撰写原则

现在，有关机构、企业和媒体刊播的公益广告，从数量上来说确实不少，但真正有效果的却并不多。究其原因，主要是没有遵循公益广告的创作规律。

那么，公益广告的撰写规律主要有哪些呢？

我们认为，第一，要善于选择大众关心的重大社会问题，并将它作为公益广告的主题，才能引起大众的关注。例如：

保护森林资源公益广告

（此一平面广告为一台复印机）

文案：全球最高速的伐木机器

　　　树木成长不易　影印前请三思

乱砍滥伐给人类带来了无穷的灾难，1998年长江中游的大洪水就是一个显著的例子。该广告选择了这一重大社会问题，让人人感同身受，所以容易产生较好的效果。

第二，创意要独特。有了好的主题只是为广告的成功提供了一个好的条件，要使它发挥强大的作用，还必须有新颖、独创的艺术构思。请看下面的例子：

《饮用水净化论》

1800 年

　　　直接饮用无需净化

1900 年

　　　明矾净化

2000 年

　　　27 层净化

2100 年

　　　……？

南京诺亚方舟广告有限公司出版

这一优秀公益广告以为《饮用水净化论》所做图书广告的形式，将书中的主要内容摘要列出，从 1800 年至 2100 年，每一百年列出一个饮用水状况，从 1800 年无需净化到 2100 年的无法净化，含蓄而巧妙地向社会提出了水污染逐年恶化的重大问题，每一个消费者读后无不触目惊心，其效果之好是不言自明的，这与它新颖独特的创意有着极为密切的关系。

思考题

1. 商业广告大体上包括哪些种类？
2. USP 广告文案有哪两种不同的表现形式？
3. 塑造品牌形象有哪几种基本途径？
4. 举例说明促销的本质。
5. 企业形象广告有哪些特征？
6. 试析《饮用水净化论》公益广告的特征。
7. 为某产品写一篇塑造品牌形象的广告文案（要有标题、正文和附文）。

第十七章　SNS 与移动互联网广告：开心农场、积分墙与品牌 APP

SNS 营销及其重要工具 SNS 广告，以其突出的独创性与新颖性，正日益发挥出强大的促销功能和社会文化功能，并因此受到企业家、新媒体和广大用户的高度重视。

SNS 广告是网络营销发展到社区营销的必然产物，而社区营销阶段的到来又是以社交性网站的蓬勃兴起为基本前提的。世界上第一个社交网站 Facebook 开创了分享式网络平台，这个特点又影响到社区营销和广告——SNS 广告，因此分享性成为 SNS 广告最核心的要素。严格说来，SNS 广告与其他社交媒体广告一样，都是移动互联网广告的一个重要的有机构成部分，虽然 SNS 广告又具有某种相对独立性。这就是我们将二者放在一起研究的基本原因。

第一节　SNS 广告文案的撰写

安东尼·梅菲尔德（Antrony Mayfield）于 2007 年率先提出了"社会化媒体"这一概念，用来指一种给予用户极大参考空间和新型在线媒体。丹尼尔则指出，社会化媒体是各种形式的用户生成内容，以及人们在线交流权分享的网站或应用程序的集合。安德里亚斯·卡普兰、迈克尔·哈恩勒则认为，社会化媒体是"一组基于互联网的应用，这些应用建立在 Web2.0（内容的创造和交流来自用户产生的内容）的理念和技术基础之上。"不少中国学者也对此进行了研究，有的认为社会化媒体是一种具有公开、参与、交流等社会特性的新型媒体。据此，我们认为社会化媒体是基于互联网、社会网络和数字化技术，以参与、互动、开放为原则，为人们提供交流、分享各种社会观点、情绪和经验的虚拟社区或网络平台。在这一社交网络平台上发布的广告就是社交广告或称 SNS 广告，而这种广告的语言文字部分就是 SNS 广告文案。

一般说来，社会化媒体主要包括社交网站（SNS 网络如开心网、人人网）、博客、微博、论坛、内容社区等。应当指出的是，本章对社会化媒体广告的研究主要限定在 SNS 网站发布的广告即 SNS 广告上面。要想掌握 SNS 广告文案的撰写方法，首先必须从研究和把握其具体特征入手。

一、SNS广告文案的特性探讨

作为新一代社交网站中最具代表性的Facebook，开心网和人人网，有着其他类型网站所不具备的独创性特色，如分享式网络平台、独辟蹊径的新颖游戏、鲜明的互动、参与性等，使其在业内风生水起，一个个数量巨大的用户群随之形成，而且具有日趋扩大之势。

应该指出，新一代SNS网站的显著特色必然影响和制约着以它为平台发布的SNS广告及其文案，使其显示出他种文案所不具备的独有特征：

1. 游戏性

SNS网站（如开心网）所做的广告中，游戏情节常常成为贯穿始终的核心内容。如它们在为中粮创新食品（北京）有限公司创作"悦活开心农场种植大赛"广告中，用户可以偷取朋友收获的"悦活果实"就是一种网络游戏，因为"开心农场"既为虚拟社区，"悦活果实"（悦活石榴等）亦是虚拟果实，因而偷取朋友"悦活果实"就是一种令人"开心"的游戏活动，而且这种游戏活动不是偶尔的点缀，而是构成了广告的主要内容。

2. 社交性

突出朋友间的亲密交往，是SNS广告的又一重要特征。2009年6月17日，麦当劳成功举办了"别宅了，见面吧"大型媒体发布会活动，宣布正式与人人网开展合作。这一活动的核心内容就是倡导大学生、年轻人在这个暑假、这个美好的夏季到麦当劳去与朋友开心聚会。他们在广告文案中提出，所有邀请好友见面的用户，都可以下载麦当劳优惠券以及限时半价优惠，在智能手机端和PC端同时发送优惠券。这表明，麦当劳通过人人网所发布的SNS广告（文案），加深了朋友间的情感交往，给他们带来了美好的情感体验。

社交性的另一重要内容是分享。麦当劳SNS广告文案还号召大学生和青年朋友到访家乡，并到麦当劳与朋友"晒一下自己的美丽家乡"，从而达到与朋友分享美好家乡体验的目的。

3. 参与性

SNS网站与其他网站的重要区别之一，就在于它强烈的参与性、互动性。这势必影响到其广告及文案的创作，使其广告具有显著的参与性特征。百事公司为了给独特美味的新产品"果缤纷"进行大力推广而与开心网和人人网进行了深度合作。在开心网的"开心农场"和人人网的"阳光牧场"广告活动里，广大用户利用虚拟游戏币来购买种子，随后还要进行播种、浇水、杀虫、施肥等种植活动，果实成熟后还要收获、出售，也可以将它自行酿造成果汁，包装后送到商店卖掉。广告所设计的这一系列需要用户参与的活动，不仅让他们获取更多的报酬，体验到劳动的愉快，更重要的则是让其记住了广告产品，以实行线下的产品购买活动。

4. 植入性

这里所说的植入性，是指 SNS 广告中大量采用植入广告的创意、表现手法，以此强化用户、消费者对产品品牌的记忆。

植入式广告有着源远流长的历史。早在 20 世纪初期，美国好莱坞电影中就开始了对广告产品品牌的植入，此后在各国电影、电视剧和电视节目中获得了深入的应用和发展。所谓植入广告，是指将产品或品牌及其代表性的视觉符号甚至服务内容，策略性地融入影视节目、游戏、软件等媒体内容中，以道具植入、场景植入、情节植入等模式参与建构媒体所表现的现实社会生活或理想情境，以一种隐形的方式刺激受众对产品、品牌产生深刻印象，从而达到提升广告产品销售额的目的。在广告实践中，人们发现 SNS 网站特别适合植入性广告的运用，因为其各种吸引用户的游戏和插件为植入式广告提供了良好的生长条件，通过与网页游戏及其他相关服务的深度融合，可以将产品信息隐而不露地传达给用户，使其在潜移默化中实现购买。例如，在"悦活开心网种植大赛"活动中，就将 6 种类型的"悦活种子"——"悦活橙色 5+5""悦活红色 5+5"标示出来，让用户免费在果园界面的道具商店内，免费领取悦活产地场景卡，并以场景卡换取"悦活橙色 5+5"与"悦活红色 5+5"，而在开心农场的商店内则可以购买"悦活番茄""悦活橙""悦活石榴""悦活黑加仑"四种"悦活种子"。可以看出，SNS 广告并没有明目张胆地宣传"悦活"果汁这一广告产品如何好，但在开心农场的种植活动中，从购买种子到收获、酿造果汁过程中，反复出现的"悦活"这一果汁品牌名称就深深地铭刻进用户的心里深处，进而使该产品营销额获得很大的提高。

二、SNS 广告文案的类型分析

随着世界上第一个社交性网站在 2004 年 2 月 4 日上线，全球各地的社交性网站迅速大量涌现。中国著名社交网络开心网即是其中的代表之一。开心网像 Facebook 一样，最重视分享式网络平台模式的建设和发展，并以此吸引着愈来愈多的用户，携手共同奔向未来。

开心网的分享式网络平台，比较重要的包括照片、日记、书评、影评等，互动话题则有投票、真心话、转贴等形式，以及朋友买卖、争车位、买房子、钓鱼、吸乐无穷等互动组件。应该指出的是，在开心网分享平台的上述服务类别中，有的不宜于做广告（如照片、书评之类），有的则十分相宜，如礼物、买房子、争车位、朋友买卖等。根据考察，我们发现以开心网为代表的 SNS 网站所作广告（文案），可以划分为下列几种类型：

1. 买房子送花园型

此种 SNS 广告是指用户为了在网络社区购买房子而必须打工挣钱，必须在所列多种不同职业的收入中选择最高项。最高收入职业正好是广告主方面所从属的，因而广告主企业及其产品就在用户头脑中获得了最高地位，这就必然推动产品销售额的提升。例如：

> 目前，你可以做的工作有
> 做餐厅洗碗工工资 800 元/天
> 做超市收银员工资 1 000 元/天
> 做社区保安队长工资 1 200 元/天
> 服装市场练摊工资 1 400 元/天
> 做 IBM 电脑公司职员工资 1 500 元/天
> 做电讯公司科长工资 1 600 元/天
> 做王老吉分公司经理工资 2 000 元/天
> 做 W715 音"享"达人工资 2 100 元/天

开心网的上述广告文案，实际是为索尼/爱立信 W715 手机而作。其特点在于：第一，它通过引导使用户在游戏中选择"做 W715 音'享'达人"，因为它所开出的每天的工资是最高的。而当时一般用户都知道 W715 是索尼爱立信公司生产的一款名牌手机，因而为该手机树立了尊贵的品牌形象。第二，该 SNS 广告文案的创意表现手法十分新颖而巧妙——它所采用的是一种梯级形态的创意：将各种不同职业的打工收入按递增的形式排列起来，让 W715 音"享"达人居于最高收入的位置，从而有力地凸显出索尼爱立信 W715 手机的强大品牌优势，为其畅销打下了极为有利的基础。

2. 争车位型

在激励用户进行游戏的过程中，通过使用以广告产品命名的场景卡获取有利的好车位，来强化广告产品、品牌在用户头脑中的良好印象，这就是争车位型 SNS 广告。例如戴尔笔记本电脑广告文案就是如此：

场景名称	价格	说明
戴尔场景卡	免费	把你的停车位升级为戴尔，将为 11 元每分钟
匿名举报卡	1 000 000 元	用它可以举报别人不留名，一张卡可匿名举报 10 次
车位变更卡	3 000 元	用它可以将你停车场里任一私家车位……
戴尔场景	停车收入 11 元/分钟	网络伴侣 进入官网
私家车位		

应当指出，当用户用戴尔场景卡后，停车背景会被替换为戴尔场景，画面上出现戴尔笔记本图片，在上角还有戴尔官方网站链接地址。争得戴尔停车位后，用户的收入将会增加，因为这一停车位 11 元/每分钟的价格大大高于其他停车位，使用户对戴尔这一品牌名称产生了尊贵的印象，更重要的是这种良好印象会被转移到作为实体的戴尔笔记本电脑上面，从而最终推动销售额的增长。

3. 买卖型

列出安抚奴隶的多种方案，并引导用户选择其中最好的一种即广告产品，这就是买卖型 SNS 广告。例如：

奴隶游道平照片

你要怎么安抚游道平呢？
为他的必胜客商务套餐买单？
给他穿漂亮的新衣服？
给他泡菊花茶？

必胜客
28 元起
NEW

你已为奴隶游道平的必胜客商务套餐买单
饭/面/比萨 + 汤/饮
只要 28 元起
奴隶游道平感恩回报
为你挣回 90
详细……

上引案例是一篇极具"陌生化"特征和独创性的出类拔萃的广告文案。之所以如此说，因为它确实是言人所未言，发人所未发，非常值得我们借鉴。撰写此类文案，必须注意以下几点：第一，要虚构出一个奴隶的姓名，并附上照片；第二，要列出安抚奴隶的几种方案；第三，将你所推荐的方案及其优越性（如价低质优）放置在一个方框，以便引发用户注意——推荐方案就是对广告主产品的点赞，并且是几种安抚方案中的一种；第四，标出奴隶为用户挣回的利益（多少元等）。

4. 开心农场式

它是指围绕着"开心农场"或"阳光牧场式"这一特殊插件进行开心网种植大赛，将广告主产品、品牌名称植入其间，并公示出大赛获奖等级与基本条件，以扩大其品牌影响力，这就是开心农场式 SNS 广告（文案）。我们以"悦活开心网种植大赛"为例，看其是如何撰写此类广告文案的。

中粮（集团）创新食品（北京）有限公司、决定为其"悦活果汁"系列产品进行广告推广，经过深入的调研，他们选定中国排名前十的著名社交网站开心网为合作对象。开心网相关团队了解到"悦活果汁"系列产品的品牌理念是"优选原料产地，制作健康产品"，为此实行产地限定，加工全程零添加，产品信息全程可追溯，对生态农业持一种积极支持、身体力行的热情态度。基于此，开心网决心与广告主密切沟通，共同努力将悦活果汁系列产品打造成一种优质高端的快速消费品形象。双方商定从 2009 年 5 月 6 日至 6 月 25 日在线上开展"悦活开心网种植大赛"广告活动，将整个活动分三个阶段即"自然初体验""自然活力季""自然至上季"进行具体实施。在这一过程中，广告文案起了核心作用。他们对文案的创作主要从两方面着手：

（1）植入式广告文案。

开心网为"悦活果汁"系列产品所撰写的植入式广告文案主要体现在下列几点：

一是表现在"悦活果汁"从获取种子、播种、施肥、除草、杀虫、浇水到收获、榨汁的整个过程。首先是"悦活种子"的 6 种类型，即"悦活番茄""悦活橙""悦活石榴""悦活黑加仑""悦活橙色 5+5""悦活红色 5+5"就初步给人留下了较深的印象，因为用户要买它们，所以必须记住这些种子类别又都带上了"悦活"二字，此时"悦活"品牌名称初步被记住了；接着又要种植"悦活橙"等，在给带"悦活"的植物进行施肥、浇水等环节的过程中，又加深了对"悦活"二字的记忆；接下来还要采摘、榨汁、销售，可以说用户对"悦活"这一产品品牌名称已经难以忘却了。

二是"悦活场景卡"作为重要道具也对用户记住"悦活"起了很重要的作用。

悦活场景卡	公鸡卡	公兔卡
公牛卡	公猪卡	公羊卡
农家肥	隐身衣	

开心网用户获取"悦活种子"有两种方式：一是用户在果园界面的道具商店内免费领取产地场景卡；二是用户到开心农场的商店内进行购买。在 6 种"悦活种子"中，"悦活橙色 5+5"与"悦活红色 5+5"两类种子在比赛第一阶段只有通

过场景卡才能获取，所以在上述 6 种卡中，悦活场景卡就格外受到用户的关注，因为没有这种卡就不能获得两类重要"悦活种子"。所以，带"悦活"二字的场景卡就显得特别珍贵，这又无疑导致开心网用户对"悦活"二字记忆更牢固了。

三是话题植入。在参赛过程中，"如何可以快速收获果实"和"如何可以得到实际赠送的果汁"等与整个活动相关的话题引起了用户的热烈讨论。而这些又无不与"悦活"这一产品、品牌紧密相连，故讨论过程中必然使用户进一步巩固、加深了对"悦活"这一品牌的印象和记忆，真可以说是达到了想忘记都不可能的地步。

（2）促销式广告文案。

一般说来，广告中的促销有两种模式，一为间接促销，即不是明显地给消费者以某种附加利益（如打折、抽奖等）刺激他们购买广告产品，而是不露声色地传达某种产品的独特功能，以引起消费者的注意，并在沉淀、思考之后对广告产品采取购买行动；二为直接促销，即通过送礼、折扣等方式，激励用户立竿见影地付诸购买，应该指出，上述两种促销方式都在"悦活开心网种植大赛"有所表现：

其一为间接促销。"悦活种子"经过播种、施肥、杀虫、浇水之后，随着果实成熟就需要采摘和榨汁。此时，广告文案不失时机地出现在用户面前：

> 榨汁成功
> 悦活葡萄黑加仑汁
> 大兴安岭的野生黑加仑，加上
> 西班牙瓦伦西亚产区的优质葡萄
> 含有超丰富的花青素

在这里，广告文案显然是希望将线上虚拟榨汁成功推向线下的"悦活葡萄黑加仑汁"实际销售。为此，广告文案耐心地、不动声色地向消费者陈述该产品的独特功能：黑加仑是采自大兴安岭的野生果实，葡萄则产于国际著名的优质葡萄产区——西班牙瓦伦西亚，仅这两点就确保了悦活葡萄黑加仑汁的原生态、无污染和品质的卓越，更加上含有对人身体很有益的花青素，当然就更值得消费者踊跃购买了。

其二为直接促销，它是指广告文案向用户参赛者明确告知，在"悦活开心网种植大赛"中的优胜者将按成绩分别给予不同的奖励。广告文案明确地标示：

第一 "自然至上奖"：共 3 名，每期积分最高者获取。大赛活动组有关人士将带领不同阶段的获奖者分别游览四川、大兴安岭和新疆三个地区，领略"悦活果实"原料产地的自然风光。第 3 期的获奖者与前 2 期有所不同，除去旅游基金，还可获得"悦活果园"采摘一日游的美好体验机会。

第二，"自然活力奖"，共480名，分别由每期比赛积分第2位到161位参赛者获取。大赛活动组将给获奖者赠送一只可收集阳光的环保灯罐。

第三，"自然健康奖"共计100万名。2009年5月21日以后每天从所有参赛者中随机抽取，将获得开心网虚拟专属的健康动物（小白兔）一只。

第二节　移动互联网广告文案：积分墙 Banner 插屏与品牌 APP

移动互联网的产生可以追溯到2001年。这一年，通过 WAP（Wireless Application Protocol——无线应用通信协议）服务，将互联网中的信息和业务引入到移动终端（手机和平板电脑等）上，表明互联网与移动通信已经开始了初步的融合。随着3G、4G时代的来临，UC 尝试着把互联网上的浏览器延伸到互联网上，3G 门户也相应地将传统门户网站迁至移动互联网，尤其是专门为移动互联网用户开发了服务和应用程序（APP）以及 HTML5 技术的支持，开始触及可穿戴设备，大大扩展了移动终端的范畴。我们完全可以说，基于大数据和云计算的移动互联网的发展前景是不可限量的。

虽然如此，但学术界对移动互联网却没有一致的界定。有的认为移动互联网是"以移动网络作为接入网络的互联网及服务，包括三个要素：移动终端、移动网络和应用服务"；有的则认为移动互联网就是将互联网中的信息和业务引入到移动终端上。我们认为，移动互联网是在移动终端与互联网相互交融的基础上，通过创造出新的服务和应用程序，为用户提供可移动、可定位、个性化的位置相关的更完善的服务。

移动互联网在各个领域得到了广泛的应用，广告领域当然也不例外——这就必然导致移动互联网广告的产生。所谓移动互联网广告，是指通过移动终端呈现出的文字、图片、动漫、音频、视频等用来传播产品、服务等商业信息，并试图达到商品销售的促进。

移动互联网广告形式丰富，类型多样，如 WAP 广告、Banner、LBS 广告、RHID 广告等，限于篇幅，我们在这里仅对影响力较大的几种进行一番探讨。

一、Banner 广告

从移动互联网广告多年的实践来看，Banner 广告可以说是其主要形式之一。它类似于传统互联网中的旗帜广告（又称网幅广告），像一条横幅一样，通常出现在应用程序（APP）界面的顶部或底部，一般不去覆盖页面中的内容。它和传统互联网旗帜广告的主要差别在于承载平台的不同，前者是移动应用程序（APP），后者是非移动互联网媒体。Banner 广告一般可分为直白型、典雅型和系列型等三大类。

1. 直白型

这是一种不去追求含蓄蕴藉，而是致力于明白确定性表述的 Banner 广告文案。如宝石云南的《江山多娇》玉雕广告就是如此：

> 此作品采用优级独玉精心设计而成
> 料子色泽深邃自然
> 质地细腻精良，光泽好，生动逼真
> 作品依料设计雕刻
> 主题巧雕一座座精致的小山
> 山间松林阵阵，枝繁叶茂，挺拔有力
> 几只野生动物漫步其中
> 尽情享受大自然的馈赠

在这里，我们可以看到，《江山多娇》玉雕广告，用开门见山的手法和明白确定的语言，向消费者讲述了该玉雕工艺品用料上乘，设计精巧、色泽自然，形象优美的超凡魅力，让人一看就能明白其意，没有任何的模糊和不确定性，这无疑会产生良好的传播效果和促销效果。

2. 典雅型

此种 Banner 广告文案，具有文采斐然、风格脱俗、注重语词的推敲等美学特征。它又可以分为两种小的类型：

其一为散文式：此种文案虽然追求藻饰和华丽，但却摒弃骈偶的句式。如素材公社广告：

> 蕴
> 沉淀
> 年华浮动，岁月轻浅
> 甚嚣尘上的世界纷纷扰扰
> 任时光老去，将光华织熨人间
> 洗尽铅华　亦雅致如画
> 抬首扬眉　触手生辉
> 4 月 3 日新品上市
> 新品包邮　仅限一天
> 4 月 6—11 日，品牌特卖即将开始

其二，对仗型：这是一种追求上下两句字数相等，词性相同而又具有整齐均衡

的形式美的 Banner 广告文案。

例如：

> 精诚铸就品牌
> 悉心创造辉煌
> 诚信勤奋敬业谨慎
> ——晋商贷广告

> 和国际接轨
> 与世界同步
> ——大气集团网站广告

> 桃李满天下
> 春晖遍四方
> ——就拉网祝福全天下老师教师节快乐

3. 系列文案型

这种特殊的 Banner 广告文案的本质在于，它们是在较短时期内发布于同一网站，内容上既有一定内在联系又有一定差异，且风格一致的多篇文案。如大连华润考拉社区 Banner 系列房地产广告：

> 和大街谈一场花心恋爱
> 华南商圈里，沃尔玛五彩城等 5 大购物中心

> 堵车是每个年轻人的天敌
> 1 条地铁　N 条空交　畅达全城

> 要做就做自由自在的"鸟人"
> 片区内，大社区，小高层，大树多，公共空间多，人不多

> 每个孩子都是爱问"为什么"的怪物
> 省级资质幼儿园
> 让孩子赢在起跑线

> 千亿央企，考工品质

华润置地，中国蓝筹地产领袖

多次斩获广厦奖及詹天佑奖

以上 5 篇 Banner 广告文案，每一篇的主题都不一样，这是其内容差异性的表现，但它们每篇又都是对同一对象即大连华润考拉社区房地产特色的一个侧面的表达，这就是其内容相关性的表征；如果整合起来，无疑就是该房地产整体优势的有力表现，对于劝服消费者踊跃购房是大有好处的。

二、积分墙型

积分墙广告是移动应用程序广告中影响较大的一种创新型广告形式。有学者指出："积分墙的'墙'是指集中展示的广告，而'积分'（有的也叫虚拟货币）就是用户通过点击广告，得到一定的积分，然后在应用中消费这些积分。比如积了 N分，就可以再玩一关，而开发者也可通过用户对广告的点击，从广告商那儿得到广告费。"可见积分墙广告是通过移动互联网平台在移动应用程序内所发布的产品或服务信息，以及提示用户打开应用即可获得积分（或现金）奖励的信息。积分墙广告与非积分墙广告的不同之处在于，前者没有停留在一般广告仅让用户接受平台发布的有关产品或服务的信息上，而是采用奖励的方式（获取积分或现金）促使用户根据自己的需要和兴趣下载积分墙广告所提供的产品信息。在这种参与和互动中，广告信息是被用户主动接受的，比起那些被动接收的广告信息，积分墙广告更容易被用户牢记在心。

一般说来，积分墙广告文案可以分为两种类型，即积分墙广告和推荐墙广告。

1. 积分墙式

这种移动互联网广告又可细分为两个小类即简单墙和功能墙。

其一，简单墙广告。它是指一种仅仅陈述广告主产品或服务的品牌名称、获取奖励的方法及奖励数目（积分数量、现金数量）的广告。

例如：

有米积分墙

淘宝旅行　共 504 金币

首次下载安装　可获+84 金币

豆角优惠　共 93 金币

首次下载安装　可获 75 金币

搜狐新闻　共 67 金币
首次下载安装　可获 55 金币

360 手机卫士　共 61 金币
首次下载安装　可获 61 金币

龙之国度　共 61 金币
安装并完成注册，可获+49 金币

也有一些送现金的广告主：

暗黑妇（付费）
剩 1772 份，剩 23 小时
安装游戏，创建角色试玩 2 分钟获奖
获取 2.5 元

　　其二，功能墙。这是指此类积分墙广告不像前一种仅仅停留在对广告主及其产品、服务的名称及可获金币数量的介绍上，而是以十分精练的语言概括出产品及服务的独特优势功能，以期消费者对该广告及其产品留下更深的印象，并可能产生更快速的购买行为。例如：

携程旅行
最便捷、最可靠、最专业的旅行助手+312
安装完并打开用一用，即获积分　奖励积分

赶集生活
有赶集，不着急，赶集网　啥都有+385
打开应用 3 分钟　即可获取积分　奖励积分

京东商城
摇啊摇，大惊喜，百万现金摇出来
超值淘品　电商促销　尽收眼底
折 800，天天 9 块 9
登录送 50 积分　注册送 50 积分

由上可见，此类积分墙广告文案与前一种（简单式）的相同之处在于，二者都要写出送积分的数量和要求，不同之处则在于后者（功能式）侧重于陈述该产品、服务所特具的优势功能或给予消费者的利益承诺，如携程旅行广告就强调他们旅行方面的服务具有最便捷、最可靠、最专业的特点，京东商城则重在百万现金的赠送方面，企图在刺激消费者产生大惊喜的同时疯狂抢购京东商品。我们认为，上述企图变为现实的可能性是相当大的。

2. 推荐墙

这是积分墙广告文案的一种变体。它以无积分的形式向用户推荐一些热门的应用程序，或提供直接的下载链接，为用户下载提供便捷的帮助。推荐墙与积分墙的相同之处在于，二者都采用"墙"的方式集中展示一批产品或服务信息，而不同之处则主要体现在前者无积分而后者有积分奖励等。推荐墙也有两种不同的形态：

其一，简明式。

搜狐新闻

搜狐新闻为您展现全媒体新闻形式，多角度了解新闻热点　免费

米聊

米聊碰碰聊，和 TA 在一起　下载

其二，简明推荐+应用说明。

指尖三国

Q 版漫画风格 别样三国风情

精品应用推荐，应用详情

指尖三国，版本 2.0　3/30 33M 安全认证

应用说明：

经典三国题材，独特的 QQ 版漫画风格。以三国名将卡牌收集和养成为主线，各种战斗模式，豪华的武器装备，刺激的冒险任务，同百万玩家一起领略最宏大的战争场面，玩家将在游戏中重温那段群雄并起、逐鹿天下的历史，把三国名将收入麾下，开创帝国新纪元。

免费下载

三、移动插屏式

在移动互联网广告尤其是在其主要分支移动应用程序广告中，插屏广告可以说是一种居于主流地位的广告形式。所谓插屏广告，是指一种在特定时机以弹窗或全屏形式展示企业产品或服务信息，并在较短时间内（2~3 秒）自动关闭的移动应用程序广告。

在运作移动插屏广告时，应当科学地把握好"特定时机"，如设置在用户刚刚打开应用程序之时，或设置选关界面、回合结束、暂停或翻页之机，这就不致引起用户的负面情绪，否则就会导致不良效果。

由于移动插屏广告主要以智能手机为终端载体，而手机的屏幕比较小，加之其呈现的时间只有 2~3 秒，这就决定其广告文案的下列特点：第一，文字必须短而精，这是为了让用户在 2~3 秒内看完；第二，必须做到图文互补、图文并茂，以图形的强直观性、强刺激性弥补文字的非直观性弱点，以文字的画龙点睛补足图形表意的不确定性，让广告诉求更加清楚明白，以强化插屏广告文案的传播、促销效果。根据这些特点，可将移动插屏广告划为下列几种类型：

1. 标语口号型

这是指语言简短、精炼，易于被消费者记住的移动插屏广告文案。例如：

> 美柚女生助手
> 变身白富美
> 减肥大作战
> ——美柚广告

> 争分夺秒
> 好运再临
> 豪礼等你拿
> ——红牛广告

2. 点铁成金型

它是将古典诗词歌赋、散文经典，以及民谣成语，采取"拿来主义"的方式，或全文引用，或稍加点化，以形成一种趣味盎然的移动插屏广告。例如：

> 同床异"价"
> 手机 APP 预订更便宜
> 下载并分享赢 4999 元

一键下载

可以看出，此处"同床异'价'"系从成语"同床异梦"点化而来，将"梦"改成了"价"。短短四字，不仅表明同样一张床，用手机 APP 预订更便宜，而且幽默有趣，无疑给用户留下更深的印象。

3. 促销型

这种类型的移动插屏广告文案，旨在以一种打折、抽奖、送大礼等形式，给消费者一种附加的利益和意外的惊喜。例如：

苏宁易购
家电
年　终　盛　典
圣　诞　狂　欢
4 折起
2013 年 12 月 20—26 日
第一季　圣诞狂欢

4. 系列文案型

这是一种在同一移动应用程序，在较短时期内连续发布内容相关又有差异且风格一致的多篇文案。例如：

语言模拟
智能语音指导，学车不用看手机

视频学车
全新视频指导　技能学习更给力

专项练习
多做几遍练习题　不看书都能过
绿软分享吧　www.lrshare.com.

以上文案是绿软分享吧新发布的学车广告，每次一个页面，分三次播出。三篇学车广告文案，不仅内容相关——每篇强调其学车训练的一个方面的优势，三篇的共同点可用"优势"一语进行概括，同时三篇具体内容又有所差异。第一篇强调智能语言指导，第二篇强调视频学车易于掌握技能，第三篇则突出其专项练习易于过关的优异功能，而且各篇都体现出语言整齐、简短、精炼、易记的表现特征，可以说是一个有着较强传播力和促销力的优秀系列广告文案，值得我们很好地借鉴。

四、品牌 APP 型

在经济全球化大潮的冲击下，愈来愈多的企业家深切地认识到，品牌建设是关系到一个企业在日益激烈的市场竞争中立于不败之地、获得可持续发展的最重要的武器。而移动互联网尤其是移动应用程序的蓬勃兴起，更是给品牌建设武器库增添了新的更有力的武器——其中最有影响力的一种就是品牌 APP。

那么，究竟什么是品牌 APP 呢？我们认为，它是指企业为了更好地推广自己的品牌，树立良好的品牌形象，专门打造一款品牌专属的移动应用程序，以实现强化受众品牌记忆，增加消费渠道，提升销售额的根本目的。

移动互联网/移动应用程序 APP 广告有着鲜明的特征：第一，品牌专属性。品牌 APP 是企业主或品牌主为了推广、宣传、塑造企业所据有的品牌而打造的移动应用程序，故具有专门性、排他性特征。如泰国 Cafe Amazon 咖啡连锁店就为自己品牌专门开发了一款名为 Drive Awake 的 APP。第二，信息发布性。品牌主为了更好地维护、创新自己的品牌，还必须不断推出新信息如产品或服务的功能性信息，例如"知乎"网就向用户宣传自身有着整理各种知识，并使之条理化、系统化和理论化的重要功能。第三，形象的打造性。品牌 APP 还可以打造或继续完善品牌形象。如当当网就不断传播自身"寻找真爱"，永不言弃的品牌形象，而且还在实践中不断丰富和创新。

移动应用程序品牌 APP 广告（文案）的类型，一般有下列几种：

1. 品牌打造型

这种品牌 APP 广告文案重在从品牌核心精神、核心价值观方面进行积极的传播，力图打造出独特、鲜活的品牌形象。例如：

当当读书
我们在万千人和书中寻找最爱

其实，偷心和偷书都不算是偷
找到了就爱它一生一世
——当当网广告

手机淘宝
亲

陪伴是首共鸣的歌

感谢你的相伴与理解

让我不断成长……

收藏夹可以分类了

收货可以延迟了

界面体验也在不断升级

点滴变化

感谢有你

手机淘宝　小二 LINA

进入淘宝

在上述文案中，当当网并没有强调自身作为全球著名的中文网上书店的基本功能，如书吧、赠书等传播知识的功效，而是致力于传播当当品牌的核心价值观——"寻求真爱"，亦即真挚的爱，长情的爱，而非矫情的爱，短暂的爱。至此，当当网品牌个性也就鲜活起来了，从而在消费者头脑中树立了良好的品牌形象，为企业的可持续发展打下了牢固的基础。

2. 产品推广型

这是一种致力于传播企业产品或服务所具有的独特而强大的功能的品牌 APP广告。例如：

总有一个领域

你比别人更专业

好品味，与世界分享

赞与谢，及时收割

整理，也是一种创造

作为中国著名"百科问答"式社会化网站，"知乎"在其品牌 APP 中极力宣传它提高公众知识水平，专业化的解惑释疑效果，整理知识、创建知识的理性化平台……这些有益的功能，无论是对于民族的振兴，还是对个人的发展，都无疑有着极其重要的动力性意义与价值。

思考题

1. SNS 广告文案有哪些特征？
2. 为某产品写一买卖型 SNS 广告文案。
3. 如何理解积分墙广告这一概念中的"墙"和"积分"？
4. 为某产品写一系列移动插屏广告文案。
5. 品牌 APP 广告文案有何特征？
6. 为某产品写一"品牌打造型"品牌 APP 广告文案。

第十八章　移动端社会化平台的典型代表：
微信与微博广告文案的创作

中国互联网络信息中心于 2016 年 8 月 3 日在北京发布了第 38 次《中国互联网络发展状况统计报告》。这一权威性的报告指出，截至 2016 年 6 月，我国网民规模已达 7.1 亿，连续 9 年居世界之首。我国网民平均每天上网 3.8 小时，超 9 成为手机网民。这种状况给移动端带来了巨大的流量红利和商业推广价值。eMarketer2014 在展望报告中认为不到两年内，移动媒体将成为中国最主要的网络广告媒体。这种估测在 2016 年已被实践所证实，微信是最受广告主欢迎的投放平台，而微博也已成为品牌进行线上广告宣传、公关活动的主要工具。微信与微博存在着两点共性：一是显著的移动性，微信是一开始就被定位为移动端即时社交软件，微博虽有 PC 端，但移动端微博用户已占总体 80%；二是突出的社会化特征，即二者都具有分享、参与、交流及社区化特点。当然二者的差异性也是明显的和不可否认的，限于论旨，此处暂不讨论。

第一节　微信广告文案的撰写

2011 年 1 月 21 日，中国互联网巨头腾讯公司首次向用户推出了微信这一为智能手机提供即时通信服务的免费应用程序。此后不久就逐渐发展成为集通信、社交、支付、红包、游戏等多种功能于一体的最受用户欢迎的即时通信移动产品，现已拥有 6.5 亿月活跃用户，使用黏性极高，这主要表现在 50% 的用户每日使用微信时长超过 1 小时，从而显示出巨大的营销和广告价值，其营销推广使用率已达 75.3%，成为当前最受企业欢迎的移动营销广告推广方式。当然这与微信广告自身的独有特性有着必然的联系。

一、微信广告文案的特性探讨

关于微信广告的概念，广告学术界目前还没有统一的说法。经过较为深入的考察，我们初步认为，它是指以微信为发布平台，运用微信特有的功能，以及音频、视频、文字、图片、动漫等符号化表现手段，来传播产品或服务信息，以实现产品销售的促进。其中的语言文字部分就是微信广告文案。

微信广告文案的上述界定就决定了它性质上的独具性：

（1）独特的参与性提示语言。在微信广告文案中，我们发现其提示性语言不仅出现的频率相当高，而且其内容和形式与其他互联网广告有着显著的差别。如微信广告的主要形式朋友圈文案中就经常出现这样类似的语句："将本条消息分享至朋友圈，附上评论截图保存，中奖率更高哦！"而其他网络广告就不会出现这样的话语，因为它们没有朋友圈这种广告形式，只有微信广告才有这种文案，因而显示出鲜明的独特性；又由于这种广告需要网民参与互动才能完成，故参与性亦是其重要特色之一。

（2）类型的功能制约性。微信广告文案的表现形式十分复杂多样，学者们对其进行类型研究的依据标准呈现出很大的相异性，故分类的结论也就五花八门，难以形成基本的共识。我们认为，如果根据微信不同于它种平台的功能独特性而对微信广告文案进行类型学研究，达成共识的可能性就很大了。

（3）在对微信广告进行类型划分的研究中，我们发现，微信广告文案的类型与微信的独特功能呈现出正相关关系。比如：微信有"附近的人""漂流瓶""朋友圈"等重要功能，于是围绕着这些功能的应用和开发，就出现了大量的"朋友圈"广告"漂流瓶"广告等，从而表明微信广告文案类型的不同正是受到其独特功能影响的结果，而这正是微信广告文案的又一重要特征。

（4）附加利益表述的普遍性。在微信广告文案中，送礼、打折、抽奖等的促销式陈述，随处可见，其数量或普遍性大大超越了其他类型的广告，类似于杜蕾斯微信广告所承诺的"在接近圣诞和新年时分，还会有更多的礼物等你来拿哦"的广告词，充斥于各类微信广告文案之中。

二、微信广告文案的类型分析

应该说，微信的问世虽然只有短短几年的时间，但由于其功能十分新颖而强大，故一跃而成为当前中国最受用户欢迎的即时通信社交软件。正由于这样，它在各个方面都得到了深入的开发和应用，甚至其主要研发者张小龙都因始料未及而深感震惊，而将微信应用于市场营销和广告推广，就是其中重要的表现形式之一。相关统计表明，微信广告已被大多数广告主所选用，在新媒体中占比高达 66.13%。

微信广告超常规的高速发展，带来了数量的急剧扩张和表现形式的日趋复杂与多样化。根据深入的研究，我们尝试着将微信广告文案分为下列几类：

（一）特殊型

这是指某一"原型"式微信广告文案发布之后，以其强烈的个性化和独创性引来了大批企业对它进行模仿，而形成了一种相对稳定的创作范式即"微信体"文案。

"微信体"广告的原型是腾讯公司以张小龙为首的微信研发团队，为即将开播的生活实验节目《我们 15 个》而做的广告宣传。其文为：

> 它无孔不入
> 你无处可藏
> 不是它可恶
> 而是它不懂你
> 我们试图
> 做些广告

　　该广告一经播出，立即以鲜明的独创性和强烈的个性化特征，在中国广告界引起了巨大反响，以至于国际著名跨国集团公司（如 500 强）和国内久负盛名的大型企业纷纷效仿，创作发布的广告目前已达数十种之多。如杜蕾斯微信广告文案就是其中之一：

> 它无孔不入
> 你欲迎还拒
> 不是它可恶
> 而是它不懂你
> 我们总在
> 做些什么

　　著名大型电子商务企业京东商城，唯恐落后于他人而迅速跟进，在微信平台上发布了这样的广告：

> 它慢条斯理
> 你无计可施
> 不是它可恶
> 而是它不懂你
> 我们试图
> 更快一些！

　　由上可以看出，那种被称为"微信体"的广告文案，每篇都由六个简短精练的句子组成，每个句子的字数也相对固定（有些企业的仿作了一些变通），在结构上也呈现出模式化特征，即"它……，你……，不是……，而是……，我们……做些……"仿作者像依据词谱填词那样，只须在固定的形式上填上本企业产品个性化的内容即可。从内容上看，前四句主要陈述企业或广告产品存在着的某些问题，末两句则主要提供解决问题的方案或设想。在艺术表现上，此种"微信体"广告风格幽默，妙趣横生，加之语言精练，形象生动，故大多受到读者的喜爱。

（二）普遍型

这里所说的普遍型是相对于上面特殊型微信广告文案而言，是指特殊型之外所有的微信广告文案。它们占微信广告文案中的大多数，其共性就在于它不是一种相对固定的"体"，而是千姿百态，形式多样，当然这并不排除我们也可以根据一定的标准对它们进行类型分析。

1. 朋友圈式

微信朋友圈广告，"是基于微信公众号生态体系，以类似朋友的原创内容形式，在用户朋友圈进行展示的原生广告。在基于微信用户画像进行精准定向的同时，通过社交关系进行互动传播。"（百度）2015 年 1 月 25 日，腾讯公司微信研发团队隆重推出了宝马、VIVO、可口可乐三支朋友圈信息流广告，它们均以图文并茂的形式呈现在用户的朋友圈之中，随后在边娱乐过传播的过程中完成了多级传播，均取得了极佳的促销效果，以至于在社会上也产生了重大的轰动效应。时至今日，朋友圈广告也愈来愈成熟，愈来愈多样化，公众号推广、行动应用推广等新业态层出不穷。2016 年 2 月起，微信还全量开放了朋友圈广告自助投放，广告价格也由原来的 20 万一条调降为每条 5 万。

微信朋友圈广告的表现形式十分丰富，为了方便研究，我们初步把它划分为 5 种类型：

（1）功能式。此类朋友圈广告将重点放在强调企业产品的独特功效上。例如：

宝马中国

2014 年，BMWXDrive 智能全驱体验之旅，焕新全程。BMWXDrive 全方位感受 BMW 前沿科技带来的极智驾乘，更能驾驭 XDrive 车型赢取欧洲终极冰雪驾控大奖。

查看详情

可以看出，宝马中国的这一微信朋友圈广告文案，将陈述的重点无疑放在它的智能性驾驶上，它不仅让你驾驶更方便，荣获欧洲终极冰雪驾控大奖，更重要的则是可以获取美好的精神体验。

（2）情感式。这是一种通过创造生动的艺术形象，寄寓或表现出某些感人情愫的文学型朋友圈广告。如"江小白"酒广告就是这样：

江小白

这个冬天，不要让兄弟的情义慢慢变冷

小约在冬季

程坤、王亮、芝麻、Wind、纱纱、白目、Eric、伢仔、Shupeng-Shuai、小肾祥、超级大黄蜂、awen.

程坤：今天大寒，看到这个广告感觉暖暖的。

Wind：大约在冬季，小约也在冬季。

邓海姆：再多手机聊天窗口，不如面对面的约酒。

Eric：武汉"小约在冬季"，约酒大会我去了。

伢仔：一起来约酒

纱纱：寒潮要来了，不要让兄弟情义慢慢变冷。

小橙子：大寒来了，江小白送温暖！

可以看出，上引微信朋友圈广告文案，重在表现一种深厚的兄弟情谊，而江小白恰恰可以成为一种加深此种情义的良好载体。因为时值隆冬大寒，江小白酒既能温暖身子，更能温暖一颗颗追求人间真情的心。江小白既能如此，定能受到广大消费者的喜爱，广告至此，其目的也就达到了。

（3）公众号推广式。它是指微信朋友圈广告侧重于树立广告企业的品牌形象，以宣传企业公众号的独特和高大，而非着力于企业产品的功能表达。例如：

让世界爱上中国造

我是董明珠

制造业是国家强盛的基础

我愿意为中国造奋斗

让世界爱上中国造

在这一广告里，不是强调格力家电产品功能的优越，而是极力凸显格力企业、格力全体员工为国争光，为中国品牌走向世界的高尚精神境界，从而为格力树立起良好的企业形象和品牌形象，并最终导致其公众号的卓越不凡。

（4）促销式。这是一种通过给消费者以较明显的附加利益（如免费、打折、抽奖等），从而有效地推动商品销售促进的微信朋友圈广告文案。例如：

杜蕾斯推送微小信活动音讯

杜杜现已在后台随机抽中了十位幸运儿，每人将获得新上市的魔法装一份。今晚 10 点之前还会选出 10 份魔法装！如果你是杜杜的老兄弟，请回复"我要福利"，杜杜将会持续选出 10 位幸运儿。敬请等待明日的中奖名单！悄悄通知你一声，假设世界末日没有到来，在接近圣诞和新年的时候，还会有更多的礼物等你来拿哦！

上引广告表明，只要你是杜杜的老兄弟，并且对"我要福利"进行积极的"回复"，将有被抽中的机会获取新上市的魔法装一份，还有更多的好礼等你来拿。当然，随着这一过程不断向纵深发展，杜蕾斯品牌的影响力也会越来越大。

2. "附近的人"式

"附近的人"作为微信平台重要的功能之一，是 2011 年 8 月 3 日微信 2.5 版本中新增的内容。其技术基础是 LBS（Locatiou Based Serrices），即基于位置的服务（定位服务），也就是由卫星定位系统与移动通信系统相结合而提供的一种增值服务形式。由此看来，所谓"附近的人"，实质上是指通过点击"发现"按钮下的"附近的人"，可以查看自己 1000 米以内同样开启该功能的用户，然后选择自己感兴趣或有价值的用户进行打招呼聊天和互加好友。与此相伴的"个性签名"则是每一微信用户都能编辑属于自己的签名档。微信新增的上述两种功能，刚一出现就被精明的企业家予以利用，以作为市场营销和广告推广的重要新型工具——企业营销人员通过点击"发现"按钮下"附近的人"一栏，1000 米以内的微信用户在数秒之内便可显现出来，然后通过点击显现出来的"附近的人"的名单和自己感兴趣的账户，便可获得其姓名、性别、文化程度、工作单位等相关账户资讯。尤其是个性签名，因为它有着直接的重要营销价值，即是说，企业可在个性签名这一位置填上自己所经营的商品名称或服务项目类别及功能等销售信息。当微信用户用"附近的人"找到某一商家所经营的店铺之时，都会看到商家填好的个性签名及其商业销售信息。于是，"附近的人"的广告功能就获得了较好的实现。

微信"附近的人"式广告文案一般有三种不同的表现方式：

个性签名式："个性签名"是与"附近的人"同时由微信开发出来的新功能。两者常常联在一起被使用在微信广告中。例如：

> K5 便利店　微信号
> 地区　海南海口
> 个性签名　K5 便利店海甸分店今日酬宾，回复微信立即免费赠送礼品。
> 工作邮箱：……

上引广告文案表明，海口 K5 便利店的这一微信"附近的人"广告，企业主利用每个微信用户都可以编辑属于自己的签名档，在个性签名这一位置上填上自己所经营的产品或服务等信息，免费为自己发布广告。其基本格式为：第一步要有作为微信公众号的头像或 LOGO，写出店铺名称和微信号；第二步要写明所在地区的位置名称；第三步是文案重心之所在，即于"个性签名"处填上自己的商品，服务或优惠等方面的信息，第四步则要标示出工作邮箱。

简要式：这种"附近的人"广告比前一种更简单，"个性签名"字眼未呈现出来，只有头像和一个关键词查看附近的人找朋友（有的标出 QQ 号）。例如：

> 1981 外贸服装　　夜市（1981 外贸女装同过微……）
> 100 米以内

再如：

> 好友推荐消息
> 附近的人　隔空向您打招呼
> 饿的神　非米饭类
> QQ　2305313676

3. 漂流瓶式

在微信平台上，通过扔瓶子和捡瓶子的随机方式，推送产品、服务信息，进行匿名聊天和交友，以实现销售的促进，这就是微信漂流瓶广告。

漂流瓶的历史起源可以追溯到西方遥远的中世纪。那时在大海上航行的水手们，出于险恶的波涛对简陋的木船所造成航程的巨大危险，常在瓶子里装上许愿砂和写着祈祷安全及其他重要信息的小纸条，将它投入茫茫大海。瓶子不知漂向何方，也不知它是否能被人们捡到，因而充满了神秘和不确定性。互联网兴起之后，上述古老的传播方式被百度开发为漂流瓶吧、漂流瓶俱乐部和 QQ 邮箱漂流瓶。此后，腾讯公司微信团队对其进行了大胆创新，使其不仅具有聊天、交友功能，而且更重要的则是开发出出色的营销和广告推广价值。不少著名大企业试水后，陆续取得了重大战绩。

就已有的案例来看，漂流瓶广告主要有两种不同的表现形式：

（1）公益型。这种漂流瓶广告的主要内容是倡导、开展某一重要的社会公益活动（如爱心助学），以树立良好的企业形象。例如：

> 恭喜你收到一个爱心漂流瓶。点击"回应"发送祝福，即可与招商银行一起捐出一个积分，每 500 积分就可送给自闭症的孩子一个课时的专业辅导训练。赶快行动吧，让我们支持"壹基金""海洋天堂"计划，关爱自闭的孩子。
>
> 感谢你的参与，如果您绑定了腾讯微博，回复 WB 即可将活动信息分享给

朋友，更多捐赠方式请点击：http//www card cmb. com……

由上可见，招商银行通过微信平台发布的漂流瓶广告文案，向用户讲明了此次开展爱心漂流瓶活动的目的、执行步骤及重要意义。实践证明，招商银行的此次广告活动十分成功：据统计，用户每捡十个瓶子便有一个是招商银行的爱心漂流瓶，不仅为自闭症孩子募集到大量的爱心积分，而且使招商银行在公众中树立起了一个爱心企业的良好形象，并获得了很好的品牌宣传效果。

此种漂流瓶式微信广告文案的撰写，要注意下列要点：第一，要向用户标明此次公益活动的重大意义；第二，要进一步交代该公益活动的实施方法，如点击"回应"、回复 WB 等；第三，写出扩大爱心活动影响的方法——如分享给朋友圈、更多捐赠方式等。

（2）促销式。此种漂流瓶广告没有前述公益内容，而是一种纯粹的商业营销活动。例如

> 奇瑞汽车
> 奇瑞感恩四百万，新春聚划算
> 新风云 2
> 性能全面提升……
> 模样改了，动力升级……
> 奇瑞 MM 送好礼　请认准 iphone 5

2012 年 12 月 6 日，奇瑞投放了 30 000 个漂流瓶，并在广告中表明，只要关注奇瑞官方微信号，就有机会获得 iPhone 5 手机及充值卡等多种精美礼品。广告文案还指出，凡在漂流瓶应用中捞到奇瑞"感恩四百万，新春聚划算"抽奖、介绍微信的用户，只要回复信息，并加其官方微信号为好友，即有机会获得 30 元的手机充值卡。瓶子里还包含了奇瑞促销口号的 1/3，如果有 3 个网友收到的漂流瓶中的关键字刚好组成奇瑞"感恩四百万，新春聚划算"的宣传语，互相通过网络或微信方式联系上后，关键字拼组成功，并向官微发聊天截图，则每人将获一部 iPhone 5 手机。

实践证明，奇瑞的此次"漂流瓶"广告做得十分成功，不仅大大提高了其知名度，而且使其"新风云 2"汽车的销售额得到了大幅度的提升。

4. 抢红包式

微信红包是腾讯旗下产品微信于 2014 年 1 月 27 日推出的一款应用，功能上可以发红包、查收记录和提现。一经推出，很多知名品牌纷纷借助微信红包进行品牌营销和广告推广。经过深入的考察，我们认为，微信抢红包广告，是企业通过赞助

微信红包并通过微信平台发布的向用户发放红包的信息（包括抢红包的规则和方法），以及用户拆红包时所展示的企业品牌标志信息，以达到宣传企业品牌的目的，其中的语言文字部分就是微信抢红包广告文案。它大体上可分为下列几种类型：

（1）标语口号式。此类微信抢红包广告文案最为多见，其特点是语句简短、精悍，不少喜用对仗，易于记忆，往往使人难以忘却。例如：

> 加微信
> 抢红包
> ——海亮地产
> 抢红包
> 越抢越红
>
> 让红包飞
> ——河北制冷

（2）公告型。此种抢红包式微信广告文案，类似于一种社会通知或告示，除了抢红包主信息外，还将该企业产品信息置于其中。例如：

> 4月11日起　　　　江南御景
> 每周末，　　　　　梅江上别墅级星光庭院
> 万元微信红包，
> 全城开抢！　　　　让红包飞
> 红包热线　　　　　江南御景
> 2882666

可以看出，该广告左边是抢红包信息，而右边则是该企业所开发的房地产楼盘信息的扼要表述，其目的显然是让公众在抢红包之时，千万不要忘记企业所开发的优质江景别墅级房产。这就让广大用户不仅记住了发放红包的企业，而且记住了它的产品名称，其广告效果堪称甚佳。

（3）完备型。它是指一种既有标题又有详细正文的抢红包式微信广告文案。例如：

> 抢钱啦　快来扫一扫
> 千元红包　乐享不停

　　各位桃友大大，只需按以下步骤

　　来一发，红包就会自动飞到你的荷包里呀！

　　1）关注西凤蟠桃酒订阅号（xifengpantaojiu）。

　　2）回复"摇钱树"。

　　3）获取西凤酒蟠桃液"摇钱树"群的二维码。

　　4）点击二维码，点击手机设置键图中二维码。

　　5）加入西凤酒蟠桃液"摇钱树"群。

　　6）各位桃友大大，红包就像吃了炫迈一样，停不下来。

　　可以发现，上引广告"抢钱啦"等文字，实为本文案的标题，概括了该广告的主旨即向广大用户大派红包，而且一发而不可收，根本就停不下来。其下面的文字则详细地说明了抢红包的具体程序和应用方法，显得条分缕析，清楚明白，对广大用户所起的方便作用，不可谓不大。

　　（4）书信体。这是指一种用书写信件的方式来传达抢红包信息，其语言富于口语化，生动、形象，且使人倍感亲切，较好地拉近了企业与用户的距离，取得了很好的传播和促销效果。例如：

　　感谢你关注微团购~！我是你的好友团团。第一次关注，团团送你一张 5 元优惠券，满 20 元就可以使用哦！赶紧去看看吧！

　　www. gaopeng com.

　　想要再次找到我的话，有三种方式哦！

　　1. 通信录中搜索"微团购"

　　2. 在对话中点击我的头像

　　3. 扫一扫微团购二维码

　　您有什么问题都可以问团团，不要客气哦！

　　上引广告显示出，该文案通过企业拟人化形象"团团"给广大用户写信的方式，表述了企业将要给用户派送红包的信息，以及如何找到"团团"的方法。由于所用为书信体，故显得自由洒脱，毫无拘谨之气；又像心与心的交流，从而大大消除了人们对广告所持的本能式的排拒，其品牌宣传效果无疑是出色的。

第二节　微博广告文案的创作

　　作为美国著名公司 Twitter 首任董事长的杰克·多尔西（Jack Dorsey），一天突然受到短信群发服务 TXTMMOb 的深刻启示，创造性地提出是否可将短信服务引入网络，以增加传统博客的移动性，让人们无论身处何处，都可以更新自己的博客。这种对博客的改造和创新就是微博（Micro Blog）服务。2006 年，世界上第一篇微博从 Twitter 发出，迅速引起人们的高度兴趣，在很短时间内就形成了一个遍及世界的话题，微博狂潮由此兴起，并迅速波及全球，不断向纵深发展。

然而，相关研究者对微博的界定却存在着不同的见解。经过深入的比较和思考，我们认为，微博是一种基于用户关系的信息分享、传播及获取平台，用户可通过 Web、WAP 以及各种客户端组建个人社区，以 140 字的文字更新信息，实现即时分享。它以优异的传播特征，自问世以来一直受到网民高度重视，尤其受到企业家的青睐，一种新型的广告由此应运而生，它就是微博广告，即以微博为平台发布的一种具有较强分享性、简短性、即时性的广告，其中的语言文字部分就是微博广告文案。

微博广告文案的上述本质决定了它有着与其他广告显著不同的特征：首先，文字数量的限定性。微博的字数限制在每篇 140 字，这就决定了微博广告文案也必须遵守此一规范。其次，较强的分享性。微博广告经常是名人、大 V 所写的软文，通过软文表达对某产品或服务的使用体验，并分享给广大的网友实现再体验。正是在这种聊天、闲话中将广告产品、服务信息传达给受众而实现营销目标。再次，突出的即时性。微博网站有着强大的即时通信功能，可以通过 QQ 和 MSN 直接书写，即使身处没有网络的地方，也可用手机将自己所欲传播的产品信息即时发布出来。微博广告文案的具体表现形式十分多样，但若依据一定的标准，还是可以对其进行类型分析的。

一、品牌形象型

此类微博广告文案竭力倡导一种独特的品牌核心价值观，并以此为指导原则，精心塑造出富于个性化的品牌形象。如 Johnsons Baby 微博广告文案就有这个特点：

母爱 7 平方
2012 年 8 月 21 日。星期二　大雨
中午 12 点，大雨。
我看了一眼窗外，拿起自行车钥匙和雨伞，走出办公室，楼下看车的大爷问我："这么大雨还回去啊？"没办法，孩子得吃啊！
今天的雷特别响，雨特别大，雨滴打在脸上有点疼。
不知什么时候，一辆大卡车已经开到了眼前，我急忙打龙头，谁知对方也往同方向避让，大卡车和我擦身而过，我的心"呼呼"直响，直到回到家都没平复过来。
背奶的路虽然艰辛，但是每回看到贝贝吃奶的样子，我仍然感到无比

幸福。

　　如果公司有哺乳室，那这一切就轻松多了。

　　来自宝宝的@舟艾贝

　　现在就申请"临时哺乳室"贴。为像@舟艾贝一样的背奶妈妈创造哺乳空间。让母爱从7平方米蔓延。

　　马上免费申领

　　以上所引，是上海强生公司 Johnsons Baby《背奶妈妈》广告运动中的第二个环节——第一个环节是在企业电梯间电视及网络上播放关于"背奶妈妈"所面临的无哺乳室的困境，第三个环节则是鼓励网友将"那里有哺乳室"信息分享到网站地图上，以供出门在外的妈妈们通过手机找到临近的哺乳室——那是强生官网微博开放申请免费"临时哺乳室"告示牌，并将它贴在需要储奶的房间的门上。

　　上述微博广告淋漓尽致地写出了"背奶妈妈"的辛酸和困境。所谓"背奶妈妈"，是指那些生育后不能在家当哺乳婴儿的全职妈妈的上班族，只能利用工作空档储存母乳，以便带回家供宝宝第二天食用。根本的问题在于，上班单位没专门的哺乳室，常常遇到许多尴尬之事。故强生微博广告才大声疾呼应该建立"临时哺乳室"，并希望有关人员免费申领。

　　可以看出，上海强生公司在微博广告中，通过关心并积极解决"背奶妈妈"女性群体面临的巨大困难，深刻地表现出广告主高尚的人道主义精神和敢于担当的强烈社会责任感，在社会上树立起一心为公众服务的品牌形象，并取得了良好的传播和促销效果。

二、产品推广型

　　这是一类旨在传播产品或服务特有的功能效果，以唤起消费者某些需要并推动其进行购买的微博广告。如美亚英语培训微博广告文案就是如此：

　　还在为美国留学苦恼吗？美亚帮你实现美国梦！

　　你已经多少次下决心学好英语又半途而废？跟不屈不挠的人在一起，坚持的可能性更大一些。

　　英语不好，处处碰壁？来美亚英语，三个月英语听说无障碍！

　　由上可见，该微博广告着力传达的主旨，就是美亚英语培训独有的功能效果，即在三个月时间内，让你的听力和口语完全过关，圆满实现赴美留学之梦。对于那些英语听说有严重困难却又矢志赴美的人，其吸引力不可谓不强。

三、促销型

这是一种讲明如果购买广告产品或服务，就可以得到平常得不到的某种附加利益（如打折送购物券或抽奖等）的微博广告文案。例如：

> 麦当劳
> 国庆开车旅行也别忘了吃早餐呦！遇到"得来速"汽车餐厅，点餐，结账，取餐，不用下车，分分钟拿下。现在凭 VIP 车贴，豆浆、鲜蒌、咖啡，可免费升级大杯。

在这里，我们可以看到，麦当劳微博广告文案向广大消费者郑重承诺，只要接受麦当劳的某些服务，具有 VIP 车贴，就可以获得免费升级大杯的奖励——其所提供的某些饮品将由中杯升级为大杯，而且是免费升级。对国庆开车旅行者来说，上述优惠——给予消费者的附加利益——对他们无疑是有较大吸引力的。

四、系列文案型

我们发现，在微博广告文案中，系列型相当多见。这是一种在同一媒体、平台上，于较短时期内相继发布内容相关又有差异，且风格一致的多篇文案组成的有机统一体。如 QQ 阅读就以当红影视明星胡歌为代言人，利用微博平台连续发布了 8 篇文案，从而构成了一个完整的系列：

> 海量原著，想读就读
> 越读，越明白自己

> 有时会心一笑，不是因为
> 故事的幽默，而是在书中
> 看见同样傻傻的我

> 突然喜欢上一个角色
> 因为他这一句话
> 好像自己

跟随书中的人物体验
宿命的起落，就是在理解
如何与命运相处

读懂了主人公的每一次犹豫
似乎自己也更能在人生的
十字路口，沉静地抉择

每一次为别人的命运思索
其实都是在寻找
自己的精神归处

那些为书里人流下的眼泪
却让我看清
自己生命里的不舍

分享着故事里的喜悦
也领悟了
什么最值得珍惜

我与故事里的他

心意相随
于是更懂得什么是执著

　　上引广告显示出，它由 8 篇相对独立的文案组成，各篇之间的内容具有较强的相关性，这主要体现在它们都是讲读书的收获，亦即"越读，越明白自己"。这个读书收获就像一根红线，而各个单篇就是一颗颗珍珠，红线将珍珠贯串起来就形成了一个有机整体；同时，8 篇广告文案又互有差异，分别讲述着不同的具体读书感悟，如通过深入的阅读原著，领悟到"如何与命运相处"，也"更能在人生的十字路口，沉静地抉择"，以及"什么最值得珍惜"和"更懂得什么是执著"，等等。在艺术表现上，每篇都由三个自由的句子组成，每句字数相差不大，分行排列，有一种"新月派"如闻一多先生所大力倡导的新诗的"建筑美"，即是说，上述 8 篇文案在风格上表现出较强的一致性。由此可见，它们构成了一个具有完整性、系列性的广告文案系统，有着单篇文案或多篇不成系列零散文案所不具备的强大功能，使 QQ 阅读在社会了产生了广泛而深刻的影响力。

五、植入型

微博植入式广告，是指一种以隐形的方式将企业、企业产品或服务信息融入到微博的信息中，以达到商业销售促进的目的。根据其表现特点，可以将其划分为下列几类：

1. 产品（品牌）或服务名称植入型

这种微博植入式广告，是将企业产品（品牌）或服务名称融入到某种微博段子或言谈等情境中，让网友在接受信息过程中不经意地对该产品或服务产生较深的印象。例如"百度魔图"植入广告：

简历	IT 技能	会用 QQ、百度魔图等工具
	奖励情况	在校期间，多次获得"再来一瓶"奖励

　　@宅男宅女冷笑话：那天看到这份简历，当时我就凌乱了。
　　@史上第一最邪乎：那天看到这份简历，当时我就凌乱了。

一个微博分享网站通过@宅男宅女冷笑话和@史上第一最邪乎这样以各种段子为主的微博作为传播点，将"百度魔图"融入其间，让网友不知不觉中对它产生了较深的印象。

还有一篇"宝马"微博植入广告："我终究没能飙得过那辆宝马，只能眼看着它在夕阳中绝尘而去，不是我的引擎不好，而是我的链子掉了。"可以看出，在这段讲述自己飙车败于宝马的经历中，植入了"宝马"轿车这一品牌名称，从而让广大网友记住了它，起了较好的广告作用。

2. 热点事件植入型

这是指将某一时间所发生的有重大影响力的社会事件与产品结合起来，使网友在高度关注热点事件中自然而然地记住了该广告产品。例如，2011 年 6 月 23 日，北京暴雨倾盆，到处一片汪洋，杜蕾斯抓住这一千载难逢的热点事件，不失时机地在微博上写道："杜蕾斯回家不湿鞋……地空捣蛋：北京今日暴雨，幸亏包里还有两只杜蕾斯！"该文刊出后，1 小时内被转发了 3 万次，第二天获得 6 千万次曝光。可见这一植入广告让杜蕾斯获得了极佳的曝光机会，也使其营销上升到一个新的台阶。考其成功的原因，最根本的就是将杜蕾斯这一品牌植入到社会热点事件的报道之中，并显示出极为温馨的人文关怀——杜蕾斯可以让你在暴雨中回家不湿鞋……而社会热点事件最能使广大受众关注，从而使杜蕾斯的品牌推广得以成功地实现。

3. 话题讨论植入式

它是指双方或多方就某一重要话题进行热烈讨论，并在讨论中融入企业产品信息。例如：

> 讨论话题："大黄鸭中国行"
> 周黑鸭官方微博：欢迎来汉，不仅仅只有鸭脖……
> 李开复：来北京，吃烤鸭不在乎鸭脖！
> 大法师在睡觉：这鸭子没得脖子，来武汉做甚？

以上文字告诉我们，在三方就"大黄鸭中国行"所展开的讨论中，都以鸭脖为中心，从而将周黑鸭的鸭脖这一独具汉味的主打产品植入话题讨论之中，让广大网友留下了难以磨灭的印象。

4. 明星、大 V 闲话家常植入式

微博广告还常常利用社会上各类明星的软文如闲话、家常之类，并将企业产品、服务等信息不露声色地置入其间，以达到产品销售促进的目的。例如：

> 杨幂 V
> 2015-12-15：20：45 来自天生会转 OPPO N3
> 来口伊利，唤醒原力！然后就可以去找圆滚滚的 BB-B 啦！
> 星球大战牛奶# 网页　链接　收藏……

在这里，著名影视明星杨幂以拉家常、聊闲话的方式，对伊利牛奶进行了不露痕迹的、自然而然的巧妙宣传，因为她不是赤裸裸地赞扬广告产品的优势功能，而是将其功效融入亲切随意的拉家常之中，这就使网友不仅不排斥广告，而且十分乐于接受，效果更是惊人——杨幂目前的微博粉丝已达 6128 万，再加上粉丝的转发，其到达的对象之多就可想而知了。

5. 微公益型植入式

在由某一企业于微博平台上发起并号召广大网友转发而引起另一些企业共同捐助的公益活动中，企业的名称被植入，导致企业正面形象的树立并获得良好的口碑效应。例如：

> 一次转发唯品会，捐 5 元圆新疆孩子的学习梦
> 支教助学由唯品会 365 爱心基金 V 发起的转发捐助行动，他转发 Ta 捐款，一起行动起来吧。
> 查看详情

此次"唯品会新疆助学活动"是由唯品会发起的一项有重大意义的微公益活动。在制订相关活动规则后，企业通过公益平台进行捐赠转发，网友只需动动手指转发带有此项活动的微博和活动短链，企业就会为这次公益活动捐助一定的款项。此项目一结束，企业即向转发微博的网友展示捐赠的证明，努力实现线上公益捐赠金额透明化，更重要的则在于通过这种公示将捐赠企业的名称传达给社会和大众，从而有力地推动了企业品牌形象的美化和产品销售的促进。

思考题

1. 什么是微信广告文案？它有哪些特征？
2. 为某企业写一公益型漂流瓶式微信广告文案。
3. 为某产品写一"微信体"式广告文案。
4. 微博广告文案有哪些特征？
5. 为某产品写一"品牌形象型"微博广告文案。
6. 为某产品写一"产品推广型"微博广告文案。

第十九章 电子商务与搜索引擎：B2B、B2C、C2C、O2O 和关键字广告文案

随着电脑、互联网技术和移动通信、智能手机的兴起和发展，人类社会步入了一个全新的历史时期即信息时代。在这新的历史时期，人类既往的生产方式、流通方式与生活方式等，无不发生着革命性的巨大转折。以流通方式而论，一种前所未有的商品交换方式即电子商务应运而生，它不仅对传统的市场营销模式形成了巨大的冲击，而且从根本上改变了人类的生活方式和思维方式。

那么，究竟什么是电子商务呢？我们认为，它是指在互联网、移动通信和智能手机环境下，交易双方基于浏览器、服务器的应用方式，通过商业传播（如广告等）、在线电子支付，以达成网上交易、网上购物等为目的的一种新型商业运营模式。这种运营方式在具体的实践中虽然形式多样，但如果从模式化的角度进行分析，我们不难看出，它主要体现为 B2B、B2C、C2C 和 O2O 等模式。

如前所述，电子商务的一个重要环节是商品或服务信息的传播，它无疑构成了电子商务活动的基础。没有这个基础，要想完成电子商务是不可能的——这种对商业信息的传播实质上就是广告。因此，所谓电子商务广告，实际上是指一种通过在线的方式，对商品或服务信息进行科学、巧妙的传播，以实现网上交易和网上购物的根本目的。电子商务广告由图片、音频、视频，语言文字、动漫等传播要素所构成，其中的语言文字部分就是电子商务广告文案。

电子商务广告文案的存在不是孤立的，它必然要受到电子商务运营模式的制约。随着具体的运营模式的变化，电子商务广告文案也就呈现出不同的形态，这种不同的形态就构成分类的基础。因此，我们在上面提及的电子商务运营的四种主要模式，也就相应地形成了 B2B、B2C、C2C、O2O 或电子商务广告文案的类型。

第一节 电子商务：B2B、B2C、C2C 与 O2O 广告文案

一、B2B 式

电子商务中的 B2B（Business to Business）模式其典型为阿里巴巴（1688），是指企业与企业之间所进行的电子商务活动，即交易的双方都为企业，通过互联网发

布商品或服务信息，在线完成订货、支付、配送方案等一系列活动，并最终实现商品的交易和流通。由此看来，所谓 B2B 广告文案，实质上是企业与企业之间为了完成商品交易，而由卖方企业在网上向买方发布的商品或服务信息的语言文字部分。从营销实践中，我们发现 B2B 广告文案主要有两种不同的亚型：

其一，客观/简单型。此种类型的 B2B 广告文案不去追求复杂巧妙的创意，也看不出有什么主观褒贬之意，而只是客观、简要地陈述企业主产品的品牌名称、销售价格以及成交数量的信息。如云南一家食品企业在阿里巴巴（1688）网站上所发布的 B2B 广告就是如此：

云南玫瑰酱调味品食用鲜花饼

￥　14 元

成交　4 415 千克

其二，主观/复杂型：这是一种通过 B2B 电商平台发布的广告文案，它对产品持有一种明显的主观赞扬倾向，且较为讲究创意、表现的精巧。如上海海峰隔离式净化洗衣机 B2B 广告就是很好的例证：

专注服务

卫生隔离式洗脱机

无尘工作和医院洗衣房理想解决方案

精工品质　质量保证

厂家直销

海峰隔离式净化洗衣机

无尘服洗涤脱水机

全国三包联运

￥　48 000.00 元

从结构上看，上述 B2B 广告文案实际上由两部分构成，即主体部分和附加部分。在主体部分，文案创作者主要是突出、强调该产品的独特功能，一是"隔离"，即它可将医院中不同病患者的衣服隔开洗涤，以免产生相互感染，加重病情；二是"无尘"，那就是广告产品对有特殊要求的衣服，可使之不留任何灰尘——这主要适用于某些高科技工厂的无尘车间（如英特尔工厂生产芯片的车间就对员工服装有此要求）。应该指出，上述两种独特功能可以成功地解决医院和某些芯片生产商的特殊困难或特殊需求，从而吸引他们在网上咨询和交易。在创意、表现方面，该文案对"反复"手法运用得相当成功，一再地强调广告产品所独具的"隔离""无尘"功能。而根据心理学规律，适当的反复会强化受众对事物的记忆效果，使其长期铭刻在心而难以忘却，从而大大增加付诸购买行为的几率。

在附加部分，该广告清楚地宣称"全国三包联运"，定会保质保量地安全送达购买者手里（这里的"量"系指会在短时间内送到），务请放心交易，如未达要求，会承诺赔偿企业的一切损失。应该说，这对于买家企业作出最终购买决策有着不可忽略的重要价值。

需要强调的是，此种 B2B 广告文案（复杂型）一般都采用图文并茂的页面，讲究构图的精巧和色彩的魅力，企图紧紧抓住受众的眼球这一稀缺资源。

二、B2C 型

B2C（Business to Customers）的典型代表为"天猫"，是指企业通过专门的电子商务网站，向消费者提供待售商品信息和一个新颖宜人的购物环境即网上商店，消费者接收到相关信息后，进行网上订购和支付以完成交易。企业在专门的电子商务平台（电商网站如天猫等）上向消费者发布本公司商品或服务信息，这就是 B2C 广告。这种广告（文案）有两种类型：

1. 普遍性模式

这是相对于下面所说的"特殊性模式"而言的，是指它虽然没有固定的公式化写法，但其共性则是对于产品或独有优势的功能的陈述。如雅诗兰黛 B2C 广告就是如此：

美丽肌肤　源于多重修护

护肤世家雅诗兰黛发现

肌肤美丽的奥秘源于修护

只有深透肌底，激活肌肤自身修护力

才能焕发肌肤年轻神采

发送图片到手机

全新升级红石榴能量水

引爆 2 倍排浊力

NEW

新升级

新享价

全新红石榴能量水

2 倍排浊力深彻排浊质

8 维苹果精华，鲜活排浊润养

10 年排浊权威，明星人气排浊特饮

从上可见，世界著名化妆品牌雅诗兰黛的 B2C 广告，向消费者极力赞美它对于女性肌肤的多重修护功能，而且修护必须彻底、深层，才能使其肌肤焕发年轻、美丽神采，永葆活力四射。而红石榴能量水的主要功能则在于排除女性体内的有害浊质（垃圾性物质），使女性肌肤鲜活，分外滋润。古人云，爱美之心，人皆有之，而女性尤甚，故该 B2C 女性化妆品广告，易于有效地激起购买者的欲望，并最终成为该产品的使用者。

2. 特殊性模式

之所以说此类 B2C 广告文案具有特殊性，是因为它有着某种模式化特征，撰写者必须遵循其模板，同时将具体广告产品的个性化特质融入其间，使其成为一个普遍与特殊、个别与一般的辩证统一体。在这方面做得较为成功的是"凡客体"（VANCI）：

> 爱表演，不爱扮演
> 爱奋斗，也爱享受
> 爱漂亮衣服，更爱打折标签
> 不是米莱，不是钱小样
> 不是大明星，我是王珞丹
> 我没什么特别，我爱特别
> 我和别人不一样，我和你一样
> 我是凡客

> 爱网络，爱自由，爱晚起
> 爱夜间大排档，爱赛车
> 也爱 29 块 T-SHIRT
> 我不是什么旗手
> 不是谁的代言
> 我是韩寒
> 我只代表我自己 我和你一样
> 我是凡客

其后，在网友的大力促进下，又有葛优、郭德纲、黄晓明陆续用此体加入其中，在国内产生了巨大的影响，乃至于网友纷纷效尤：

唐僧代言，VANCI

爱出国，也爱考察

爱徒弟，不爱妖怪

爱念经，更爱 ONLY YOU

不是专员，不是传人

我味道一般，我是唐长老

甜到哀伤

上述"凡客体"B2C 广告文案，形成了一种独特的创作模式："爱……，爱……，更爱……"接下来则为"不是……，不是……，我是……"体现出鲜明的独创性特征：第一，在结构上有着相对固定的规范性模式（如"爱……是……不是"即如此）；第二，它要表现出代言人的独有的个性特征，如韩寒的"爱晚起""爱赛车"即其例；第三，用不押韵的自由诗体裁，分行排列；第四，颇有幽默之趣。

三、C2C 型

C2C（Consumer to Consumer）的典型代表是阿里巴巴旗下的淘宝网。与前面两种电子商务模式差异在于，它不是企业对企业、企业对顾客，而是消费者对消费者——即是说，C2C 通过同作为个体消费者的买卖双方提供一个在线交易平台，让卖方在该平台发布商品信息，在网上拍卖，买方可以自行竞价，双方敲定之后再进行送达。

在上述交易过程中，电商网站上（如淘宝网）由卖方向买方所提供的商品信息及相关附属咨询，就是电子商务 C2C 广告，其语言文字部分即为 C2C 广告文案。从类型学的视角看，C2C 广告文案也可划分为一般型和特殊型。

1. 一般型

这是指 C2C 广告文案中最普遍的一种形式，主要提供商品品牌名称、型号、售价、卖方姓名、地址，以及商品功能、优势要素和送达方式等信息。它又可以细分为两类：

简单型：不提供商品功能，特征信息，仅仅写出商品名称、型号、售价，卖方姓名及地址。例如：

Panasonic／松下 YE-27FIJIN／三匹家用

13598.00 元　包邮

已售　0 件

张春霞　amy
广东深圳

功效型：这种 C2C 广告讲究图文并茂，彩色页面中有商品形象和文字，页面周围亦有文字说明，侧重于强调商品的优势功能，以及卖方地址及送达方式等附加信息。例如：

Panasonic/松下 YE-27FIJIN/JE180F
松下变频
健康空调　全国联保
1. 超强制热
2. 三级节能
3. 松下原装压缩机
4. 性价比高
已售　0 件
Songxiazhuangmai　　　上海
全国包邮

2. 特殊型

此种 C2C 广告文案不仅讲究创意、表现的新颖和巧妙，而且有着某种模式化特点，主要包括"咆哮浮夸体"和"惊讶体"。

咆哮浮夸体：这种 C2C 广告文案的特点在于，它向买方传播商品信息时，不是像一般型广告那样采取平静、耐心的诱导和说服，而是一种嘶吼式的高声叫卖，并且伴随着无限夸大的宣传。如海尔南宁店的广告就是例证：

仅亏一天
要么现在选择　要么永远错失

有人说我疯了
可我自己知道我没疯
我做生意都是做人良心
我家的油烟机
我自己老妈都在用

请一！定！不！要！把我的良心产品

> 与其他劣质产品相提并论
>
> 一个回头客朋友一下订了 800 万台
>
> 就是因为用得好
>
> 买了不会剁手
>
> 不买才会剁手……
>
> （老板，给我也来 800 万台）

可以看出，上述 C2C 广告文案有着十分鲜明的特征：第一，吼叫式的广告宣传："要么现在选择，要么永远错失"，"买了不会剁手，不买才会剁手"等语句，就充满了一种蛮横的高叫和胁迫式的诅咒。第二，浮夸式的销量表达。"一个回头客朋友，一下订了 800 万台"，显然是对其产品销量实际的无限夸大的神话式表现。

2. 惊讶体

这是 C2C 广告文案中出现的一种以"别惊讶"的告诫，来表现产品所具有的独特功能和性价比，让买家足以产生强烈的心理震惊。如上海美加净水嫩盈采保湿霜广告：

> 美加净
>
> 橙花
>
> 水嫩盈采保湿霜
>
> 别惊讶
>
> 我们都是鲜花派
>
> 一样的植物精华
>
> 不到 1/9 的价格
>
> 微信号：……

可以看出，以上 C2C 广告有两点值得我们注意：首先，它出现了"别惊讶"的关键词，对买家和受众起了一种引导性的先声夺人的积极作用，让人产生一种紧张的期待：它有什么东西值得我们惊讶呢？其次，它以铁的事实证明其出言不虚——同是鲜花派，同是植物精华，价格只是同类产品的 1/9，如此之高的性价比，难道还不足以让你产生心灵的震惊吗？接下来的网上预订可能也就不成什么问题了。

四、O2O 型

O2O（Online to Offline）这一概念最早是由沃尔玛公司于 2006 年提出的。从根本上看，它是 B2C 衍生的一种特殊电商模式，是指利用互联网、智能手机进行线上商业信息传播、营销和购买，从而推动线下营销及消费，通过服务预订，打折等手段，将网络用户引流到实体店铺，通过在线支付、实体店提供服务的方式，即时将消费者的信息、需求发送给商家，同时将商家递送信息推送给消费者。由此可见，B2C 和 O2O 的相同之处在于，二者都是企业、商家对顾客进行的网上交易活动，不同之处则表现在前者是将网上购物者引流到网店和实体店，而后者（O2O）则仅限于实体店（不包括网店），这正是二者最核心的差异之所在。

在 O2O 的发展过程中，外卖 O2O 的发展最为引人关注。易观智库发布的最新报告指出，中国互联网餐饮外卖市场交易规模不断攀升，至 2014 年已突破 150 亿元，订单规模达 3.7 亿单；它还预测，不久将成为超万亿以上的大市场。在这个大市场中，饿了么、美团外卖、口碑外卖、百度外卖四家占据近 80% 的市场份额，其中又以饿了么为第一。因此，我们完全可以说，外卖 O2O 是中国 O2O 电商模式的典型代表。

O2O 电商模式与前面所述的其他模式一样，也是以广告传播为基础的。所谓 O2O 广告，就是由 O2O 平台发布的商品和服务信息。几乎所有的 O2O 广告都由两部分组成，即彩色图片和简洁性文字，绝大部分图片又是视觉图像和文字两种要素有机整合的产物，其中的两种文字就构成 O2O 广告文案的整体。经过深入的归纳和研究，我们发现 O2O 广告文案主要有两种表现形式：

其一，普遍式。这种 O2O 文案图片中的文字实为产品品牌名称或店铺名称，而间接性文字则是对产品点评总分，月销售量，起送最低金额、配送是否收费、多少分钟送达用户手中等的陈述。例如，"饿了么"外卖平台发布的 O2O 广告就是如此：

> 洪湖小碗菜
> 月售 2449 单
> 20 起送/配送费 3 元
> 减折保付

此时，如将鼠标移近"洪湖小碗菜"而不点击，旁边会弹出一个较大的有文字的方框：

> 洪湖小碗菜
> 减 在线支付满 20 减 10，满 40 减 14，满 60 减 17，满 100 减 23（手机客户端专享）。
> 折 指定美食 5 折优惠，每人每单限 1 份优惠（手机客户端专享）

保　已加入"外卖保"计划，食品安全有保障。

付　可使用支付宝、微信、手机 QQ 进行在线支付

20 元起送　配送费 3 元　平均 39 分钟送达

再点击"洪湖小碗菜"，会出现一个与上述内容相关的完整的页面；

洪湖小碗菜

5 折美食

糍粑鱼+虎皮青椒

¥15

糍粑鱼+有机花菜

¥16

酸辣土豆丝+排骨海带汤+洪湖炒鱼

¥25

此外还有店铺营业资质、下单须知的简要说明。

其二，特殊型。这种 O2O 广告文案，与前述一般型相比较，主要的差别在于图片中的文字没有停留在店名或产品名牌名称的简单陈述上，而是注重于独辟蹊径的创意和表现，力图获得比"一般型"O2O 广告文案更佳的传播和促销效果。关于文字简介部分，二者的内容和形式则基本上是一样的。如美团外卖平台所发布的"壹品居"广告：

其图片中的文字为：

壹品居

壹品居外卖，秒到的美味

其文字简介为：

壹品居水饺、盖饭（猴赛……）

4.7 分　月售　2266 单

起送：0　免配送费

33 分钟

付减

可以看出，美团外卖平台上所发布的"壹品居"O2O 广告文案，其图片中的文字部分，除了店铺名称的标示之外，还特意加上了"壹品居外卖，秒到的美味"这样十个字，就使该文案生色不少，其对于广大消费者的影响力无疑获得了较大的

提升，因为它不仅写出了广告主企业名称，而且更重要的是突出了其外卖产品的优质，那就是"美味"和"秒到"，即强调了他们所外卖的水饺和盖浇饭等，会给消费者带来难以磨灭的美好记忆——舌尖上的美味必定带来美好的享受，而且可以迅速送达消费者的手中，以解除其渴盼和饥肠之苦。

第二节　搜索引擎：关键字广告文案

中国互联网信息中心于 2016 年 8 月 3 日在北京发布的第 38 次《中国互联网络发展状况统计报告》指出，截至 2016 年 6 月，我国网民规模已达 7.1 亿，经常搜索相关信息的有 5.24 亿人，占比 79.8%，在当前互联网 5 大应用中名列第二。这表明相关信息的搜索对我国网民工作和生活需要的满足来说有着不可否认的重要价值，而对广告信息（产品和服务信息等）的搜索就是其中十分重要的组成部分之一，比如情人节即将来临，想送一束玫瑰给女友以表达深挚的爱恋，于是就通过搜索引擎（谷歌或百度）输入"鲜花"这一关键词，在页面找到相关广告信息，在网上完成订购、支付并通过快递送达女友手中。

那么，究竟什么是搜索引擎广告和关键字广告呢？我们认为，通过搜索引擎这一互联网平台进行发布的广告就是搜索引擎广告，而关键字广告就是搜索引擎广告中最重要的广告类型（另一种为竞价排名广告）之一，它是指广告主围绕自己的产品、服务，自行确定相关的关键字及所欲传达的广告信息，并自行定价而在搜索引擎上发布的广告。下面我们根据搜索引擎的广告实践，从内容和形式两个方面对其进行类型分析：

一、从内容方面看

企业在搜索引擎平台发布关键字广告，很重要的一步就是要自行确定关键字。从内容上看，企业所确定的关键字主要有三种类型（实质上是确定关键字的三种不同的方法）：

1. 产品（品牌）名称型

有些消费者知道本广告产品的名称（如格力中央空调），但还是想了解更多的新信息，于是就上"百度"进行搜索。基于此，企业就会将广告产品（品牌）名称确定为关键字，以便于用户搜索和了解。如下面的广告就将"格力中央空调"这一产品（品牌）名称确定为关键字：

格力中央空调，欢迎详询，超高性价，放心首选——家用中央空调
热门推荐　家用中央空调　办公楼中央空调　销售中心中央空调　》更多
热门分类　中央空调设计　中央空调销售　中央空调维护　》更多

经典案例　酒店、会所、学校中央空调品牌展示厅　》更多
www. glkongtiao. 2016. 8. V1 评价
商业推广

2. 企业名称型

有些消费者对某企业的名称比较熟悉，但又觉得对它的经营种类及促销活动等了解不够，于是就上网搜索以解决这一问题。针对此种情况，他们就将本企业名称确定为该广告的关键字，以方便用户深入查询。如下面的广告就将"海尔商城"这一企业名称作为关键字：

海尔商城"8.18 全民趴"，整点疯狂抢金券
海尔集团官方网上商城，全场免邮，送装一体，大家电安装满意再付款。
在线直销海尔旗下各品牌空调、冰箱、洗衣机、彩电、热水器、手机数码、电脑等家电产品。海尔商城提供一站式服务，让你购快、购省、购放心，更有个性定制家电等你来选
http//www. ehaier. com /2016. 8

3. 商品种类名称型

有些消费者想购买某种商品（如鞋子），但又不能确定购买哪一品牌，于是就上网搜索，想对此类各种品牌进行比较之后再做决定。对此，企业就将某一商品种类名称（如汽车）作为该广告的关键字，希望用户在浏览此类商品广告注意到它。如下面的广告就将"鞋子"这一商品种类名称确定为关键字：

唯品会 2016 新颖网站正品折扣
品牌鞋网站，官方授权唯品会。正品低价，必抢爆款，达人买手潮搭推荐，超值 GO
立即下载　唯品会
唯品会 V3　45 条评价
商业推广

上面的案例启示我们，在撰写关键字广告时要注意下列几点：首先，要自行确定关键字，其基本原则是要围绕本企业的产品和服务；其次，在选择和确定广告的关键字之时，可以侧重于从关键字的内容方面去思考，即从企业产品（品牌）名称、企业名称以及商品种类名称着手（如"农夫果园"就选"果汁饮料"为关键字，而夏普洗衣机则可选"家电"等）。最后，关键字广告一般包括三种要素：标

题、正文（产品或服务的简要介绍）和附文（网址等）。

二、从形式方面看

如果我们转换一下视角，即暂时搁置关键字的内容，而仅从形式方面研究一下用户向搜索引擎所输入的关键字，其情形又是怎样的呢？我们发现，用户所输入的关键字在形式上大致会呈现出三种不同的形态：

1. 单词型

这是指企业在关键字广告中所确定的关键字是一个具有实在意义和相对自足性的单纯词或合成词即单词，而不是无实在意义的虚词（的、地、得之类）或词素（"宙""标"等），如"火车""鞋子""鲜花"等就是单词。在这方面，安妮鲜花网关键字广告就是一个很好的例证：

> 精品特色鲜花　安妮鲜花网
> 保证高品位，高档次，限送大中型以上城市。承诺每一个订单都令你满意。
> 4006508780
> www. annie. com. cn

2. 词组型

两个单词组合起来共同充当句子的一个成分，这就是词组，如"手机摇动""上淘宝网""大数据"就分别构成主谓词组、动宾词组和偏正词组。在搜索引擎广告中，词组也可以作为作为关键字输入搜索平台。例如，我们将"考研辅导"这一偏正词组输入搜索引擎，在相关页面上面就会出现这样的广告：

> 考研辅导班哪个好？
> 考研辅导班哪个好？普鸣考研签约辅导！名师小班，内部资料，全程精细规划。
> 考研辅导班哪个好？普鸣考研高强度小班，面授+VIP——1 对 1 签约，一次通过。
> www. PMKaoYan. com
> Tel：××××
> 2012. 03

3. 单句型

这种类型的关键字广告，其所输入的关键字，既不是一个单词，也不是一个词组，而是一个意思、成分完整的单句。如"渣打银行贷款"就是这样一个句子，我们将其输入到搜索引擎平台，相关页面就出现了下列广告：

渣打银行贷款，现贷派个人无担保贷款，最高50万，最快1天

渣打银行贷款，现贷派利率优惠，火热进行。工薪族，月入3000，银行转账形式，发薪即可申请。现贷派贷款无需抵押担保，轻松月供，期限长至5年，灵活额度管理。

登录渣打官网，在线申请

· 无担保个人贷款

· 渣打现贷派

· 渣打中小企业贷款

www. Standard. Chartered

2012. 08

推广

以上论述表明，在撰写关键字广告文案从形式上确定关键字时，必须注意下列几个问题：第一，我们可以从关键字在形式上的三种表现形态即词、词组和句子中选出一种。第二，三者选一的标准是合适，绝不是愈复杂愈好，也不是愈简单愈好，而是要与产品或服务的内容相适应，与创意、表现所要突现的重点相吻合。比如一个考研辅导班的关键字广告，其关键字用一个词"考研"是不好的，因为"考研"虽然简单一些，但涵盖的范围太广（它包括考研如何选学校、选专业方向以及学制、奖学金，甚至身体的锻炼与营养的调节等），所以选用"考研辅导"是最合适的：一是其所提供的服务主要是备考课程的辅导，是与考研关系密切的知识或能力的辅导；二是与强调它在辅导方面的特殊优势——"名师小班""面授+VIP"等密切吻合。同时，为了贪大求全把关键字选为句子也不好，因为考研者最关心的是知识辅导，增加太多的功效只会导致画蛇添足。所以，我们认为选用"考研辅导"作为关键字是最合适的。第三，从形式方面思考关键字的确定，一定要紧紧抓住该类广告的结构：标题，正文和附文。标题与关键字密切相关，要写出该产品或服务的独到之处，文字一定要简洁有力；正文则要围绕标题做文章，将标题予以具体化，细致化，使之具有较强的说服力或感染力，以期引起消费者的高度注意，并能促使其进一步采取购买该广告产品的行动，还要争取使他们成为忠诚消费者。附文则主要写明网址，力求达到与用户进行互动，这也是关键字广告文案实现促销额提升的一个不可忽视的重要因素。

思考题

1. 何谓电子商务广告文案？常见的电子商务广告文案有哪些基本类型？

2. 为某产品写一 B2B 式主观/复杂型广告文案。

3. 凡客体为什么被称为一种公式化 B2C 广告？尝试为某产品写一篇凡客体广告文案。

4. 为某产品写一 O2O 式餐饮外卖广告文案。

5. 什么是关键字广告？从形式看，人们所确定的关键字有哪几种类型？

6. 为某产品写一篇词组式关键字广告文案。

参 考 文 献

1. ［美］菲利普·沃德·博顿著. 广告文案写作（第 7 版）［M］. 程坪，丁俊杰，等译. 世界知识出版社，2006.

2. ［美］乔治·费尔顿著. 广告创意与文案［M］. 陈安全，译. 中国人民大学出版社，2005.

3. ［法］让-马贺·杜瑞. 颠覆广告［M］. 陈文玲，田若雯，译. 中国财政经济出版社，2002.

4. ［美］鲍勃·施密特著. 创意商机［M］. 冯晓东，程瑶，译. 知识出版社，2003.

5. ［美］威廉·阿伦斯. 当代广告学（第 8 版）［M］. 丁俊杰，等译. 人民邮电出版社，2006.

6. ［日］植条则夫著. 广告文稿策略［M］. 俞纯麟，俞振伟，译. 复旦大学出版社，1999.

7. ［美］汤·狄龙. 怎样创作广告［M］. 刘毅志，译. 中国友谊出版社，1991.

8. ［美］丹·海金司等. 广告写作艺术［M］. 刘毅志，译. 中国友谊出版社，1991.

9. ［美］杰罗姆·朱勒等. 广告创意策略［M］. 郭静非，黎立，译. 机械工业出版社，2003.

10. ［美］大卫·奥格威著. 一个广告人的自白［M］. 林桦，译. 中国友谊出版公司，1991.

11. ［美］阿尔伯特·拉斯克尔著. 拉斯克尔的广告历程［M］. 新华出版社，1998.

12. ［美］罗瑟·瑞夫斯著. 实效的广告［M］. 内蒙古人民出版社，1999.

13. ［美］唐·E. 舒尔茨等. 整合行销传播［M］. 吴怡国，等译. 中国物价出版社，2002.

14. ［美］保罗·梅萨里著. 视觉说服：形象在广告中的作用［M］. 王波，译. 新华出版社，2004.

15. ［美］克劳德·霍普金斯. 我的广告生涯［M］. 邱凯生，译. 新华出版社，1998.

16. ［美］马丁·迈耶. 麦迪逊大道［M］. 刘会梁，译. 海南出版社，1999.

17. ［美］朱丽安·西沃卡. 肥皂剧、性和香烟［M］. 周向民，田力男，译. 光明日报出版社，1999.

18. ［美］詹姆斯·韦伯·扬. 广告传奇与创意妙招［M］. 林以德，等译. 内蒙古人民出版社，1998.

19. ［美］艾·里斯. 品牌攻心战略——品牌定位［M］. 刘毅志，译. 中国友谊出版公司，1991.

20. ［美］汤姆·邓肯等. 品牌至尊［M］. 廖宜怡，译. 华夏出版社，2000.

21. ［美］大卫·A. 艾克等. 品牌领导［M］. 曾晶，译. 新华出版社，2001.

22. ［美］马克·波斯特. 第二媒介时代［M］. 范静晔，译. 南京大学出版社，2001.

23. ［法］罗兰·巴特等. 形象的修辞——广告与当代社会理论［M］. 吴琼，等译. 中国人民大学出版社，2005.

24. ［美］马克·波斯特. 信息方式［M］. 范静晔，译. 商务印书馆，2000.

25. ［法］让·波德里亚. 消费社会［M］. 刘成富，金志钢，译. 南京大学出版社，2001.

26. 张金海. 二十世纪广告传播理论研究［M］. 武汉大学出版社，2002.

27. 杨梨鹤. 广告文案传真［M］. 汕头大学出版社，2003.

28. 李世丁，周运锦编著. 广告文案写作［M］. 中南大学出版社，2003.

29. 张微. 广告美学［M］. 武汉大学出版社，1996.

30. 王诗文主编. 电视广告［M］. 中国广播电视出版社，2003.

31. 刘友林主编. 网络广告实务［M］. 中国广播电视出版社，2003.

32. 胡晓芸主编. 广告文案写作［M］. 高等教育出版社，2003.

33. 马谋超. 广告心理［M］. 中国物价出版社，2002.

34. 符国群主编. 消费者行为学［M］. 高等教育出版社，2001.

35. 匡文波. 新媒体概论［M］. 北京：中国人民大学出版社，2003.

36. 陈刚. 网络广告［M］. 北京：中国轻工业出版社，2002.

37. ［美］维克托·迈尔·舍恩伯格，肯尼斯·库克耶. 大数据时代［M］. 盛杨燕，周涛，译. 杭州：浙江人民出版社，2013.

38. 约瑟夫·塔洛. 分割美国：广告与新媒介世界［M］. 洪兵，译. 北京：华夏出版社，2003.

39. 刘鹏. 云计算［M］. 北京：电子工业出版社，2010.

第三版后记

当本书第三版修订稿的最后一个字被写就之时，已是今年 8 月底的一个万籁俱寂的午夜，它宣告着半年来的艰辛劳作终于可以告一段落了。

诚然，从今年 3 月份开始接受本书出第三版，迄今确有半年之久。在这段时间里，说它成为我生活中的主要事项，确实一点也不过分。如今回顾起来，给我以不竭动力的主要是基于下列思考：第一，追求创新，深入调研。要做到这点，我首先想到的是必须进行深入细致的调查研究，弄清国内同类著作在结构体系上与现实中广告的发展相适应的程度，才能决定此次修订应当增加哪些内容。经过调研，我发现国内广告文案著作对日新月异的新媒体广告的撰写基本上限于传统网络广告（如网幅、手机广告文案等），而对当前广告界影响极大的微信、SNS、搜索引擎广告，以及 B2B、B2C、C2C、O2O 等广告文案，基本上未曾涉及。而这方面的写作知识和能力的掌握，对广告学专业的学生来说恰恰是十分必需的。因为据调查，中国广告主中有 66.13% 的人经常喜欢选择微信这一新型社交平台发布广告。因此，我决定将同类书籍没有研究过的东西作为此次修订所增加的主要内容，从而表明本书第三版对创新性的不懈追求。

第二，追求实用，案例为王。基于此，我努力为每一种文案类型（亚型）提供完备而适合的广告案例，因为文案案例实际上是学生学习、模仿、掌握此种文案写作方法的关键（或示范性榜样）。没有这种模仿实践，就不可能具备驾驭此类文案的能力，当然也就更谈不上超越和创造了。

第三，追求质量，精益求精。由于本书第三版所增加的内容，在国内同种书中未曾论及，自己实在是处于难找借鉴材料的状态，但又不能以此作为放松质量的托词。摆在我面前的只有一种选择，那就是如鲁迅先生所说的在无路之处踏出一条路来——为此必须狠下数倍于人的苦功，并数易其稿，才能保证一定的质量，对学生起到一点帮助和启示作用。事实上，我也确实这样做了，至于效果如何，还得靠诸位同仁在教学实践中予以检验，并不吝赐教。

最后，还要感谢武汉大学出版社有关领导及高璐先生、詹蜜女士，正是他们的大力支持和有益的匡正，才使本书生色不少，在此特致真挚的谢诚。

张　微

2017 年 8 月于珞珈山